叢書・ウニベルシタス　926

人間とは何か

その誕生からネット化社会まで

ノルベルト・ボルツ／アンドレアス・ミュンケル編
壽福眞美 訳

法政大学出版局

Hrsg. von Norbert Bolz und Andreas Münkel
WAS IST DER MENSCH?

This translation published by arrangement
with Wilhelm Fink Verlag, Paderborn/Germany
through The Sakai Agency, Tokyo.

目次

はじめに
◇ノルベルト・ボルツ
序論……1
◇フリードマン・シュレンク
I　アフリカ――人類発祥の地？……15
要約　15
1　はじめに　16
2　ヒト科の起源　18
3　前人（アウストラロピテクス属）　20
a　アウストラロピテクス祖先グループ　22
b　後の地理的変種　26
c　頑丈型アウストラロピテクス属　29
4　ヒト属の起源　32

5　ホモ・ハビリス――アウストラロピテクス・アフリカーヌスの運命　37
6　最初の初期人類、ホモ・エレクトゥス　38
謝辞　42
◇ギュンター・ブロイヤー
II　ネアンデルタール人と現代人の起源……43
1　はじめに　43
2　モデル間の競争　45
3　地域的連続性か、不連続性か　48
アフリカにおける発展　48　ヨーロッパとネアンデルタール人の終焉　52
解剖学的特徴と極東の化石発掘物　61
4　結論　66
謝辞　67
◇ヴォルフガング・エスバッハ
III　人間と非‐人間……68
1　脱中心的な立場性　70

2 我々－形態 73
3 具体的な我々 76
4 非－人間の方向と段階 78
5 周辺の非－人間――怪物 80
6 隣人としての非－人間――奴隷 82
7 神なきものとしての非－人間 85
8 結論 89

◇マンフレート・ファスラー

IV ネットワーク化あるいは「諸関連――人間とその社会的構造」……………92
1 〔何が問題か〕 93
2 〔ネット化〕 96
3 〔メディア・ネットワーク〕 99
4 〔メディア・コミュニケーション〕 106
5 〔メディア社会の生〕 116
6 〔メディア進化史と現代〕 120
7 結論 129

◇アントニオ・ロプリエノ
V　音声から文字へ……131
1　序論　131
2　言語内容にたいする二つの立場　134
3　文字化　136
4　経済と権力の蓄蔵としてのロゴグラム〔表語文字〕　140
5　ヒエログリフ〔象形文字〕式に書く　144
6　書く文化　154
7　最初の文字改革　157
8　文字の二つの百科全書　160
9　文字から形象へ　164
10　展望　168
◇クリスティアーネ・クルーゼ
VI　形象、媒体、仮面――形象作成の人類学的両義性……171
1　世界の二重化と世界の創造　171

2　仮面をかぶる　172
3　脱仮面化　177
4　仮面をつけたメディア　186
5　デジタル絵画　190
6　人間以後の人間像　196
7　画像的現実　201

◇クラウス・ベルガー

Ⅶ　発生・誕生・死――人間の生における心的精神性の諸段階……205

◇オラフ・カルテンボルン

Ⅷ　人工知能とサイバースペースの時代における自我像と人間像……215

1　人格観念と理想的自我の引き立て役としてのコンピューター　215
2　「プロテウス」的自己　220
3　技術的に拡張された自我　223
4　配分されたネット・自我、断片的なネット・自我　225
5　結論　235

◇ノルベルト・ボルツ

IX　人間の後には何が来るのか……237

◇ヴァルター・ツィンマーリ

X　真髄としての人間――哲学的大テーマにたいする小論……253

1〔進化のジレンマ〕256

2〔人間としての人工知能？〕266

3〔ネット化社会における生の可能性〕272

解　題 281

訳者あとがき 292

参考文献　巻末(29)

原注　巻末(5)

著者紹介　巻末(1)

はじめに

人間――それは一体どこから来たのか、他の生物ないしプログラムと何によって区別されるのか、その特質は何か、自分をどう見ているのか、その将来はどうなるのか、何を知ることができるのか、どんな希望を抱くことが許されているのか。

本書は、バイオテクノロジー、人工知能、ロボット工学といった新しい時代への転換期にあって、人類学、哲学、神学、社会学、美学、メディア学の専門家が、右のような昔からある問いを追究したものである。我々の歩む道は、アフリカにおける人類発祥に始まり、一〇万年たらず前に起きた現代人の分化へと続く。そして、人間と「非-人間」の区別を学び、社会構造の内部にいながら、そこから脱する人間を知る。さらに、音声と、とくに文字をもった存在としての人間（ゾーン・ロゴン・エコン〔言葉をもった動物〕）、形象と仮面のなかで自己表現する存在としての人間、生と死によって局限された、この世の実存を超越して、彼岸に到達しようと努める存在としての人間に出会う。

だが、現在周知のように、古い人間学の夢は終わり、人間一般の時代は終わった。[1] 三〇世紀のはじめには、古くさくなった人間そのものがだめになるように思われる。[2] マルティン・ハイデッガーは、新しくできた哲学的「人間学」部門にたいして次のように答えたが、今やそれは、人文科学全体にあてはまる。

人間学とは、人間が何であるかを完全に知っており、したがって、人間とは誰かを問うことができないような人間解釈である。というのは、この問いによって人間学は、自分自身が動揺させられ克服されたことを告白せざるをえないからである(3)。

「人間の普遍的本質」のなかには、人間の分裂と過誤だけでなく、近年根源的な人間把握をもたらした、ある脅威も表現されている。ミシェル・フーコーは、カントの『実践的観点から見た人間学』の翻訳にたいする、未公刊の序論の中で、その脅威を示唆している。「人間とは何かという問いは、哲学の分野では、この問いを拒絶し武装解除する答え、超人〔間〕に終わった(4)。」

周知のように、カントは、自然が人間から何をつくるかを探求し構築する人間学と、人間が自分自身のなかから何をつくるかを探求し構築する実践的人間学を区別した。人間についての自然科学と、歴史哲学的志向をもった行為の科学に分化した、そのような人間学の歴史は、一見したところ公分母をもっているようには思われない。しかし、偶然的で個性的な、あまりに人間的過ぎるあり方から出発して、「普遍的で」、「社会的な」、「新しい」人間へと無限に完成し、解放に至るという考えのなかで、教育学、心理学、刑事学といった人間学的部門は、医学、精神工学、人口政策といった人間工学的な部門と急速に接近した――人間の馴致(5)。いずれにせよ、ニーチェの仮説、人間とは克服されねばならない何者かである、という仮説は、人間学が誕生した瞬間にすでに書き込まれていたように思われる。とりわけ、人間の、自然への忌まわしい全面的な依存状態が克服されねばならない。生と死、欲望と苦悩に満ちた身体性、生殖の性的形態、この四つがそれである。

「新しい知的種の最初の存在、最初の代表の創造、それは人間自らが形象として、人間の形象としてつくったものである」、二〇二九年三月二七日、ミシェル・ウルベックは小説、『微量元素』を発表する。著者の分身たるフブチェジャックは、その成果について「短く話を切り出し、いつものように容赦ない率直さで、こう宣言した。『人類は、自分自身を取り替えるための条件をつくりだした、地上最初の種であることを誇ってもいいだろう(6)』」。

この新しい種は、複製によって再生し、いかなる性もいかなる苦痛も、死も知らない。彼らは、死滅に脅かされた最後の人間にたいする宣告に従って、幸福に暮らし、どんな利己主義からも解放されている。さらに、彼らは自分自身のことを――たとえ諧謔の痕跡だとしても――、「神々」の名で呼んでいるが、この名が幾多の夢を解き放ってきたのだ。

ウルベックの問いかけ、人間の後には何が来るのかには、本書後段の論考が答えている。それは美的生活の夢について語りながら、人間ははたして創造の真髄なのか、それとも進化の真髄なのかと問う。

確かなことは、「人間なるもの」が今日、これまで以上に疑わしい存在であるということだ。本書はこれに挑戦する。今度はあなた方がこの読み物を楽しむ番だ。

ノルベルト・ボルツ／アンドレアス・ミュンケル

序論

ノルベルト・ボルツ

危機から脱出しようとするいかなる試みも、すればするほどますます深く危機に陥っていくという点に、人々は危機を見ている。ヒューマニズム〔人間中心主義〕がそのような危機に陥っていることは、遅くともマルティン・ハイデッガーの手紙以来知られている。それ以来、コンピューター工学と遺伝子工学による、人間とその形象にたいする死に物狂いの攻撃によって、ヒューマニストは絶望的な退却に追い込まれ、その間からはただ失望した怨嗟の声が聞こえるだけだ。世の成り行きに失望した人間は、誰でも学ぶ意志をなくす。しかし、学ぶ用意ができている場合でも、ヒューマニズムの危機から脱出する試みには、それだけ深く危機に陥るということを考慮に入れておかねばならない。たとえば、技術の効果を評価する研究所が時代精神を意識して、コンピューター工学や遺伝子工学の不遜な要求に直面して、病理や挑発が問題なのかどうかを問う場合、人々はあらゆる問題が、危機＝好機という逆転公式によって解決されてきたことを確信している。だが、無数のシンポジウムや連続講義によって、これまでとくに次のことが明白になってきた。すなわち、複雑で不確実な状況にあっては、問題は、問題の発見にあるということである。

問題をモデル化するに際して、私の提案はフロイトと結びついている。ナルシシズム的で重大な人類の病理とは、現在求められている反応（レスポンス）の基盤となっている挑戦（チャレンジ）である。我々はすでにコペルニクス――地球を世界の中心から周辺のXに転がり落とした――に倣って、一つの答えを見つけている。すなわち、青い惑星の不確実性という意識、我々の好奇心と関心の宇宙から地球への反転がそれである。我々はプトレマイオス派なのだ。ダーウィンによる人間の退位とともに、人類学者は人間の生物学的に特異な位置をつくりあげた――いわば我々の無能力を導きの糸として。そして、フロイトの教え――自我を精神の館の奴隷に引き下げた――は、固有の期待が満たされると、時代遅れとなり、精神分析は生物学と神経薬理学のなかに止揚される――プロザックとリタリエンが静かに作用する。アラン・チューリングもそのようなナルシシズム的な人類の病理の学問的英雄に数えられることは、現在では疑いようもない。古代の神託と同じく、彼のテストは我々に謎を、すなわち、コンピューターには何ができないかという問いを投げかけているのである。

認識論的には、ナルシシズム的な人類の病理は、いわゆる構築主義にもっともはっきり要約されている。その基本的な教示によれば、我々にとって世界の真なる模写は存在しない。世界は分析的に規定できないし、過去からは独立しており、予測もできない。このような挑戦にたいする反応とはいかなるものであろうか。精神科学が生命と魂に関する前近代の思弁を受け継いだように（Dilthey 参照）、サイバネティクスは、精神科学の課題を救った（Günther 参照）。依然としてまだ現代的な意義をもつ課題設定はこう語る、人工的なものの科学（Herbert Simon）、と。このような問題意識に到達するためには、精神を精神科学から追放するだけでなく、自然を自然科学から追放しなければならない。そうすれば、技術への問いとともに形而上学は終わりを告げる。かつてはこの問いは、アリストテレスが道具のなかの道具と定義したもので充分であり、カップ、フロイト、マクルーハンもなおその地平に立って、技術を道具の射影と考えていた。今日我々は、技術への問いをまったく違った風に立てなければならない。もはや道具のなかの道具に定位するのではなく、機械のなかの機械、すなわち、コンピューターに定位しなければならないのだ。

「物質に思考を教える(1)」というサイバネティクスのプロジェクトは、ドイツ観念論の魅力的なモチーフ、ヘーゲルの客観的精神を再度取り上げる。つまり、サイバネティクスのテーマは、自分のなかに反照する存在でもあるのだ。精神対物質の区別を物質のなかに徹底して再投入する。ここでは精神科学からの解放は、自己反照の形式化に懸かっている。次のように言えるかもしれない、すなわち、サイバネティクスとともに、生命システムのもつ主観性の脱ヒューマニズム化が始まる、と。ギュンターは、どうしたら主観性を二つのプログラム、つまり、思考（反照）と意欲（決断）の相互行為としてモデル化できるのかを、印象深く示している。

よく注意してほしい、モデル化であって、表象するのではない！　精神科学からサイバネティクスへの歩みは、「習慣的な犠牲(2)」を必要とする。君の明証的意識を計算過程のために犠牲にしろ、というわけだ。直観の代わりに、ＡＢＣ順のコードの操作が登場する。表象できないものでも、書き付けることができる——数学の記号を使って。したがって、思考するのではなくて、計算できるという事態が存在することになる。「コンピューター化は、技術における秩序のエッセンスである。(3)」そして、計算できるものは、思考可能である必要はない。
だから、ギュンターは、「ロゴス理論の断念[4]」を要求したのだ。ここで重要なのは、人間の理解行為を超越した合理性であり、そして、それ以来人間は、「思考の人工補装[5]」を必要とするようになった。だから、サイバネティクスのプロジェクトには最初から、機械による思考過程の下支えが含まれている。その目的は、脳と思考の人工補装との協働であり、最初はコンピューター・シミュレーションの形で、次いでロボット工学の形で生ずる。だから、現代社会の複雑性によって要求されるが、人間の思考を原理的に凌駕しているものが訓練の対象となりうる。たとえば、社会的コンピューターを考えてみればよい。個々人にはけっして提起できないような問題をネットワークが解決するのだ。

この要求に応えられるような思考は存在するのだろうか。もっとも幻想的な哲学の一つが、もっとも現実主義的なテキストであることを証明している。ツァラトゥストラはこう言った、である。ニーチェをニーチェ風に読むことを知らなくとも、その思考を認める人は誰でも、二重の鑑定を前にしている。啓蒙のプロジェクトは実践的には失敗したが、理論的にはオールタナティブのない状態にある。そして、ヒューマニズムの世界像は理論的には支持しがたいが、実践的にはオールタナティブのない状態にある。ヒューマニズムが反意語的な代用品で、敵の像を取り替え、野獣的人間を機械に置き換えたとき、導きの糸を失ってしまった。それ以来、「人間」について語るのは、技術を無視しようとする場合だけとなる。ケニス・バークのスローガンは、赤裸々そのものだ。「代用品的なヒューマニズムがそれである」。その真意は、繊細な人間にとってのアヘンとしての人類崇拝だ。

ヒューマニズム的な世界像に悲観的な予測を対置する人間は誰でも、そのことで非人間的な未来の夜明けを見ているわけではない。人間的なものは存在する——ただし、人間のなかにではない。アーヴィング・ゴフマンの社会学の要点を述べると、「普遍的な人間本性は、人間の問題ではない」[6]のだ。その意味はまず、ヒューマニズム的人間概念にとってはいかなる生物学的根拠も存在しないということであり、そのような人間は文化的な属性の産物である。そして、その含意は我々の多元主義的な自己理解にとっては、次のようなことである。誰しもその人固有の流儀で「人間的に」なるべきである——ヒューマニズム的定義の独占は打ち破られたのだ。世界の未来はポスト人間的ではない——が、確かにポスト・ヒューマニズム的ではある。

このことは、あらゆる未来の思考に直接の帰結をもたらす。この時点から方法論的な根源的アンチ・ヒューマニズムは、現代社会における人間の問題を視野に入れるための条件となる。だから、大テーマはすでにハイデッガーの『存在と時間』のなかで、「実存」であって、「人間」ではないとされている。それ以来、「人間なるもの」は社会学者にとってもあまりに不明瞭すぎる概念となり、——そして、「行動」によって置き換えられた（Parsons）。ところが、行動も今日ではあまりに不明瞭であることが判明し、——そして、コミュニケーションによって置き換えられている（Luhmann）。

したがって、ヒューマニストの不平不満には充分な根拠がある。彼らは自らの根本概念が、学問の発展過程で最悪の拷問にかけられているのを眺めているのだ。「人間なるもの」は、コンピューター工学、システム論、遺伝子工学、ポスト歴史に四分割されている。もっと詳しく見てみよう。

——コンピューター工学

コンピューターはシステム合理性を強制する。ここでは計算システムは、自分固有の限界を計算するかぎり、自動的である。コンピューターは、驚くほど単純な０／１の二成分システムに基づいて仕事をする。この論理的シンボルの解釈は、ジョージ・ブールの無と宇宙以来続いている。ジョン・ウィーラーは「前ソクラテス的な」呪文を発見した。万物はビットから成る[7]。

――システム論

現代世界では、必然性と非断念を放棄しなければならない。あらゆる社会システムの根本的なパラドックスは、偶然事の必然性であり、それによって実存の存在は、取替え可能な存在と他在化の可能性とに分裂する。クワインの言葉を借りると、「存在するとは、可変性という価値をもつということだ[8]。」ヒューマニストは現代世界では、当然ながら居心地がよくない。彼らの生活世界、「所与の自明性の宇宙[9]」では、いかなる偶然性の意識も発展できない。したがって逆に、未来のいかなる思考にとっても大切なのは、進化的達成の不確実性が明確になるほどまでに「自明性の解体[10]」を強調することである。偶然性の意識には、世界にたいする技術的態度が続く。それは、「刺激物としての偶然性[11]」を受容する。

――遺伝子工学

アナログとデジタルという現代の根本的区分は、人間の核心を貫いている。ＺＮＳとＤＮＳはデジタルで、それ以外の生理学はアナログである。したがって、人間は生理学とデータ処理に分裂する。ノヴァリスが正当にも恐れたように、数字と図形がすべての被造物の符牒となる。詩人がアルファベット・

コードを操るように、未来の世渡り上手が四文字の遺伝子情報、A（アデニン）、C（キトシン）、G（グアニン）、T（ティミディン）、を巧みに操るのを想像するのに、たくさんの空想力は必要としない。しかし、遺伝学を生の計算法と理解するなら、逆にこう定式化できる、「進化とは、生物学的遺伝子工学だ」[12]、と。そうなると、運命――これは若干の人々にとっては、不幸な遺伝子の操作を意味する――を放棄することも必ずしも非人間的ということにはならないのではないだろうか。

――ポスト歴史

ツァラトゥストラが予告した「最後の人間」、もっとも長生きした人間、は我々の同時代人である。彼は幸せを見つけ、夜も昼も楽しみを見つけた。歴史は博物館に閉じ込められ、文化のアンチ・テーゼたる自然は、植物園に閉じ込められ、生の意味は贅沢な生活に閉じ込められ、記憶は記念品のなかに閉じ込められる[13]。

だが、「人間なるもの」は、はるかに手強いレベル、医学的実践と生命工学的実践のレベルで四分割される。すなわち、

――胎児幹細胞のクローン、

――非合法だが、罰せられない堕胎、

――延命用の臓器医学、

――暗黙裡だが、多くの「先進」国ですでに法的に規制されている安楽死、によって。

ヒューマニズムはこのすべての領域で、「滑りやすい坂道」の〔危なっかしい〕議論のなかで退却を続けながら、クローン、安楽死、胚子着床前診断に関して、その開始を妨げている。具体的な脅威とは、最重要の生の決断さえも国家の手に握られていることである。子供の健康の配慮も自分の死の尊厳も。もっと幸いなことに、精神的な時代状況は描かれてはいない。深淵が口を開けているのだ。奈落への視線の混迷状態（先例：Pascal）が存在しているからなのか、それとも橋を架ける（先例：Leonardo）決心、したがって自己主張をするからなのか。生物学と情報学における強圧的な成果は、重大な問いを投げかける。「なぜこの権力は捕まえられないのか[14]」。この問いに答えようとする時、我々は重大な困難に直面するが、それは、全員が三つの時間世界の市民である、という点にある。人類学者ライオネル・タイガーが繰り返し指摘したように、現代人は、太古の遺産、牧歌的な道徳、技術革新によって、言わば三分割されている。古代アダムの欲求は、現代の情緒的順応の世界に適合していないし、キリスト教の倫理は、ポスト近代の生活様式の多様性を公平に評価するには、充分な複合性をもっていない。人間は、オートポイエーシス的に作用する社会システムの固有の論理とも、また技術進化の速度とも歩調を合わせることができない。システムは、単なる機能遂行によって自らを正当化し、技術的意思には土台がない。これとは反対に、ポスト歴史的な個人は、無感覚の偶然的存在として自己主張する。

ヒューマニズムの危機からの脱出は、人間の、乗り越え不可能な限界の反照によってのみ示されうる。それはとくに、記憶、注意力、情報処理、接触能力に当てはまる。人間は、コンピューターの巨大な貯蔵能力によって、よい助言をもらえるし、逆に、忘れ去る力に加えて選択能力が働くようになる。目は毎秒およそ八〇〇万ビットを処理するのにたいして、意識はわずか四〇ビットを処理するにすぎない。

だから、意識は情報を破棄し貪り食わざるをえない。「意識は情報の強奪者であり、ましてや自己意識はもっとそうなのだ。[15]」とりわけ、技術的コミュニケーションは、我々の時間という資源とはもはや釣り合いのとれない、多様なオプションを可能とする。たくさんの仮想世界が登場するが、それと対峙するのは、我々のもつ、一つの生なのだ。したがって、生のプトレマイオス派にとどまるのが、処世術であるように見える。今日存在している唯一の統一とは、私のもっている、一つの生の統一だからである。

人間の、乗り越え不可能な限界の反照は、人間が生物学的に自由な処理能力を欠いており、したがって、隠喩的に構築されているという洞察に導く。人間は、自らを技術的に更新し、意識行為に関する物理学的像をつくることによってのみ、自らを理解する。[16]人間は自らを解釈しなければならないのだが、自分自身の内部から解釈することはできない。人間は個人的な生活記録をもっていないので、アイデンティティ公式を必要とする。自分自身に至る直接の道はない。人間は自分を、非‐自我と等置しなければならないが、同時に、それから区別される——そのことはトーテミズムに当てはまるのと同様に、まさにテューリング・テストにも当てはまる。

この隠喩的なものの不可避性は、文化史のどの重要段階でも、人間が最前衛の機械と自分を比較する場合にはいつでも証明される。今日ではこう言えるかもしれない、人間とは、自分では知ることのないアルゴリズムを備えた機械である、と。さらに厳密に言えば、文化によって、自分をそれ自体としては認識しないようにプログラム化された機械である、と。そして、自分固有の本性を見誤るということは、人間にとって適応の長所なのかもしれない。「神話をつくるのは人間ではなく、神話が、あるいは、神話が啓示する太古の実体が人間をつくるのだ。[17]」神々と機械は、我々にとっては動物よりも近接しているのである。

ヒューマニズムのジレンマがもっとも明白に読み取れるのは――ヒューマニズムが危機から脱出しようとして、ますます深く危機に陥っていくという試みに際して――、あらゆる企業の指導理念および大衆受けする政治演説、これに含まれるプラセボ公式の場合である。人間が中心に据わっているのだ。社会学も、マックス・ヴェーバーの場合とくに印象深いが、依然として人間についての学問であると自己理解しているかぎり、この袋小路から抜け出すことはできない。ニクラス・ルーマンが初めて、人間抜きの社会学を構想するという冒険を敢行した。その対象は、まさに人間と社会の差異であって、このパースペクティブからすると、人間は、社会の環境問題として認識可能となる。社会の内部には「全体的」人間の存在する余地はない――だからこそ人間は、尊敬と軽蔑のコードをもった道徳の対象となりうるのであり、そして、それはきわめて大きな成功を収めた。これに反して、現代風の社会学は、「全体的人間」なる詩を、構造的連結の散文に置き換えるのである。

言い換えると、人間はシステムのなかに取り込まれているのであって、それ自身社会の構成要素ではないのだ。初めに拘束が存在する。「人間の『本性』とは、自己規定の権利ではなく、社会的過程のなかに自ら、具体的に束縛されるように巻き込まれているという事実なのだ――これが、人間がおのずと蒙る事態なのである。」(18) しかし、社会システムが「全体的」人間とともに始まることはできないということは、まさしく自由の現代的条件となっている。そして、社会システムのパースペクティブから見ると、人間は社会の超越的性格そのものである。自らの具体的な操作行為をすることによってのみ、社会のなかに入っていく――好奇心、欲望、不安、感受性に突き動かされて。人間のこのような不安定さと浮動性が、社会が安定するための条件である。あらゆるダイナミックなシステムと同じく、社会システムも、「誤りやすい要素へ全面的に依存する状態[19]」であって、変動を通して安定する。循環する不確実さを通じた確実さ、それが現代の生活関係にとって典型的なのである。

だから、社会も有機体より、コンピューターに似ている。特徴的なのは、要素同士の緩やかな結合と、強力な再結合の自由である。それゆえに、どの方向をとるのであれ、現代における歩みは、社会システムが脱人間化していく歩みであり、社会システムは、機能遂行上閉じられており、構造的に結合されている。皮肉なヘーゲル主義者ルーマンは、一度とても美的に、システムの「止揚不可能な独立存在的性格[20]」について語っている。そして、だからこそ我々は、その代償として、日常的な生活世界を志向するアルゴリズムたる擬人化を頼りにするのだ。

あるシステムが複雑になればなるほど、それを意識的に操縦するのはそれだけいっそう難しくなる。だから、現代社会の構造的傾向に単純明快な公分母を与えることができるかもしれない。コントロールの減衰である。ここでもカオスが、偶然を発生させる原動力として機能する。それによって、あるシステムが変化した環境条件に適応することが可能となる。だがそうなると、そもそもシステムの操縦とは何を意味しうるのだろうか。「コントロールとは、構造の肩に乗った日和見主義であり、そうなるしかない[21]。」情報系として閉じたシステムにたいして影響力を行使する可能性は、三つしかない。すなわち、システムの強化、妨害、破壊である。システム固有の価値を是認する場合も、外部から刺激する場合でも——この場合、システムは固有の周波数で反応する（革新）——、そして、まさに破壊の場合がそうなのだが、ひとつの影響力行使が排除される。指令がそれである。したがって、システムの操縦への問いは、グランヴィユの洞察に転化する。すなわち、コントロールのコントロールこそがシステムなのだ。

哲学が、伝統的に「精神」という名前を与えてきたものが、この自己組織化のダイナミズムである。精神の要素とは、行動様式の結合であり、「結合することは、心に思うことである。[22]」それによって、観念論的な根拠づけ問題はもちろん解けないままであり、たんに記述し直されるだけである。すなわち、ある精神的過程の説明はすべて、それ自身精神的過程であり、したがって、それ自身が説明されねばならない。今日、精神は自らの固有の進化を発見した――そして、この発見過程は、ヘーゲルの現象学の代わりに登場した。精神に関する、ポスト観念論的自己説明の最初の三章は、すでに書かれている。行動主義は精神をブラックボックスとして扱い、次いでテューリング・テストは、ブラックボックスのホワイト化〔透明化〕の厳密な手続きを記述し、そして今日、創発的人工知能によって、我々には新たな不透明さが与えられている。

この説明モデルはすべて、潜在的な機械としての精神、複数のシステムからなる一つのシステム、という根本概念を共有している。それには、コンピューターに支えられた、新しい情報工学が対応している。プログラム化、システム分析、サイバネティクス、ゲーム理論、シミュレーションである。それは、人工知能の標準的道具であり、この道具は、知識社会学によっておそらく、テイラーの科学的管理の後継者として扱われることになるだろう。すなわち、それが精神に適応されるのである。ここでもヒューマニズムにたいするひどい侮辱が待っている。労働者より機械の方が精神豊かであり、人間より物の方が文明化されている。したがって、このような「客観的精神」は徹底して内在的であり、決して超越的ではない。だが、それは人間に内在しているのではなく、世界的コミュニケーションのネットワークに内在しており、このネットワーク内の出来事は、ただ統計的にのみ捉えられる。
乗り越え不可能な人間の限界にたいする反照を背景にして、再度我々は、アラン・テューリングが示唆した出口問題を繰り返すことができる。コンピューターにできないこととはいったい何なのか。一つの答えに通じうるような若干の区別は、ともかくもすでに指摘されている。

——情報は意味と無意味を区別しない。だから、情報は、ある知らせの価値を測る尺度などではなく、情報量は、情報の豊かさとは何の関係もない。ここで無視できない「有用性」という概念は、人間中心主義的な概念であって、これは数学的に定式化することはできず、経済学者の効用機能のなかにしか書き込むことはできない。「有用性」は人間の尺度を情報ゲームのなかに持ち込み、しかも濾過と選択の行為を通じて持ち込む。

——コンピューターは、情報と伝達を区別できない。というのも、伝達とは語ることであり、これは沈黙というオプションと区別されているからである。まったく同様に、コンピューターは理解することもできない。というのは、これはコミュニケーションを拒絶するというオプションとは区別されるからである。

——コンピューターは、いかなる「意味づけ効果」(Bartlett)ももたない。機械によるデータ処理という壮大な仕事は、意味のある体験の処理にけっして到達することはない。解釈学はアルゴリズムと結びつくことはできないのである。

——コンピューターは忘却を知らず、ただ貯蔵されたものだけを消去できる。だが、忘れるとは、情報処理を関心に導かれた思考に転化する力であり、理解する意思をもった人間は誰でも、情報を無効化しなければならない。
——データ過程のインスタント性は、計算時間しか知らず、思考の時間は知らない。ここでは記憶は、関心に導かれた思考の機会も驚きももたない。正当にもベルナール・ロヴェル卿は、コ・ン・ピ・ュ・ー・タ・ー・と・は・免・疫・血・清・様・で・あ・る・と言っている。

このリストは、コンピューターには何ができないかという問いにたいする示唆だが、もちろんこれは敷衍する必要がある。しかし、我々がプログラムの世界と危機の世界を区別するなら、それは議論の根本的性格の見取り図をすでに描いていることになる。コンピューターはプログラムの世界のなかで機能し、そこでは問題と完全な知との完璧な一致が支配する——すなわち、技術的計算が支配する。そのことをロベルト・コヴァルスキは、次のように簡潔に定式化した。アルゴリズム＝論理＋コントロール。これに対して、人間は危機の世界のなかで生きている。人間の知は不充分であり、結果についても一致していない。そして、何が「価値があるか」に関しては、政治的決定だけが存在する。これはヒューマニストの慰めになるかもしれない。すなわち、アリストテレスが判決を〔すでに〕下しているのだ。

I　アフリカ――人類発祥の地？

フリードマン・シュレンク

要　約

アフリカは人類発祥の地であった。ここにはおよそ六〇〇万年以前から直立歩行する前人が生活していた。彼らの脳はまだ、類人猿の脳とほとんど変わらなかった。そして、およそ二五〇万年前から原人が生活していた。人類の初期は、重大な気候変動によって特徴づけられるが、その結果、およそ九〇〇万年以来、アフリカにおける生存空間は明白に変化することになった。それによって動物と植物の世界が変化し、初期人類にとって食料の基盤も変化した。古生態学的研究に基づくシナリオによって、どうして、なぜ、およそ二五〇万年前アフリカで、環境の変化に影響されて類としての人間が誕生したのかが明確になる。気候変動の結果、アフリカ内部における大規模な移動も生じ、最終的に二〇〇万年以上前、初期人類のアフリカ外への最初の移動が起こった。

1　はじめに

　すでに一八七一年にチャールズ・ダーウィンは、人類の発祥の地がアフリカにあると推定したが、人類の化石は長い間、ヨーロッパ[1]とアジア[2]でしか発見されなかった。一九二四年に初めて、ダーウィンの命題が証明されることになった。南アフリカのタウング（図I―1）で、砕石労働者が子供の頭蓋骨の化石（図I―2）を保全したのである。これは、レイモンド・ダートによってアウストラロピテクス・アフリカーヌス（南アフリカの猿[3]）として、それまで批判的な立場にあった学会に紹介された。およそ二〇〇万年前の「タウング赤ちゃん」によって、この生物は確かにすでに直立歩行はできたが、その脳はチンパンジーの脳より大きくはなかったということが判明した。もちろん、類人猿と比較してその犬歯は大きく退化しており、社会行動の著しい発達を示している。敵対的な環境にたいして、それまで適応してきた武器を用いて立ち向かうことは不可能であった。このような解釈は全体として、当時の研究状況では当初拒絶と無視にあったが[4]、ダートの研究がもたらした根源的な結論は、その後幾多の発掘物によって南アフリカ、東アフリカ、最近では西アフリカでも実証されてきた。新たな発掘物によって、次の点は確実さが増している。すなわち、ヒト科（サヘルアントロプス、オローリン、アルディピテクスの各属）、前人（アウストラロピテクス属）、原人（類としてのヒト属）、初期人類（ホモ・エレクトゥス）はアフリカで誕生したに違いない。現在とくに、人間の生成における気候の役割の問題が広く議論されている[5]。

図Ｉ—１　アフリカにおける主要なヒト科発掘場所

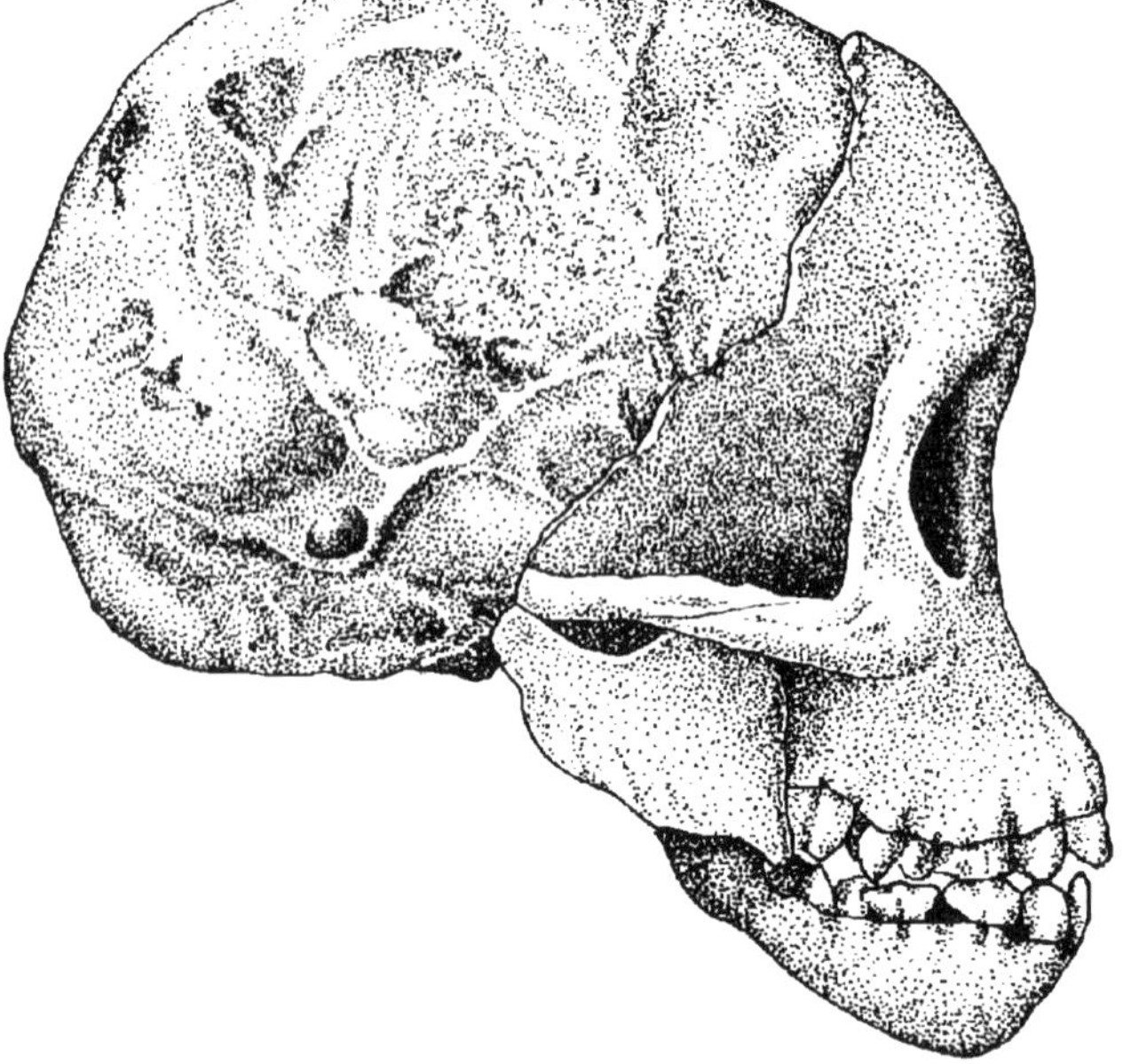

図１—２　アウストラロピテクス・アフリカーヌス
南アフリカ，タウング出土の「タウング赤ちゃん」

２　ヒト科の起源

アフリカの類人猿の地理的分布は、元々熱帯アフリカの雨林によって制限されていた。中期中新世および後期中新世の地球規模の寒冷化が環境の変化を引き起こすまでは、生活空間はそのかぎりで相対的に安定していた[6]。この気候条件は、アフリカの地溝の発達の結果と相俟って、かつての広大な森林地帯を急激に減少させた[7]。だから、およそ九〇〇〜八〇〇〇万年前の東アフリカでは、広々とした草地との関係が深かった[8]。熱帯雨林の変動は、潅木サバンナの成立にとっても都合がよかった(9)。こうして、生活空間はそれまで以上に多様性をもつことになった(10)。気候条件が中新世末にさらに悪化したとき、東アフリカ周縁のいくつかの類人猿群は、地溝の発達に伴う、雨陰の豊かな沿岸地帯沿いに再度移動した。環境の変動は、類人猿やその他の哺乳動物、たとえばボビド〔ウシ科の動物〕の死亡率を高める結果となった(11)。したがって、次のように想定できる。類人猿とヒト科の分離線は、熱帯雨林の周縁で生じた、と。ここには、今なお未知の共通祖先も生きていたに違いない。この最初期の人間の祖先は、地上移動の試行によって実験を行うことで、確かに類人猿の系譜に繋がっている。

どのようにしてこの過程が生じたのか、それは最近に至るまで謎であった。それを解くにはほんのわずかの化石証拠もなかった。それだけに、近年何百もの前人、初期人類、原人がアフリカで発見されたのは、実に驚くべきことである。人間の系統樹の暗闇のなかで、二〇〇〇年の末最初の光が当たった。ケニアの六〇〇万年前の地層で、直立歩行の世紀人（オローリン・ツゲネンシス）(12)が発見されたのである。その直後エチオピアで、五八〇万年前のアルディピテクス・ラミドゥスの発掘物が姿を現した(13)。前人の最初期の、この予期せぬ証拠は、最近目覚しく増加した。ミシェル・ブリュネとチャド・フランス古人類学・派遣チームは、およそ六〇〇～七〇〇万年前の、これまで最古のヒト科片（サヘルアントロプス・チャデンシス）をチャド盆地で発見した(14)。たとえブリュネ他が二〇〇二年に、この発掘物を、長いこと探し求められてきた失われた環と考えたとしても、もっと厳密に観察してみれば、彼らは正反対のことを証明しているのだ。すなわち、存在したのは、失われた環ではなく、縮小する熱帯雨林の境界に沿って生きていた、時空的に最初の前人の、相異なる地理的変種の組み合わせなのである。

	アウストラロピテクス（約450～100万年前）	ヒト（約250万年前～）
脳容量	類人猿と同等	著しく増大
道具文化	なし	あり
食料消化	臼歯依存	臼歯の意義喪失
移動	両足とよじ登り	常に両足

すでに一九九二年以来、エチオピアのアラミス近郊では（図Ｉ―１）、無数の頭蓋片、顎片、骨格片が発見されていて、それはおよそ四四〇万年前の物で、全体で一七体からなっている[15]。当初この化石片は、アウストラロピテクス・ラミドゥスと記されたが、それ以後の発掘物によって、この仮定は修正しなければならなくなった。すなわち、ほとんど完全な骨格の発掘物は、新しい類、アルディピテクス（「地上猿」）の化石と分類することができたのである[16]。アルディピテクスが類人猿から区別されるのは、とくに相対的に小さな犬歯と、それほど鋭角的ではない前臼歯による。アルディピテクスからアウストラロピテクスへの分化は、主として相対的に小さく、それほど複雑な構造をもたない、きわめて薄いエナメル質からなる臼歯と、類人猿に似た前臼歯による。もちろん、初期のアウストラロピテクス属にたいする近親関係は、まだ未解明のままであり続けるに違いない（下記参照）。アルディピテクスは明らかに、随伴動物群から結論づけられるように、熱帯雨林の周縁で生活していた[17]。

後期ヒト科の場合には、アウストラロピテクス属とヒト属が区別できる。両属の最も重要な指標は、次の通りである。

3　前人（アウストラロピテクス属）

全体として、アウストラロピテクス属の前人には、発掘状態から次の3グループを確定できる。

a　アウストラロピテクス祖先グループ
アウストラロピテクス・アナメンシス（四二〇〜三八〇万年前）――カナポイ、アリア・ベイ（ケニヤ）
アウストラロピテクス・アファレンシス（三七〇〜二九〇万年前）――ラエトリ（タンザニア）、ハダル、マカ（エチオピア）

b　後の地理的変種
西アフリカ――アウストラロピテクス・バーレルガザリ（三五〇〜三二〇万年前）――バール・エル・ガザル（チャド）
東北アフリカ――アウストラロピテクス・ガルヒ（約二五〇万年前）――エチオピア
南アフリカ――アウストラロピテクス・アフリカーヌス（三〇〇〜二〇〇万年前）――タウング、ステルクフォンテイン、マカパンスガト（南アフリカ）

c　頑丈型アウストラロピテクス（「パラントロプス」）
アウストラロピテクス・アエティオピクス〔図I―10ではパラントロプス・アエティオピクスと表記。以下同様〕（二六〇〜二三〇万年前）――オモ（エチオピア）、ロムウェキ（ケニヤ）
アウストラロピテクス・ボイセイ（二四〇〜一一〇万年前）――オルドゥヴァイ・ゴルゲ、ペニニ（タンザニア）、コービ・フォラ（ケニヤ）、オモ、コンソ‐ガルドゥラ（エチオピア）、マレマ（マラウイ）

アウストラロピテクス・ロブストゥス（一八〇〜一三〇万年前）――クロムドゥラーイ、スワルトクランス、ドゥリムレン（南アフリカ）

a　アウストラロピテクス祖先グループ

〈アウストラロピテクス・アナメンシス〉

アウストラロピテクス属の最古の発掘物は、およそ四〇〇万年以上前のものが知られている。それらは、北ケニヤのトゥルカナ盆地のカナポイとアリア・ベイ出自（図Ⅰ―1）で、[18] アウストラロピテクス・アナメンシスはいくらか前のアウストラロピテクス・ラミドゥスから、また後のアウストラロピテクス・アファレンシスからも区別される。上顎と下顎の歯列はほぼ並行しており、下顎の犬歯は、咀嚼面の方へ傾斜し、臼歯同様きわめて大きい。アリア・ベイの新しい多数の発掘物では、歯列の大きさに明白な違いがあり、これは、男性と女性の外貌が大きく異っていたに違いないことを示している。頭蓋は類人猿に似ているのにたいして、四肢の構造は現代人とほとんど区別できない。アウストラロピテクス・アファレンシスとは異なり、直立歩行は、初期アウストラロピテクス・アナメンシスの場合、明らかに充分発達していた。それは次のことを示唆している。すなわち、カナポイで発見された大腿骨は、ひょっとしたらアウストラロピテクス・アナメンシスのものではないか、あるいはヒト属の最初の属が、ひょっとしたらアウストラロピテクス・アナメンシスにまで遡るかもしれない、ということである。

中新世末、乾季がより長期かつ顕著になった時、初期ヒト科の食料は、塊茎や球根といった土地生産物だったのに対して、雨季にはさらに、森林地帯の果実や莢果も利用されていた。[19] 樹木の生えたサバンナは、新たな生活空間を提供した。そこで生活していた集団の場合、拡張した樹木のない中間地帯を克服する上で、行動学的・形態学的な運動のレパートリーの発達に淘汰の利点があった。この戦略の一つが、両足・直立運動であり、それと連動した「歩行」の発達である。[20] 直立歩行はまた、強烈な太陽光輻射と大地輻射の下では利点をもたらす。[21] 熱照射は、四足運動の場合とは異なり、体表面積が小さいため、もはや高くなることはない。

〈アウストラロピテクス・アファレンシス〉

もっとも有名なヒト科の骨格化石は、おそらく女性のものであり、一九七四年、エチオピアのハダルで発見された[22]（図I―1）。この伝説的な「ルーシー」の骨格は、発見当時、およそ四〇パーセントが完全に保存されていた（図I―3）。さらに、ラエトリの足跡の化石（図I―4）は、三六〇万年前の火山灰によって保存されていたが、直立歩行が初期に発達していたことを証明している。[23] アウストラロピテクス・アファレンシスに関する記述は、ラエトリとエチオピアのアウストラロピテクス属の発掘物に基づいているが[24]、その場合、ここでは二つの異なる種が問題になる、という可能性が大いにありうる。発掘物の年代は、三七〇～二九〇万年前の間である。

さて、アウストラロピテクス・アファレンシスの外形はどうなっているのか、また、これまでの復元からどんな結論が導き出されるだろうか。体重がおよそ三〇～五〇キログラムで、身長はせいぜい一二〇センチメートルというのは確かである。相対的な脳の大きさは、現在のチンパンジーと同じくらいであるが、臼歯は、チンパンジーと同じくらいの体の大きさのものから想定されるより、明らかに大きい。この事実から、比較的粗雑な食料を摂取していたと結論できる。これらの食料は主として、熱帯雨林に

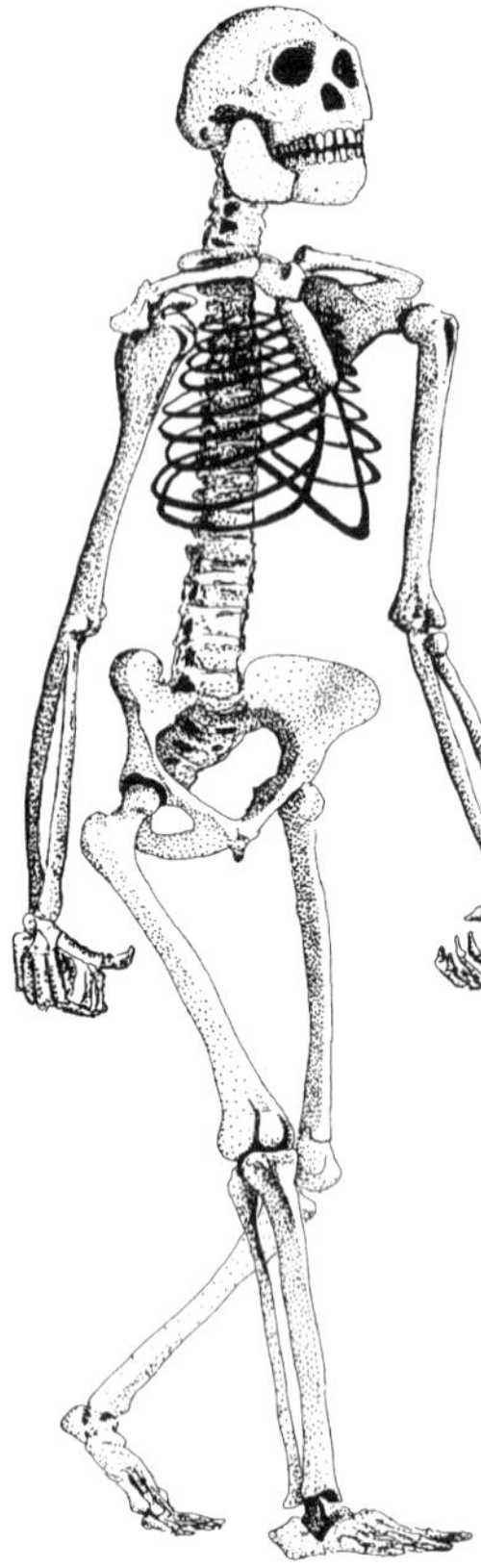

図1—3　ルーシー（アウストラロピテクス・アファレンシス）の復元
（身長約120センチメートル）

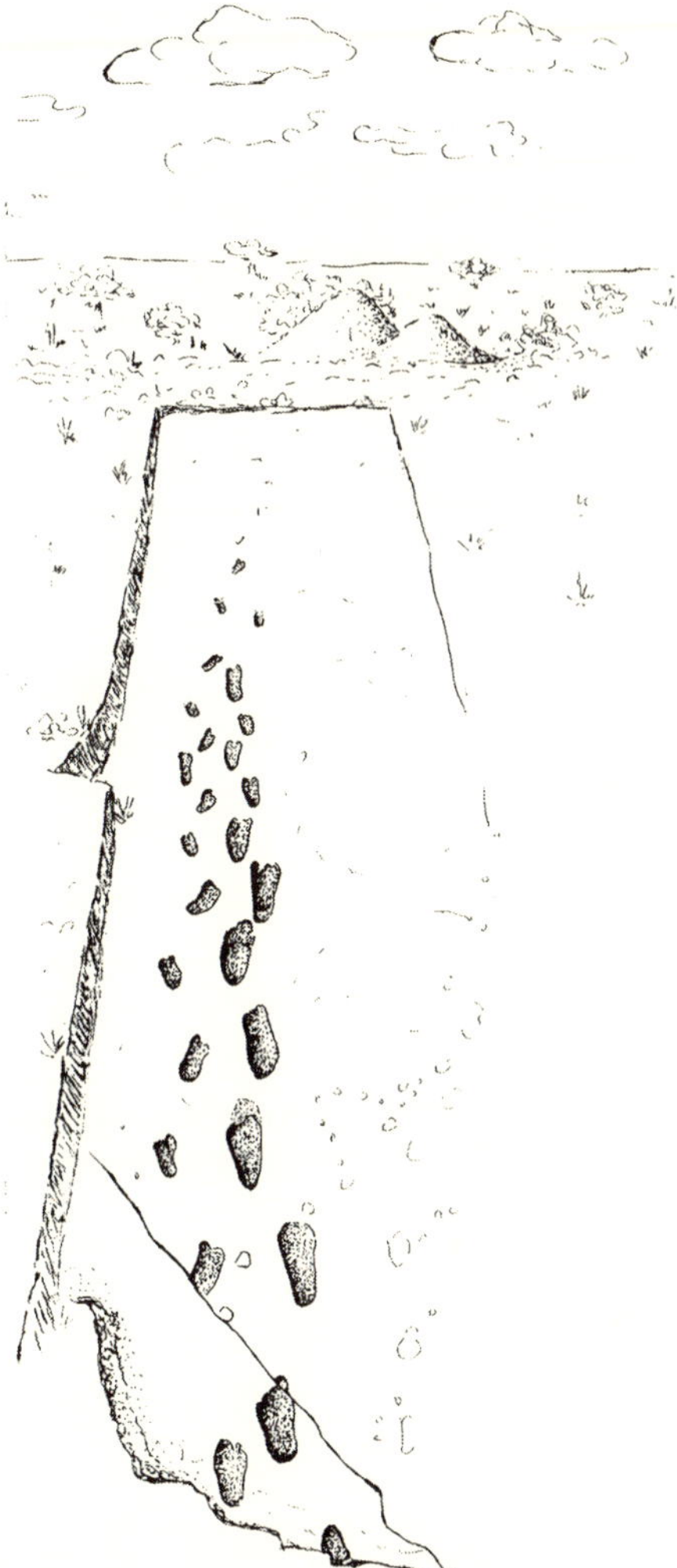

図I—4　タンザニア，ラエトリの前人最古の足跡
（長さ約20メートル，360万年前）

隣接するサバンナ地域のものであろう。さらに、肩甲骨と腕の解剖から、よじ登ったり四足で歩いたりといった、一定の能力があったという結論を導き出すことができる。もちろん、現代人のように足を前方へ踏み出すのではなく、股関節と膝関節の回転運動をたやすく行ったということである。

アウストラロピテクス・アファレンシスの行動のレパートリーは、広範な沿岸地帯の棲息地との密接な結合を保持するようになっていた。このことは、短い地質学的時代を通じて、地域的な特性をもってはいたが、アウストラロピテクス・アファレンシスは、四〇〇万年前にはアフリカの地溝地帯に広がっていった。食料の獲得は、比較的特化されてはいなかったに違いないと想定される。初期人類は、果実、漿果、ナッツ、種子、新芽、蕾、きのこを利用した。だが、水陸の小派虫類、若鳥、卵、軟体動物、昆虫、哺乳動物も食べた。もとより、季節ごとの気候変動によって、これらの食料群をいつでも利用できたわけではない。だから、アウストラロピテクス・アファレンシスは、多種多様な食料を季節毎の生活空間で、最善の利用ができるよう、自らの戦略を発展させたと言えよう。

b　後の地理的変種

〈西アフリカ――アウストラロピテクス・バーレルガザリ〉

チャドの発掘物（バール・エル・ガザル、図I―1）[25]は、従来の研究による像を変更するものとなった。アフリカにおけるアウストラロピテクスの分布の程度は、大略現在の熱帯雨林領域の周りに、かなり大きかったであろう。およそ三五〇万年前、最初の地理的変種が誕生した。チャドの発掘化石は、アウストラロピテクス・アナメンシスからもアウストラロピテクス・アファレンシスからも区別される。すなわち、その下顎は、人間に似た臼歯の指標ともども、ひょっとしたら、(少なくとも可能性としては)もうひとつ別のヒト属の起源集団を示している。

〈東北アフリカ——アウストラロピテクス・ガルヒ〉

東北アフリカでも、アウストラロピテクス属の地理的変種が発達した。一九九九年に初めて公表された、エチオピア・ハタの発掘物、アウストラロピテクス・ガルヒ[26]は、およそ二五〇〇万年前のもので、その祖先はアウストラロピテクス・アファレンシスであり、ヒト属の起源にきわめて近接しているかもしれない。しかし、ホモ・ルドルフェンシスとの直接的な関連は、これまで研究されては来なかった。頭蓋片と歯片の発掘場所の近くでは石器も発見されたが、それをアウストラロピテクス属のものとするのは疑わしい。

〈南アフリカ——アウストラロピテクス・アフリカーヌス〉

およそ三五〇〇万年前、先祖伝来の棲息地からの移動と、遠く離れた河川および海岸の棲息地が広がり始めた時でも、アウストラロピテクス・アファレンシスは、森に覆われた生活空間との結びつきを保持し続けた。このことはとくに、かなり温暖な気候と、拡張領域の最端の、相対的・地理的な孤立の場合に当てはまる。その結果最終的には、およそ三〇〇万年以上前、南アフリカの一群としてアウストラロピテクス・アフリカーヌスが誕生することになった。

すでに述べたタウング赤ちゃんの発掘物(図I—2)以来、南アフリカのアウストラロピテクス・アフリカーヌス種の断片が千以上知られている(図I—5)。古い収集箱にあった足骨のくるぶしを研究し直すことにより、また、元々の発掘箇所のステルクフォンテインで引き続き発見があったため、一九

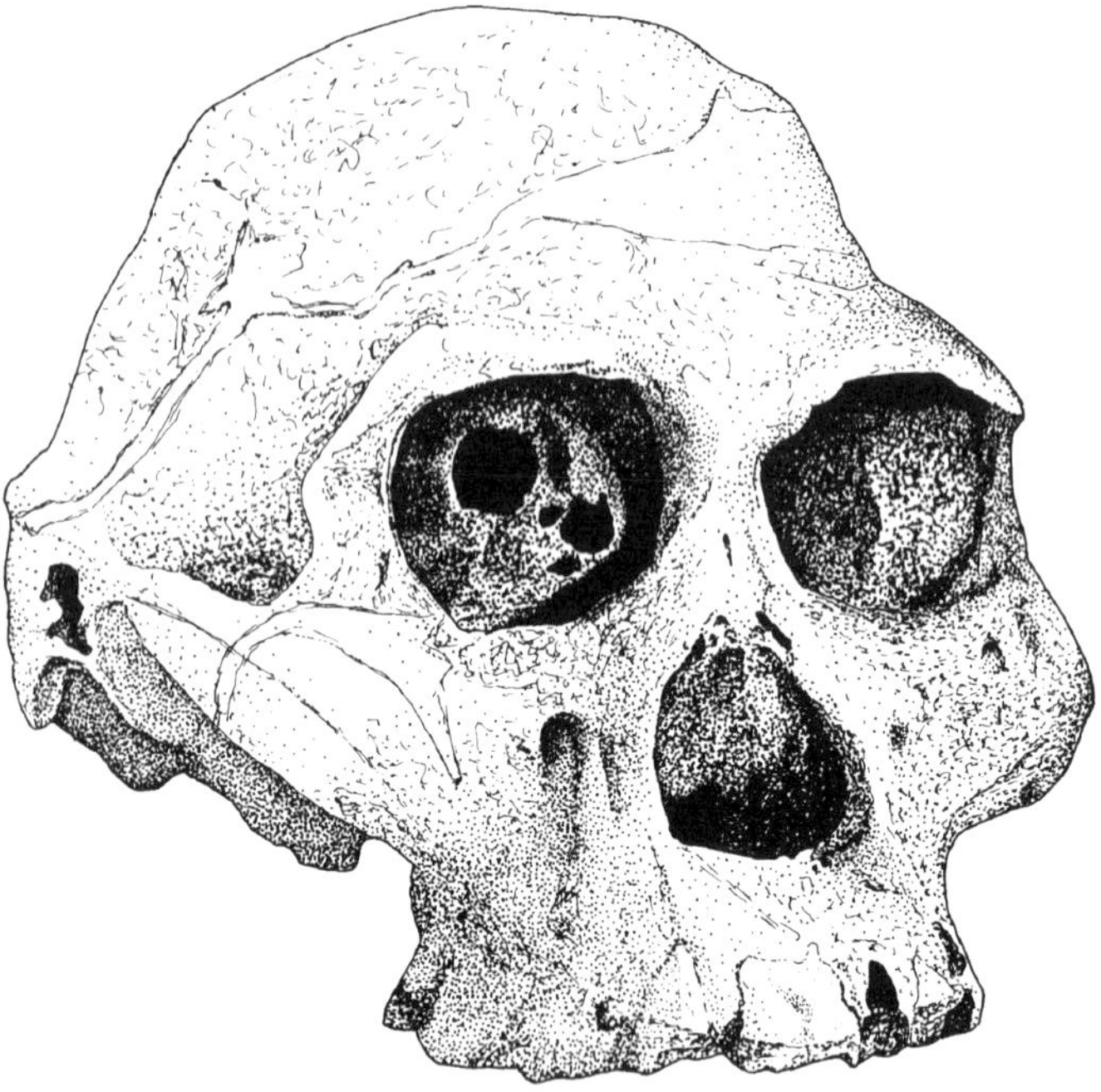

図I―5　アウストラロピテクス・アフリカーヌス「プレス夫人」
南アフリカ，ステルクフォンテイン出土の頭蓋STS 5（約250万年前）

九八年、頭蓋を伴う、前人の最初の完全な骨格が発掘された[27]。もちろんアウストラロピテクス・アフリカーヌスは、形態学的にはアウストラロピテクス・アファレンシスから細部でしか区別されない。前頭は狭く、眼窩上部のふくらみは明瞭に発達している。両側の頬骨は出っ張り、顎は頑丈である。下顎は欠落している。小さな脳頭蓋の組み合わせが特徴で、その大きさは類人猿と同様である。歯列も同様であり、とくに門歯と犬歯がきわめて小さいのにたいして、臼歯と前臼歯は、現代人の二倍の大きさである。

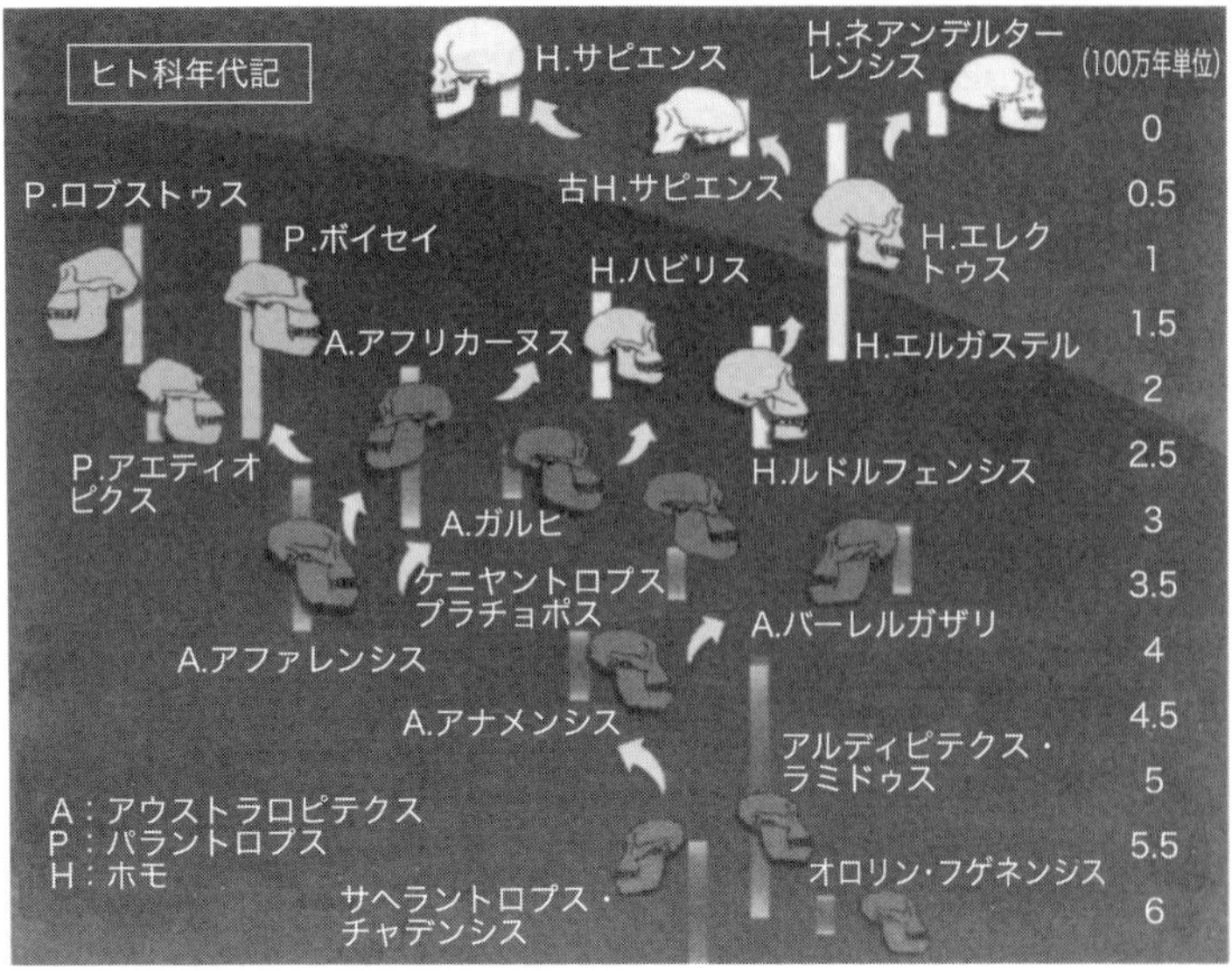

図Ⅰ—10　生物地理学に基づくヒト科の年代記と近親仮説

c　頑丈型アウストラロピテクス属

およそ二五〇万年前、それまで——地理的な変種を度外視すれば——一体であったヒト科の祖先は、二つの系譜に分裂した。その根源は、アウストラロピテクス・アファレンシスである。両系譜の共存は、オルドゥヴァイ・ゴルゲ、コービ・フォラ、コルドー＝ゴンスラの化石からよく知られている。その最古の証拠（二六〇〜二四〇万年前）は、ようやく一九九六年に北マラウィで発見された[28]。一つの系譜は、ホモ・サピエンスに至り、もう一つは、およそ一〇〇万年前、頑丈型アウストラロピテクス属とともに滅びた（図Ⅰ—10）。頭蓋と歯列の構成の本質的特徴は、すべての頑丈型アウストラロピテクス属に共通している。すなわち、顔面頭蓋は広く、頬骨弓はきわめて頑丈で、大きく突き出ている。化石遺骨を観察してもっとも目立つのは、もちろん、強力に肥大化した咀嚼筋ゆえの、頭蓋頂上部の突起の形成である。これらの特徴と巨大な歯列は、とくに硬い植物性食料、たとえば種子や硬い食物繊維を噛み砕いたことを暗示している。

アウストラロピテクス・アエティオピクスは、周知のように、二五〇〜二三〇万年前である。[29] 頭蓋KNM-WT 1700は、これまで発見されたヒト科のなかで、最大かつ最強の頭頂突起をもっている。脳は約四一〇立方センチメートルで、比較的小さく、広くて平板な顔面と顎は、きわめて頑丈な印象を与える。

発見時のアウストラロピテクス・ボイセイ[30]（「ジンヤントロプス」、図I─6）は、これまで知られているアウストラロピテクス属すべてのなかで、頑丈さという点では抜きんでている。脳の容量は五三〇立方センチメートルで、アウストラロピテクス・アエティオピクスよりわずかに大きい。顔面はきわめて頑丈で、頭頂骨は頑丈に形成されている。臼歯は部分的には二センチメートル以上ある。地質学的にはこの種の最古の遺物でもある最新の発掘物は、北マラウィのもので、一九九六年にマレマ（図I─1）で発掘された上顎片は、およそ二六〇〜二五〇万年前のものである。[31]

アウストラロピテクス・ロブストゥスは、クロムドゥラーイ出土のものが初めて公表されたが、[32] 一〇年以上後に、スワルトクランスのものがそれに続いた。[33] それ以来、さらに多くの断片がつけ加わったが、そのなかでとくに注目すべきなのは、南アフリカの新しい発掘箇所であるドゥリムレンからのほぼ完璧な頭蓋である。これらの発掘物はすべて、一八〇〜一三〇万年前のものである。アウストラロピテクス・アエティオピクスやアウストラロピテクス・ボイセイとは異なり、頭頂突起は、ほとんどの頭蓋で

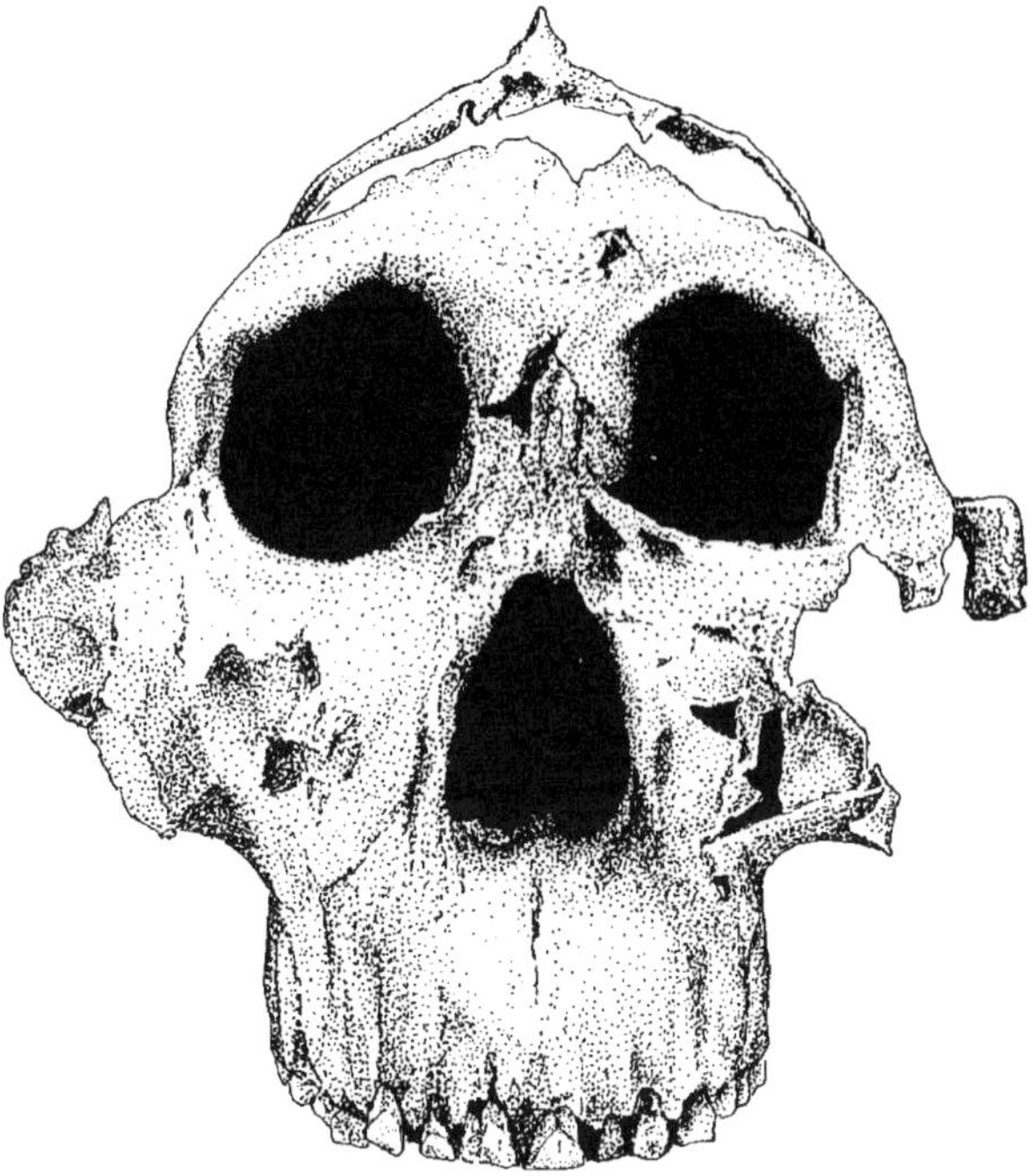

図Ⅰ—6　タンザニア，オルドゥヴァイ・ゴルゲ出土の
「ジンヤントロプス」頭蓋OH5

明確に認められるものの、顕著ではない。少なくともアウストラロピテクス・ロブストゥスに関しては、芋や根といった地下の蓄蔵植物を掘るために、骨でつくった道具を利用していたことが証明できる(34)。

頑丈型アウストラロピテクス属に特徴的な頑強な頭蓋構造が、およそ二八〇～二五〇万年前、アフリカで昂進した乾燥期との関連で生じたことは確実である。開放的な生活空間が、乾燥に強く、硬い繊維質をもち、殻の固い植物の比率を高めつつ広がっていき、豊かな氾濫原林中の流れはますます狭まっていく。このような棲息地の変化による淘汰圧は、大きな臼歯をもった哺乳動物にたいする食用の機会を増大させ、より苛酷なサバンナの食料源を拡張することになった。このことは、およそ二五〇万年前、初期ヒト科に当てはまるだけでなく、たとえばカモシカのような、無数の他の哺乳動物にも当てはまる。[35] この圧力はきわめて大きく、そのために、およそ二五〇万年前アウストラロピテクス・アファレンシスがパラントロプスとヒトへの系統発生的分裂を引き起こすことになった。[36] 頑丈型アウストラロピテクス属、とりわけアウストラロピテクス・アエティオピクスは、果実の豊富な河川流域との結びつきを保っていたが、それはとくに乾季に当てはまる。しかし、彼らは、より恵まれた季節の間、開けた棲息地で豊富に利用していた、かなり硬い食料を頑丈な歯で砕くこともできた。頑丈型アウストラロピテクス属は、比較的閉じられた棲息地との元々の結びつきを失うことはなかった。これらの地域が依然として、避難所、寝場所、一定の食料を用意してくれたからである。[37]

4　ヒト属の起源

現代人のルーツの探求は、必然的にヒト属の探求と結びついている。これまでアフリカでは、最も広い意味でヒト属の最初期の証明に数えられるような、およそ二〇〇のヒト科断片が発見されている（オモ、オルドゥヴァイ・ゴルゲ、ケメロン、ウラハ、スワルトクランス、ステルクフォンテイン。図I―1）。ここで重要なのは、およそ四〇個体の大きさの配列である。幾多の新しい発掘物にもかかわらず、否それゆえに、ヒト属の起源は、相変わらず激しく議論されている。

とりわけ、運動器官と手を「現代的」[38]とする解剖学的解釈は、「粗雑な」アウストラロピテクス属と異なり、ホモ・ハビリスを、初期のものだが能力のある人間として解釈する見解を支持している。だが、オルドゥヴァイ・ゴルゲの骨格の発掘物（OH62）[39]は、ホモ・ハビリスの骨格が、事実上広範囲にわたって、アウストラロピテクスの骨格と一致していることを示している。アウストラロピテクス属との最重要の違いは、体重に比べても相対的にホモ・ハビリスの脳容量が大きく、かつ絶対容量も大きいことである。額はより垂直的で、眼窩上部はややなだらかである。オルドゥヴァイ・ゴルゲ出土のものの解剖学的特徴はぴったり一致しているのにたいして、ヒト属をめぐる論争は、コービ・フォラ出土の、極端に異なる二つの頭蓋に即して、またもやもち上がっている。KNM-ER 1813[40]（図I―7）とKNM-ER 1470[41]（図I―8）が、それである。ベルナール・ウッド[42]は、コービ・フォラの「ホモ・ハビリス」発掘物すべての包括的な特徴分析を行って、両者の差異は、典型的には性に特異な特徴が現れているだけでなく、全体的な構造にも現れていると断言した。

こうして、二つの集団が区別できる。一つの集団の基本タイプは、頭蓋 1813（図I―7）であり、これは、オルドゥヴァイ・ゴルゲのホモ・ハビリスの原始的なものに近い。新しい集団は、頭蓋 1470（図I―8）に代表され、オルドゥヴァイ・ゴルゲではこれに比較できるような発掘物は存在しない。コービ・フォラ出土のホモ発掘物のおよそ半分は、頭蓋 1813 共々ホモ・ハビリス種に属し、他の半分は、新種ホモ・ルドルフェンシスと定義される基幹を形成する。[43] マラウィのウラハ出土の下顎 UR501[44]もホモ・ルドルフェンシス種に属し、周知のヒト属最古の断片である。

したがって、二つの初期ヒトのタイプを出発点とすることができる。マラウィ、ケメロン、コービ・

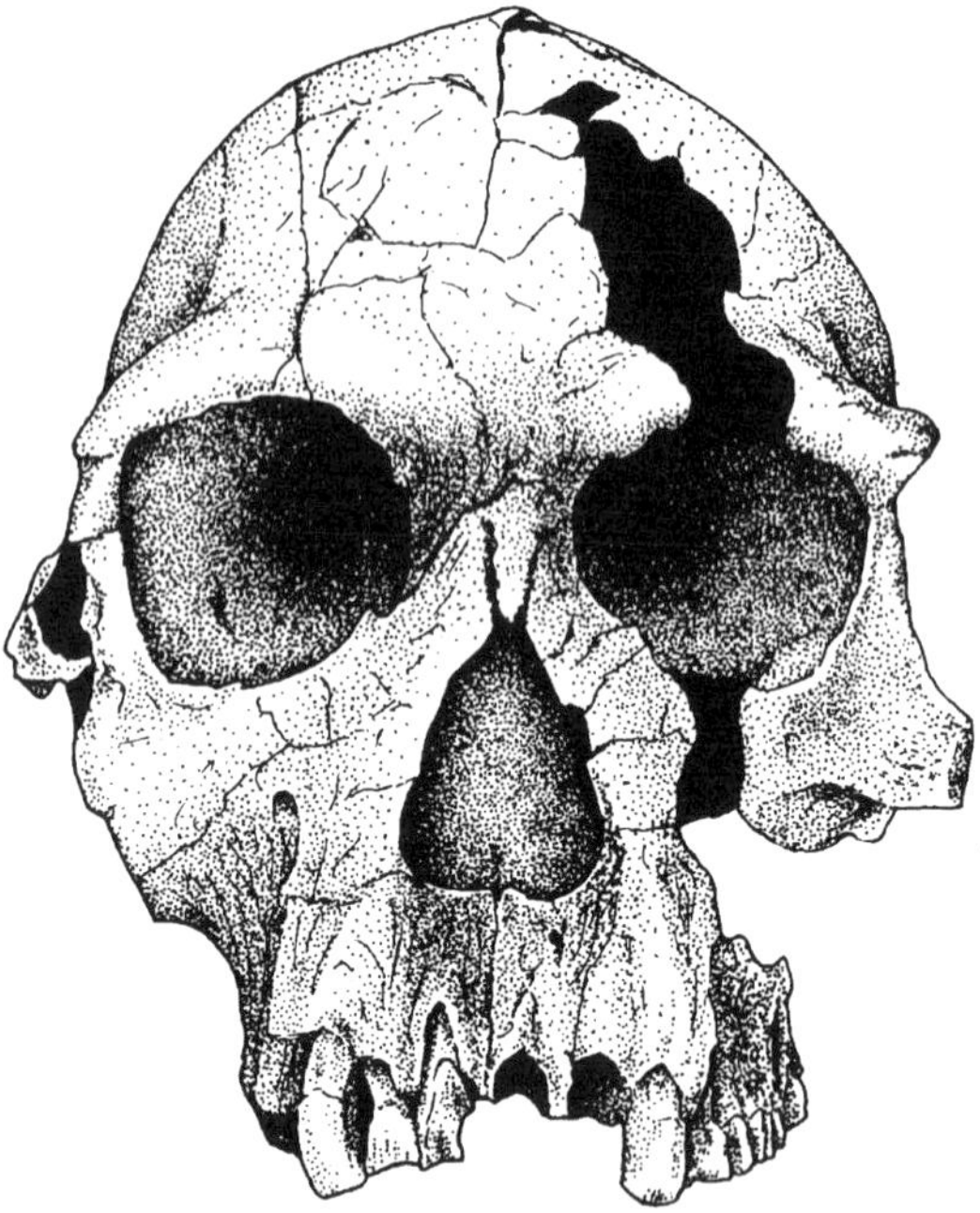

図Ⅰ—7　ケニヤ，コービ・フォラ出土の頭蓋KNM－ER 1813（約190万年前），ホモ・ハビリス

フォラ、オモの二五〇～一八〇万年前のホモ・ルドルフェンシスと、コービ・フォラ、オルドゥヴァイ・ゴルゲ、南アフリカの二一〇～一五〇万年前のホモ・ハビリスがそれである。混乱の元は、両種におけるアウストラロピテクス属とヒト属の特徴の混合である。ホモ・ルドルフェンシスが、原始的な歯列を示していながら、移動器官としてはすでにヒト属に近似しているのにたいして、ホモ・ハビリスは、歯根が退化して、より進化した歯列を示していながら、骨格は人間よりも類人猿に近似していることである。

本質的なことは、およそ二五

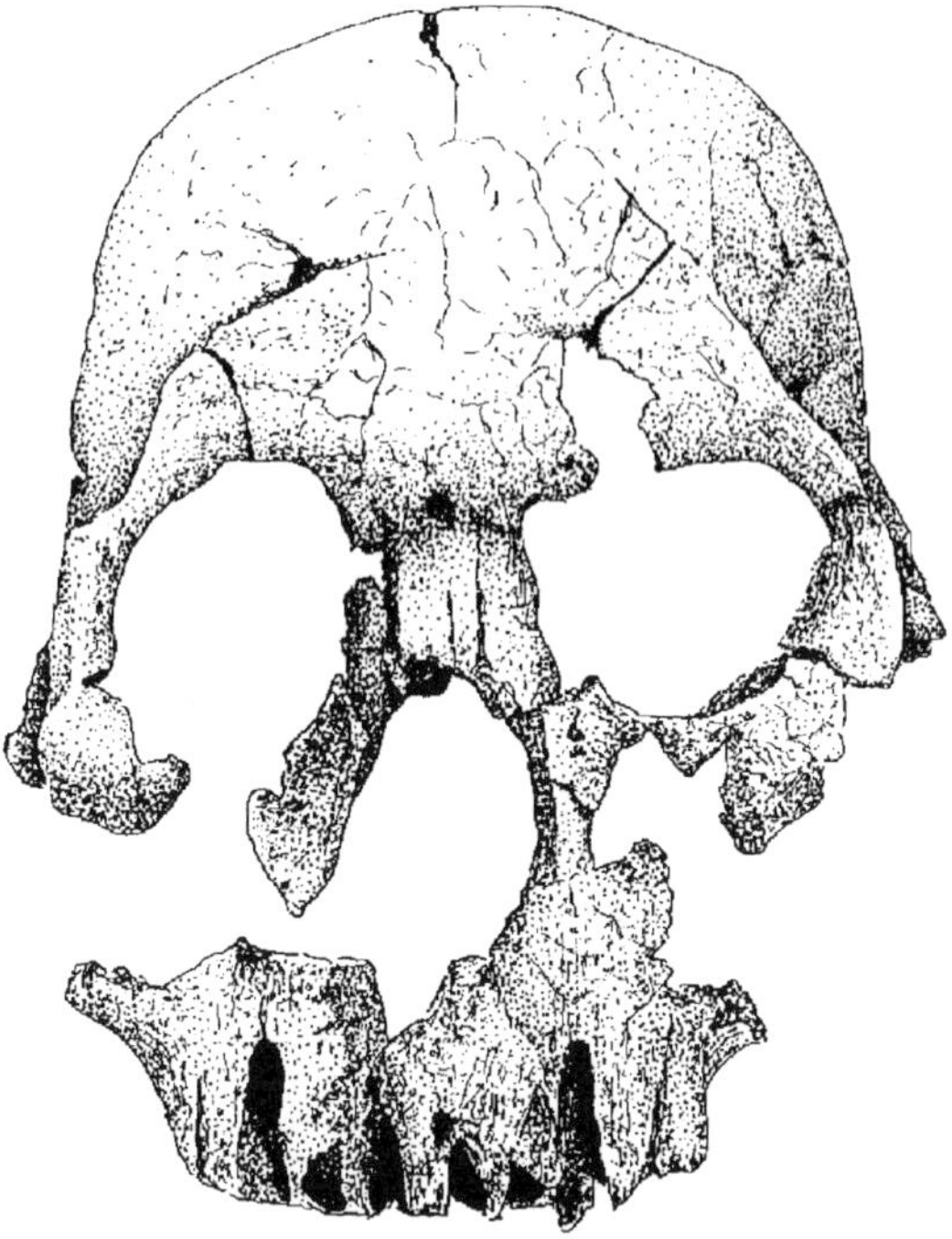

図Ⅰ—8　ケニヤ，コービ・フォラ出土の頭蓋KNM－ER 1470
（約190万年前），ホモ・ルドルフェンシス

○万年前のヒト系譜の始まり——ホモ・ルドルフェンシスに代表される——が、アウストラロピテクス・アファレンシス（ないし、上記の地理的変種）の血統によって刻印されている、ということである。同じことがパラントロプス・アエティオピクスにも当てはまる。この理由から、ホモ・ルドルフェンシスは、頑丈型アウストラロピテクス属と、咀嚼器官と関連した頭蓋及び歯の特徴をいくつか共有しており[45]、これによって初期ヒト科は、サバンナのより硬い果実・植物を食料と

して摂取することができた。それは、ますます乾燥していく気候に機能的に適応することなので、ホモ・ルドルフェンシスが食料生活ではきわめて保守的な状態にとどまり、圧倒的に植物摂取者であったことを示している。

したがって、頑丈型アウストラロピテクス属とヒト属の成立が同時であるということから、次の結論を導き出すことができる。すなわち、頑丈型アウストラロピテクスの咀嚼器官の発達には、乾燥化の進行とともにより硬い食料をますます退けるように適応していく選択肢もあった、と。この選択肢とともに道具文化が始まる。最古の石器は、エチオピアとタンザニアのものがよく知られている。エチオピアのハダル（図I—1）のヒト科発掘場所のすぐ東、ゴナ近郊で、きわめて原始的な砕片道具が発見されたが、これはおよそ二六〇〇万年前のものである。[46] トゥルカナ湖の西岸の新しい発掘物も、およそ二五〇〇万年前、最初の道具文化が確立されていたことを証明している――同時に、ヒト属も誕生した。エチオピアの中部アワシュ地域では、一九九四年、初期ヒトと一緒に石器が発見された。[47]

もちろん、補助手段という意味での道具は、動物界でも、とくに高等霊長類では広範に広がっている。二五〇〇万年前の環境変動の圧力の下で、ヒト属を誕生させたのは、まさにヒト科の文化的行動をとる能力であった。頑丈型アウストラロピテクスと違って、ヒト属の卓越した点は、文化的特異化と結びついて、特異化されない体格を保持し続けたことである。現代人への発達にとっては、さらに多数の要因が決定的だったが、人間の生成史におけるもっとも決定的な出来事は、およそ五〇〇万年前の直立歩行と並んで、疑いもなく、約二五〇〇万年前、環境への従属からの解放が初めて開始されたことであった。環境からの独立が増すとともに、利用される道具への依存が増大する結果となり、それは今日に至るまで、人間の特徴的な指標となっている。

とくに、ホモ・ルドルフェンシスはその行動によって、大きな柔軟性を示している。彼らは気候変動に適応することによって、より大きくより能力の高い脳の発達とともに、何でも食べる存在になっていった。[48] 発展し続ける道具文化は、気候変動の作用を凌駕し、ホモ・ルドルフェンシスは、他のヒト科がかつて利用できた以上に、それ以外の食料をよりよく利用する地点にまで到達した。硬い食料を砕く石器の使用は、やがて予想もできない程度にまで利点をもたらした。すなわち、偶然に生まれた角の尖った砕片は、切断する道具となり、肉を加工し、腐肉を解体する、一大革命を引き起こした。しかし、頑丈型アウストラロピテクス属のような特異化した植物摂取者にとっては、石器の使用は、直接の利益をもたらさなかった。したがって、二つの食料戦略が有効である限り、一〇〇万年以上にわたって、相異なるヒト科の属と種は並存したのである。

5　ホモ・ハビリス――アウストラロピテクス・アフリカーヌスの運命

森林地帯の後退と同時に広大な草地の拡張によって、熱帯東アフリカのサバンナにおける生活への適応としての進化的変化が引き起こされただけでなく、南アフリカの動物相が北に向かって拡張する結果ももたらした。この時までに、ザンベジ生態地帯は、南アフリカおよび東アフリカの高度の地域的固有性を伴った、熱帯と温帯間に位置するくさび状地域となった。[49] 温帯では極端な季節変動が止み、たくさんの生物が、季節変動にたいする優位と亜熱帯気候の植生にたいする優位を保ち続けたが、それは、彼らが熱帯方面へ移動したからである。そのなかには、以前南アフリカの温暖な気候のなかで生活していたアウストラロピテクス・アフリカーヌスもいた。適合的な環境は、乾燥化と寒冷化が増大し続けた五〇万年の後、北へ、北へ、アフリカ地溝渓谷に向かって移っていった。

いくつかの集団は、棲息地たる森林地帯を生活空間として保持し続け、沿岸地域回廊に沿いながら、北へ広がっていった。東アフリカの熱帯地域に向かった、この拡張の過程で、淘汰は行動の柔軟性をうみだし、非植物性食料の多様性と結びついていく。ここで誕生したホモ・ハビリスは急速に、明白に何でも食べる存在となり、道具文化の発達を通じて、食料調達の利便を適切に確保しただけでなく、環境の変化から身を守り、それによって、棲息地の限界を容易に克服することもできた。したがって、ホモ・ハビリスは、南アフリカのアウストラロピテクス・アフリカーヌスにまで遡りうるのである（図I―10）。アフリカでは、およそ二〇〇万年前に初めて、比較的寒冷で乾燥した気候から、いくらかより温暖で湿った状態へと、逆方向の発展が始まった。[50] その結果は、赤道から移動する運動となり、ホモ・ハビリスは、アウストラロピテクス・ボイセイ同様、南アフリカに広がっていった。

6　最初の初期人類、ホモ・エレクトゥス

およそ二〇〇万年前、アフリカで、より頑強でより大きな骨格をし、密な頭蓋骨をもったタイプ――典型的なホモ・エレクトゥスの特徴――のヒト科に向かう発展が始まった。この初期人類は、アフリカからアジア、ヨーロッパまで広がっていったが、三つの形態群を区別することができる。

ケニヤ（図I―9。部分的にはホモ・エルガステルの特徴を示す）、エチオピア、ジャワ、中国出土の初期ホモ・エレクトゥス（二〇〇～一五〇万年前）

南アフリカ、タンザニア、ケニヤ、チャド、アルジェリア、エチオピア、ジャワ、中国、イスラエル、インド、ベトナム出土の後期アフリカ系およびアジア系ホモ・エレクトゥス（一五〇～三〇万年前）

スペイン、ドイツ（ビルツングスレーベン、マウアー）、フランス、イギリス出土のヨーロッパ系ホモ・エレクトゥス（八〇～四〇万年前。一部はホモ・ハイデルベルゲンシスと呼ばれる）

ホモ・エレクトゥスの起源は、確実にホモ・ルドルフェンシスであり、五〇万年前、東アフリカで誕生した、相対的に頑丈なタイプである。ホモ・ハビリスの起源は不確かである。頑丈型は、時間的に並行してアウストラロピテクス・アフリカーヌスから誕生したからである。ホモ・ルドルフェンシスにたいしてホモ・エレクトゥスの場合には、漸進的な発展を示唆する身体的特徴を示している。それはとくに、頭骸容量の増大、頭蓋と顔蓋の比率の変化、頭蓋底屈曲の強化、頭蓋下底の裂け目がより深い位置にあること、歯弓のより丸い形に示されている。同様に、狭い額と頑丈な眼窩上部隆起の形成も特徴的である。後者の機能については今日まで謎に包まれている。とくに腰部と足の骨がきわめて頑丈に形成されている。ホモ・エレクトゥスはがっしりした骨格から、原材料や食料を居住地まで運ぶ際、高度の能力と耐久力を発揮したと推測される。

ホモ・エレクトゥスの場合、脳容量の増加が確認できる。最古の頭蓋（約二〇〇万年前）では、およそ八〇〇～九〇〇立方センチメートルである。その数値は一〇〇万年前には九〇〇～一〇〇〇立方セン

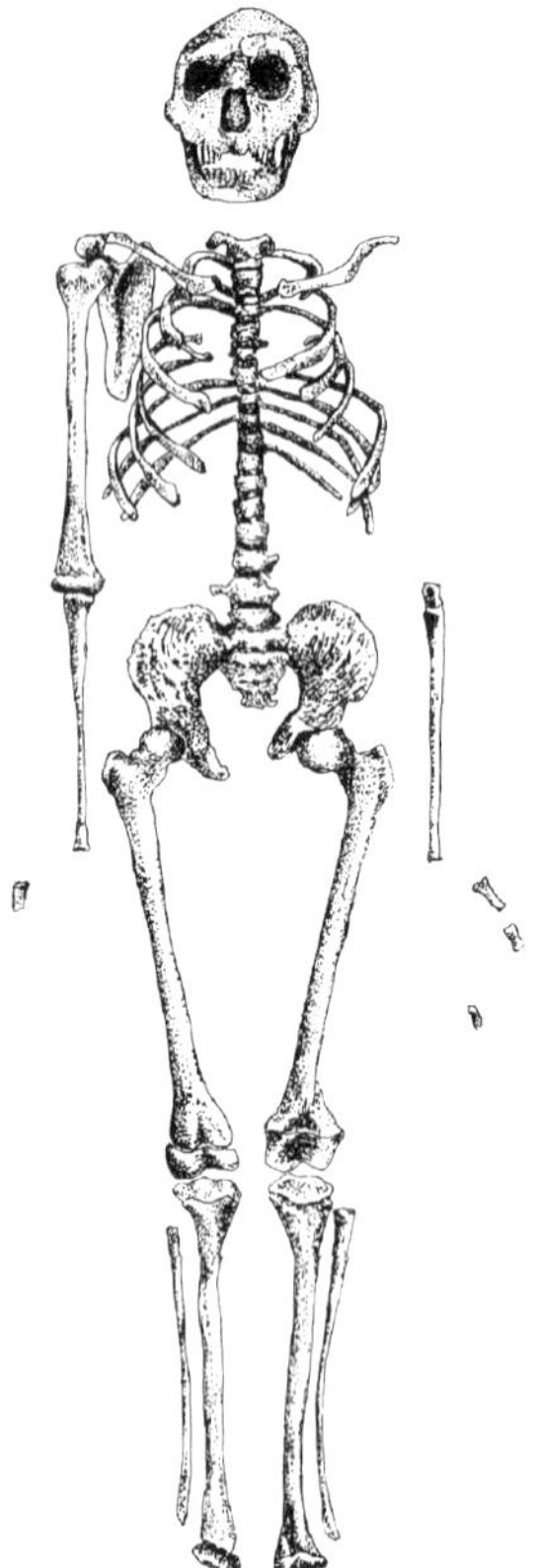

図Ⅰ—9　アフリカの初期ホモ・エレクトゥス（ホモ・エルガステル）「トゥルカナ少年」，ケニヤ，西トゥルカナ，ナリオコトメ出土の骨格KNM－WT15000（約160万年前）

チメートルに達し、五〇万年前には一一〇〇～一二〇〇立方センチメートルを越えた。火を使用する能力や狩猟技術の発達も、アフリカを去る重要な前提であった。もしかしたら狩猟が、遠隔地で獲物を探し、生活領域を徐々に拡張する、重要な推進力だったのかもしれない。

ジャワと中国への移住を証明する最古のものは、約一八〇万年前まで遡る[51]。南スペイン（オルセ）でも同様に推定され[52]、ジョージャンのドゥマニシ[53]やイスラエルのウベイデヤ[54]がそれに続く。北イスラエルの石器は、およそ二四〇万年前に遡る[55]。その後、遅くとも二〇〇万年前には、初期ホモ・エレクトゥス（「ホモ・エルガステル」）ないし後期ホモ・ルドルフェンシスは初めてアフリカ大陸を後にしたが、これは気候地理学的なデータと見事に一致している。すなわち、二〇〇万年前、食料豊富な環境の拡大が証明されており、それゆえに当初、若干のヒト科集団が一緒に、（後の拡張が生ずるより早く）移動する結果となったのであろう。遅くとも五〇万年前にホモ・エレクトゥスは、アフリカ以外に東アジア、東南アジアにも、さらに中部ヨーロッパ・南ヨーロッパにも広く拡大していた。

ヨーロッパにおける氷河期の気候条件によって、たしかに大陸全体に早くに移住することは妨げられたが、南ヨーロッパではすでに最初のアフリカからの移住がなされていた。これまで確実に証明されていたのは、近東の移住ルートだけだったけれども、モロッコと南スペインの発掘箇所における、いくつかの動物地誌学的類似からは、きわめて早い時点でジブラルタル海峡を通る拡散も考えられるという推測が出てくる。北アフリカから対岸はよく見えるのだから、ホモ・エレクトゥスもそれを容易になしとげていたのではないかと思われる。しかし、そのような西北アフリカ—西ヨーロッパ・ルートは仮説であって、将来のフィールドワークによって証明されねばならない。これに関連して、すでにおよそ二〇〇万年前、最初の初期人間が筏に乗って、アフリカを去ったということは最終的には証明できるかもしれない。したがって、アフリカからの絶えざる、新たな移住の、ほとんど終わりのない歴史は、東地中海のレバント地域だけで始まったものではないだろう。ひょっとしたら、ホモ・エレクトゥスのヨーロッパ型変種の起源――中部ヨーロッパにおける、ほぼ七〇万年前のホモ・ハイデルベルゲンシスとして周知のものである――が、西北アフリカで見つけられるかもしれないのである。

謝辞

HCRPチーム、オリヴァー・サンドロック、オットマール・クルマー、ティム・ブロマージュ、フィールドワークを支援してくれたマラウィ古代局に感謝する。図についてマリザ・ブルーメ（図Ⅰ―1、図Ⅰ―10）、クラウディア・シュヌーベル（図Ⅰ―2～図Ⅰ―9）に感謝する。本研究は、ドイツ研究財団（DFG）の援助を受けた。

II　ネアンデルタール人と現代人の起源

ギュンター・ブロイヤー

1　はじめに

デュッセルドルフ近郊のネアンデルタールで、一八五六年、有名な発掘物が発見されて以来（図II—1）、全ヨーロッパと西アジアで何百ものネアンデルタール人の遺骸が付け加わった。そのために、我々はその地理的拡散だけでなく、現代の化学的・物理学的年代測定のおかげで、その存続期間もきわめて厳密に知っている。彼らはヨーロッパで、およそ二〇万年前、先ないし前ネアンデルタール人から生まれ、その最後の軌跡は、イベリア半島および中央ヨーロッパで、およそ二万八〇〇〇年前に消えている（Bräuer/Reincke 1999, Smith et al. 1999）。彼らは通例死者を埋葬したので、なかにはかなり完全な骨格も現存している。一般的にもっと前の時代の遺物がそうであるように、個々の頭蓋や骨片だけが残っているということはない。だから、我々はその解剖学的事実を、死滅した他のどの人間類型よりもより

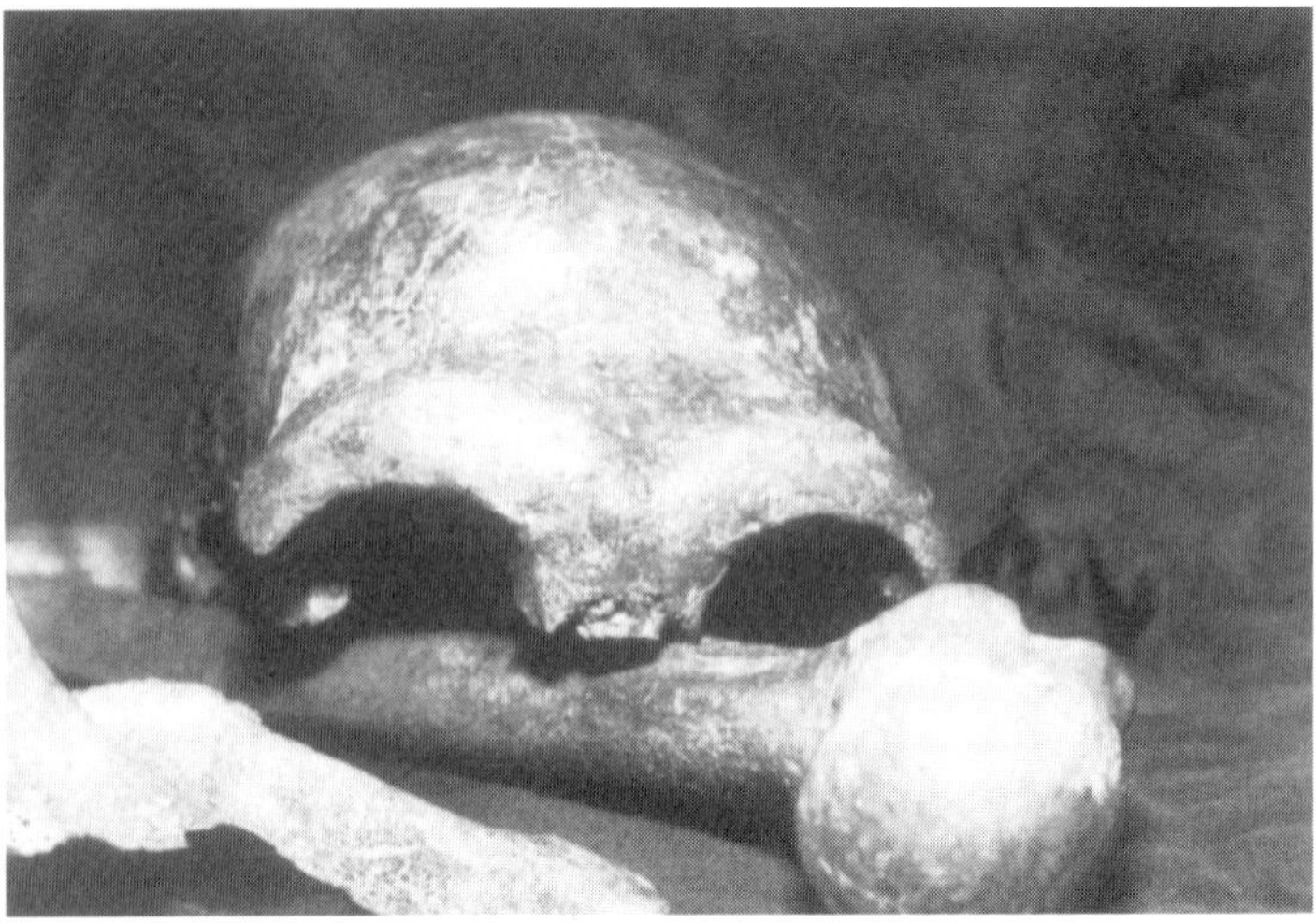

図Ⅱ—1　1856年，デュッセルドルフ近郊の洞窟で発見された
ネアンデルタール人の頭蓋と骨格遺物

良く知っている。たとえば、今日のイヌイット（「エスキモー」）の場合に似て、前腕および、とりわけ下腿が、温熱輻射を緩和するためにかなり短いことによって、腕と脚は冷たい氷河期の気候に適応していた。隔壁の厚い下腿骨は、力強さと耐久力を表しており、腕骨と指骨および肩甲骨の特異な筋肉端も、それが真の強力の塊であることを示している。

ところが、ネアンデルタール人の解剖学的事実に関する現在の知見に照らすと、彼らの文化についても、さらには遺伝子ＤＮＡ——これについては、後に詳論する——についても、人類発達史における彼らの位置、および、現代人との関係についても、研究者の間で広範な合意があると推測できるはずであるが、最近の論争を追って見ると、とてもそんな合意について語ることはできない。もちろん、現在では二〇世紀前半のように、ネアンデルタール人が猿に似た、きわめて原始的な特徴をまだ示しているか否かということはもはや問題ではない。死者を埋葬するだけでなく、病人や障害者を世話し、きわめて高度な文化をもった人間、大きな脳をもち、高度に進化した人間が問題である、ということには以前から疑問の余地がない（Bräuer 1992a）。むしろ最近二〇年間論争の的となったのは、とくに次の点である。すなわち、ネアンデルタール人が後続の現代ヨーロッパ人の祖先なのか、ないし、現代ヨーロッパ人の遺伝子プールに本質的な貢献をしたのかどうか、それとも、アフリカで誕生した現代人の拡散によって、絶滅する運命にあったのかどうか。このように、ネアンデルタール人の占める位置は、現代人の起源を問う、激しい論争に関連している。

2　モデル間の競争

現代人の起源に関するさまざまの見解は、軽微な区別をもった変種がいくつかあるものの、本質的には二つのモデルに還元できる。多極的な進化のモデルと、出アフリカ・モデルである。個々の側面はもっと遡るけれども、両方とも、一九八〇年代初期に明言・公表された（Bräuer 1982, 1984a, b, Wolpoff et al. 1984）。多極モデルの出発点は、現代人がアフリカ、東アジア、オーストラリアで地域的な発展を通じて誕生し、その始まりは、およそ二〇〇万年前の初期ホモ・エレクトゥスの最初の拡散にまで遡るというものである。各地域は遺伝子の移動を通じて相互に結びついてはいたけれども、この長期にわたる地域的進化は、それぞれの系譜に言わば自らの特徴を押印し、地域毎のアイデンティティを形成することになった（Thorne/Wolpoff 1992, Frayer et al. 1993）。これに対して、もう一つの出アフリカ・モデル

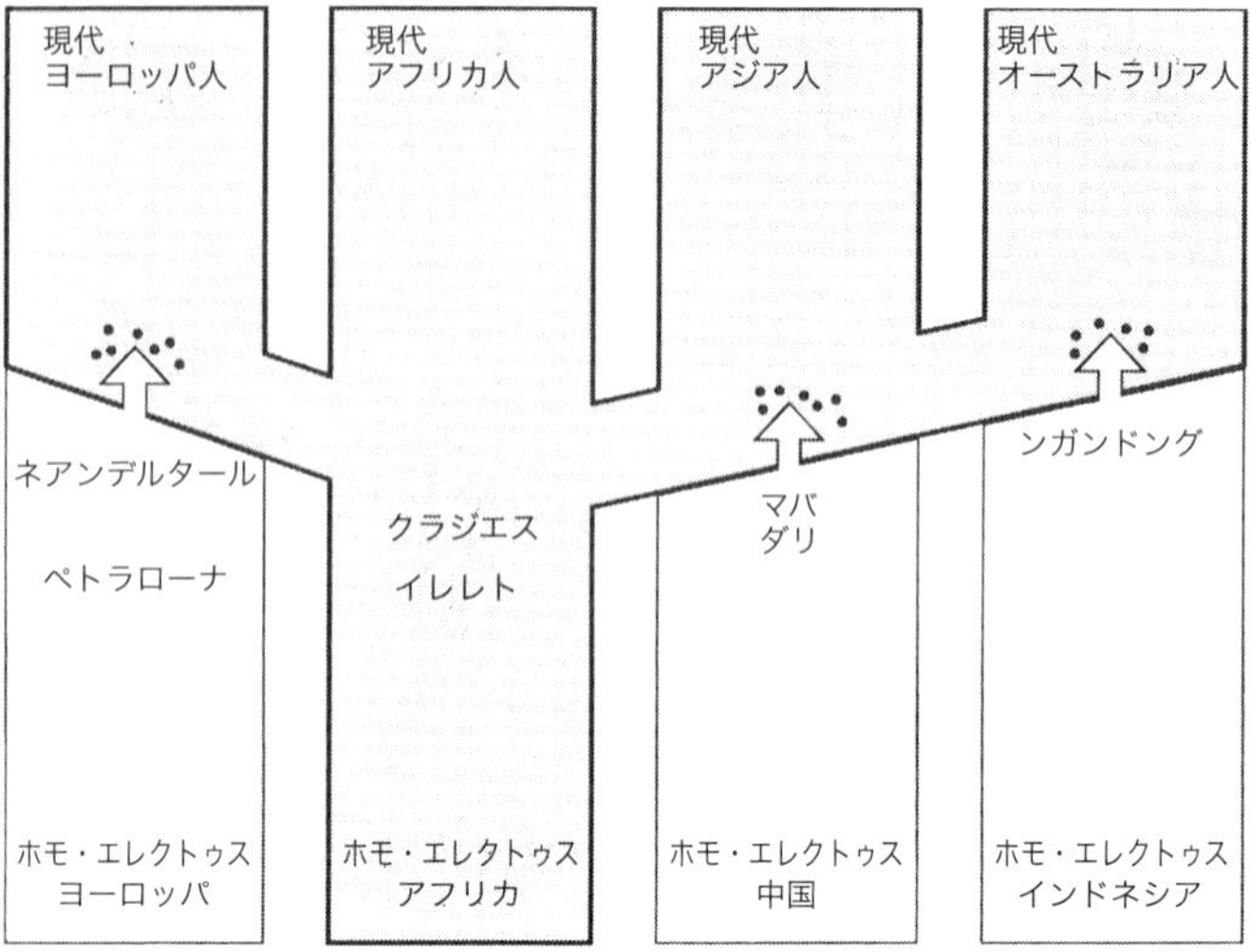

図Ⅱ―2　出アフリカ・モデル

（図Ⅱ―2）は、次のように想定する。アフリカにおける発展だけが解剖学的に見た現代人につながっているのに対して、ヨーロッパの系譜はネアンデルタール人で終わりを告げ、極東アジアの発展は、別の異なる原始的な人間類型で終わることになった。それによれば、現代人は近東を経てヨーロッパと東アジアに広まり、そこに住んでいた人々を駆逐し、最終的には彼らにとって代わった。出アフリカ・モデルに従えば、何千年も続いた共存の間に、地域的には異なるし、全体としては度合いも低いが、現代人と原始集団の混血に進んだのかもしれない(Bräuer 1984a, 1992b. Stringer/Bräuer 1994も参照)。

ついで、このモデルの導入と何年かの論争の後、一九八七年、人間のミトコンドリアDNA(mtDNA)、分子のクラフトに関するレベッカ・カンと共著者による先駆的研究（Cann et al.）が登場した。これは、現代人類に共通の新ルーツを、およそ二〇〇万年前のアフリカであると証明することによって、出アフリカ・モデルを支持した。研究対象の現代人の場合、大きく離反する古いミトコンドリアDNAは発見されなかったけれども、他の分子生物学者（たとえば、Wilson et al. 1987, Cavalli-Sforza 1989）と同じく、カン（Cann 1992, 17）は、分離期間中の原始人と現代人の混血が確実だと考えた。さらに、カンが確認したように、現代人にネアンデルタール人のミトコンドリアDNA系譜を発見するには、我々は三万年遅く生まれすぎたのだ。

しかしながら、一九八〇年代後半のこのような、またそれ以上の分子生物学の成果によっても、各モデルの争いは解決されることにはならなかった。むしろ、多極論者は今度は、出アフリカ・モデルによれば、いかなる遺伝子の移動も排除されると主張することによって、自らの立場の弱体化を出アフリカ・モデルの弱体化に転化しようと努めた。出アフリカ・モデルの主な代表者は、この極端な解釈を拒否したけれども、多極進化の代表者は、いわゆる「イヴ理論」の批判に集中した。すなわち、彼らは、遺伝子移動の排除が仮定されると、アフリカ以外の地域的連続性のあらゆる兆候は、出アフリカ・モデルを反駁するのに充分ではないかと期待した。この議論は間違っており、また、実践的には「ダミー」の案出と同義になる（Stringer/Bräurtr 1994）けれども、彼らはその後も議論を人為的に分極化させ、多くの混乱を、とくに通俗科学的な叙述を通じて図った。その間に反論と修正によって、出アフリカ・モデルの主たる代表者も、分子生物学者も、原則的に遺伝子移動の可能性を語っていることが明白になった（Bräuer 1992b, Stringer/Bräuer 1994, Bräuer/Stringer 1997, Bräuer 2001a, Stringer 2001 参照）。最近、分子生物学の見解を、ギボンズ（Gibbons 2001, 1052）が、次のように総括している。「ネアンデルタール人あるいはホモ・エレクトゥス由来の細胞核ＤＮＡを受け継ぐことができたかもしれない人間が我々のなかにいる可能性を誰も排除できない。……古代の血統の発見はとても難しいので、多くの遺伝学者が、完璧な交替をいつかは証明できるかもしれないし……できないかもしれないとさじを投げている。オクスフォード大学の個体群遺伝学者のロザリンド・ハーディングは、次のように語っている。『明確な遺伝学的検査は存在しない。我々は、化石の人間にこれだと答えさせるようにしなければならない。』しかも、ミトコンドリアＤＮＡおよび細胞核ＤＮＡに基づく最近一五年間の分子生物学的研究は、現代人のアフリカ起源を実証している。」（Deka et al. 1998, Nei 1998, Jorde et al. 2000, Ke et al. 2001）。

したがって、実際に問題なのは、多極論者のダミー仮説、つまり、イヴ理論を反駁することではなく、次のことである。すなわち、多極論者（たとえば、Frayer 1992, Thorne/Wolpoff 1992）が主張するように、アフリカの内外における、現代人に至る長期の進化的連続性を証明できるのかどうか、それとも、出アフリカ・モデルの考えに従ったこの連続性はアフリカのなかだけで観察され、世界の他の地域では、ネアンデルタール人のような原始的類型と最初期の現代人の間に不連続性が、だから、形態学的断絶があるのかどうかということなのである。その場合、個々の解剖学的細目は、ある程度遺伝子移動を暗示していることになろう。

3　地域的連続性か、不連続性か

両モデルのこのような中心的な仮定から出発して、ネアンデルタール人の運命に特別の考慮を払いながら、世界各地の実態を考察してみることにする。すでに一九八〇年代初頭、過去六〇万年のアフリカにおけるヒト科の発掘物の詳細な研究に基づいて、原ホモ・サピエンスから現代ホモ・サピエンスへの漸次的発展過程を示すことができた（Bräuer 1981, 1984a）。その後、この過程は幾多の成果によって原則的に実証され、いくつかの細目は新たな年代測定により修正された（Bräuer 2001b）。それによると、ホモ・サピエンス種の三つの発展段階を区別することができる（図II―3）。すなわち、およそ六〇〜三〇万年前に存在した本源的な初期―原始的段階、三〇〜一五万年前のより現代的な後期―原始的段階、最後に、すでに一五万年前に出現した解剖学的な初期現代人がそれである。アフリカにおけるこの漸次的現代化過程を、次々に実証している（Bräuer 2001b）たくさんの成果のうち、ここではとくに重要な後期―原始的段階、したがって、解剖学的な現代人が登場する直前の時期にいくらか詳しく立ち入ってみよう。

一九九二年、我々は、北ケニヤのトゥルカナ湖の東側、イレレトで興味深い新しい頭蓋発掘物を公表した（Bräur et al. 1992）が、その年代は、地質学的状況に基づいてももちろん不明である。我々の形態学的分析によると、在庫目録番号 KNM-ER 3884 のこの発掘物は、解剖学的な現代人だと完全には言えず、むしろ、後期―原人を示すいくつかの特徴を、とりわけ上部眼窩部にもっており（図II―4）、したがって、一〇万年以上前のものとされた。ようやく一九九六年に、直接ウラン・トリウム法によってこの化石の年代測定をすることができた。驚くべきことに、約二七万年前のものと判明したのだ（Bräuer et al. 1997）。同じ年、このほとんど現代人の解剖学的特質をもったヒトが、これほど初期に存在

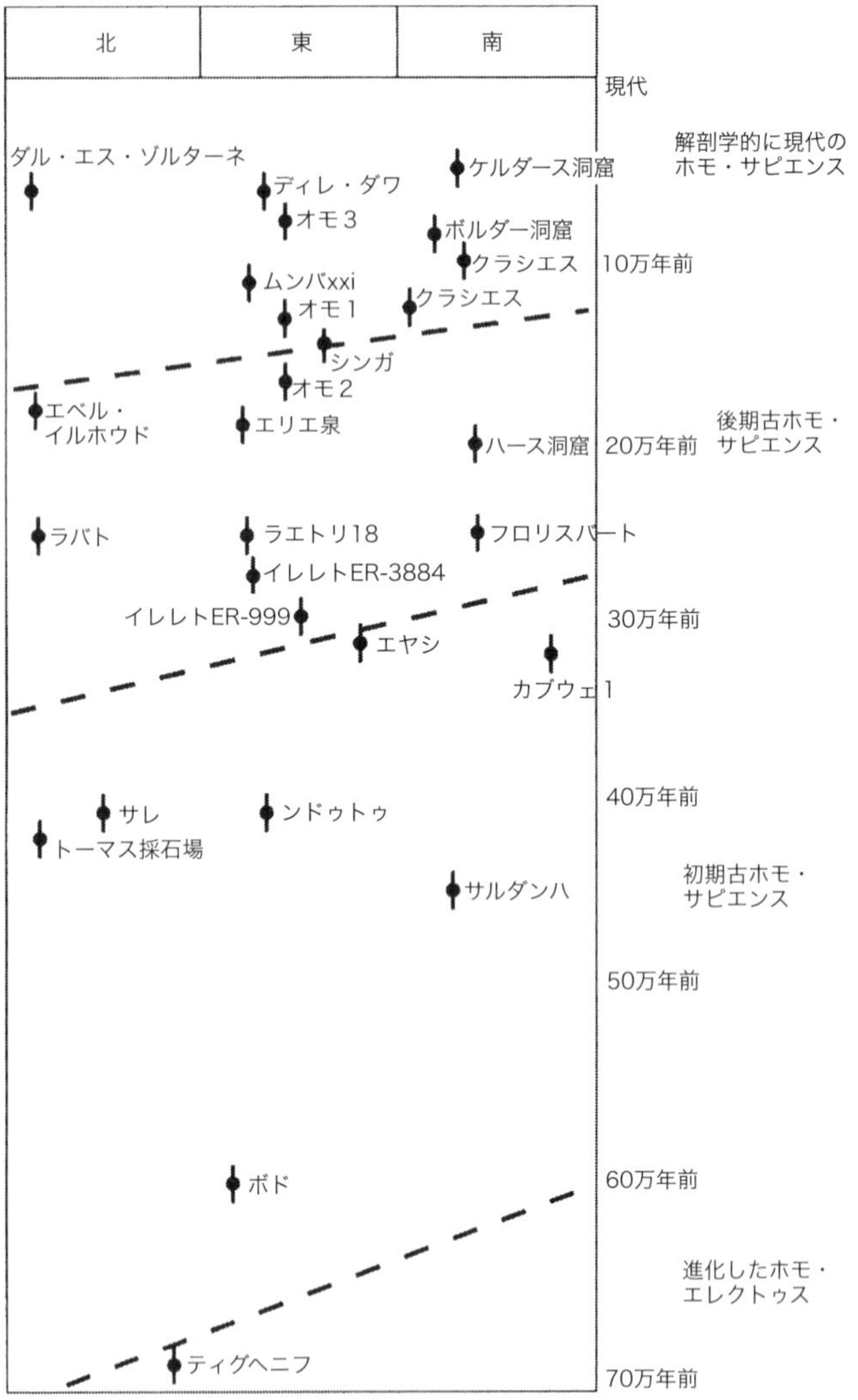
北
東
南
現代
解剖学的に現代の
ホモ・サピエンス
ダル・エス・ゾルターネ
ディレ・ダワ
ケルダース洞窟
オモ3
ボルダー洞窟
クラシエス
10万年前
ムンバxxi
クラシエス
オモ1
シンガ
オモ2
エベル・
イルホウド
エリエ泉
ハース洞窟
20万年前
後期古ホモ・
サピエンス
ラバト
ラエトリ18
フロリスバート
イレレトER-3884
イレレトER-999
30万年前
エヤシ
カブウェ1
40万年前
サレ
ンドゥトゥ
トーマス採石場
サルダンハ
初期古ホモ・
サピエンス
50万年前
ボド
60万年前
進化したホモ・
エレクトゥス
ティグヘニフ
70万年前

図Ⅱ—3　アフリカにおけるホモ・サピエンス進化の概要

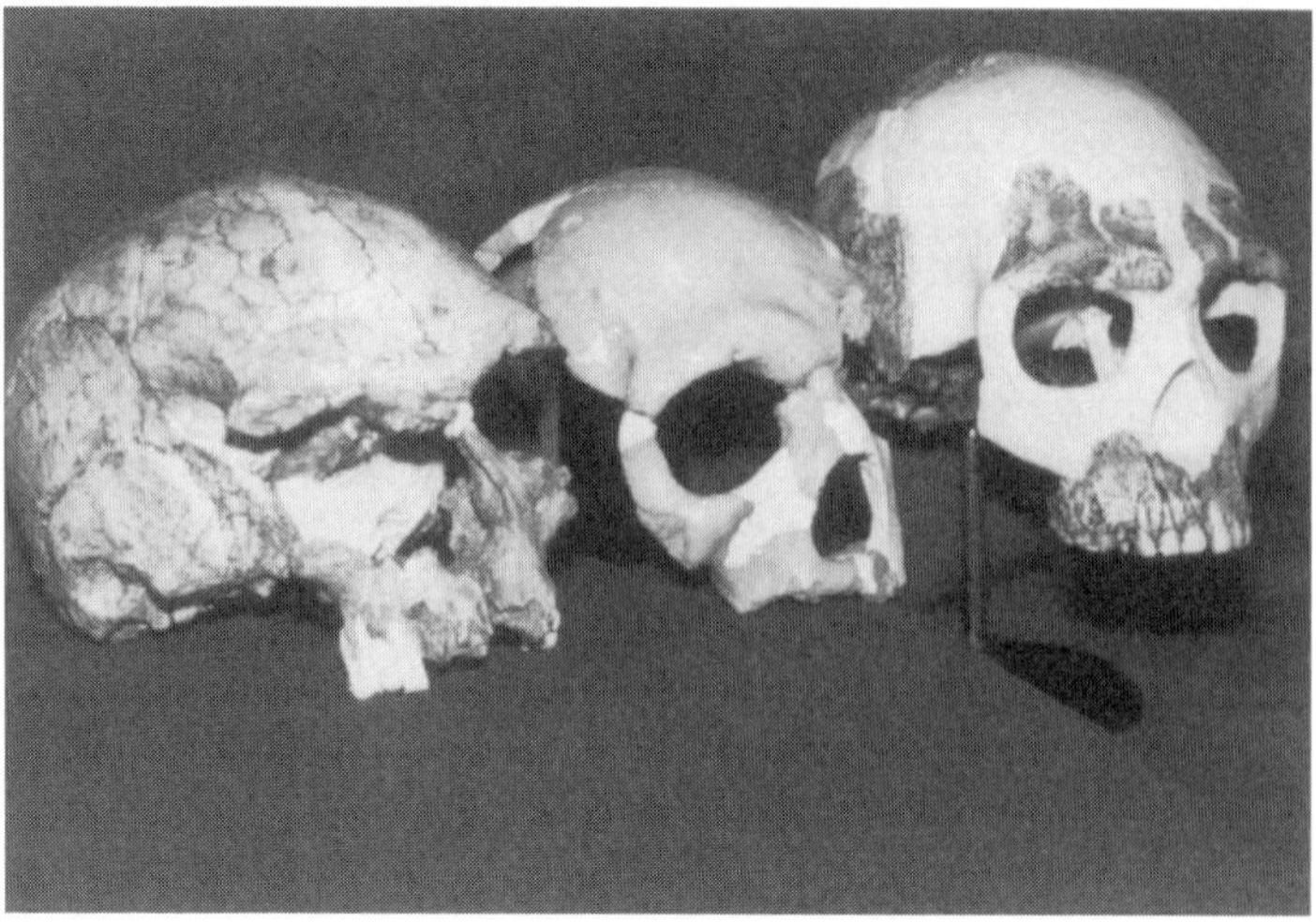

図Ⅱ—4　アフリカ出土の後期・原ホモ・サピエンスの代表例
（左から右へ）ラエトリH18，フロリスバート，イレレト（KNM－ER3884）

した事実は、一つの重要な根拠をもつことになる。すなわち、電子スピン共鳴法を用いて、すでに一九三〇年代に発見されていた、南アフリカ・フロリスバード出土の後期—原人の頭蓋がおよそ二五〇万年前のものと測定されるのに成功したのである（Grüen et al. 1996）。最後に、タンザニア・ラエトリの重要な発掘物——これも同じように、形態学的には現代人との境目に接している（Bräuer 1989）——が、別の方法を再度用いて、二〇〜三〇万年以上前のものと判明した（Manega 1995）。ついで、時間的にも形態学的にもよく記録された、ほとんど現代のホモ・サピエンス（図Ⅱ—4。これはさらに、一連の化石によって代表される）の後には、およそ一五万年前の、解剖学的に完全な現代人——スーダンのシンガ、エチオピアのオモ・キビシュ地層、南アフリカ・クラシエ川の洞穴から出土——が続く。

したがって、アフリカでは、解剖学的な現代人化の過程が充分証明されるだけでなく、現代人のきわめて初期の出現も証明されている。この現代人は、イスラエルのスクフル洞穴・オアフゼ洞穴の夥しい化石が証明しているように、一〇万年前にはすでに隣接した中東にまで広がった。

ヨーロッパとネアンデルタール人の終焉

ヨーロッパでも、現代人に至る進化の連続性が証明できるだろうか。フライヤー(Frayer 1992, 49)は、今こそついに、ネアンデルタール人が新・古石器時代に属する、現代ヨーロッパ人の祖先だと見なす時だと確認することで(Frayer et al. 1993も参照)、この問いを肯定する。しかし、そのような見解はほとんどの多極論者によってすら、もはや支持されていない。最近の研究成果によって、そうした連続性の仮説にたいしてかつて提出された証拠は、ますます疑わしいものとなってきている。かつて長い間、多極論者は、中央ヨーロッパ南部がネアンデルタール人から現代人への進化の地域だと見なしていた。とりわけクロアチアのヴィンディヤのネアンデルタール人遺骨から、たとえばヴェリカ・ペツィナの遺骨同様、この地域の初期現代人への連続性を見て取ることができると信じられていた。しかし、C-5触媒法を用いた最新の年代測定から分かったように、ヴェリカ・ペツィナ出土の前頭骨発掘物は、これまで想定されていたように、およそ三万四〇〇〇年前のものではなく、わずか五〇〇〇年前のものであり、ヴィンディヤ洞穴の最新のネアンデルタール人は、わずか約二万八〇〇〇年前のものである(Smith et al. 1999)。したがって、ネアンデルタール人は、このような後期に至るまで西南ヨーロッパだけにいたのではなく(Hublin et al. 1995)、中央ヨーロッパにもいたのである。しかしながら、この地域ではすでに三万五〇〇〇年前に、解剖学的にみて完全な現代人が生きていた。それは、たとえばチェコ共和国のムラデチの発掘物（Svoboda et al. 2002）や、あるいは、確実にそれに近い年代の、フォーゲルヘルト・シュテッティン出土の頭蓋が証明している通りである。多くの研究者は、現代人と結びつく、より進歩した新・古石器時代のオーリニャック文化――これは、すでにおよそ四万年前に中央ヨーロッパおよび西ヨーロッパに出現した――に基づいて、現代人はすでにきわめて早くヨーロッパ中に広がっていたと想定している（たとえば、Mellars 1999, Klein 2000, Bolus/Conard 2001, Conard 2002）。したがって、現在の学問水準からすれば、二つの人間類型は一万年以上もの間共存していたということになるのではないだろうか。

冒頭で言及したように、たくさんの現存するネアンデルタール人の発掘物から、その外貌と形態学的特質はきわめてよく知られている。彼らは、体格の適応と並んで、頭蓋にいくつかの特徴をもっている（図II―5）。それにはとくに、眼窩上部の隆起、頭蓋後部の極度の傾斜、後頭の髷状のふくらみ（シニヨン）、頸筋上部の狭く水平に走る隆樹、横幅のあるおおよそ卵型の窪み（フォッサ・スプライニアカ）、頭蓋の丸い側壁、頰穴のない張り出した顔面、が数えられる（Bräuer/Reincke 1999）。これらの特徴とその他の特徴は、ほとんどネアンデルタール人と部分的にはその先駆者だけに出現する、特異な個性と見なされる。ネアンデルタール人の頭蓋と、初期現代人のそれを対比すれば、大きな形態学的裂け目は明白である（図II―5）。したがって、このような大きな区別と時間的な部分的重複に基づけば、ヨーロッパにおける進化的な連続性の問題はもはや提起されないどころか、何千年にもわたる共存期間中の、ネアンデルタール人と、ヨーロッパに広がった現代人の混交の程度だけが問題となる。

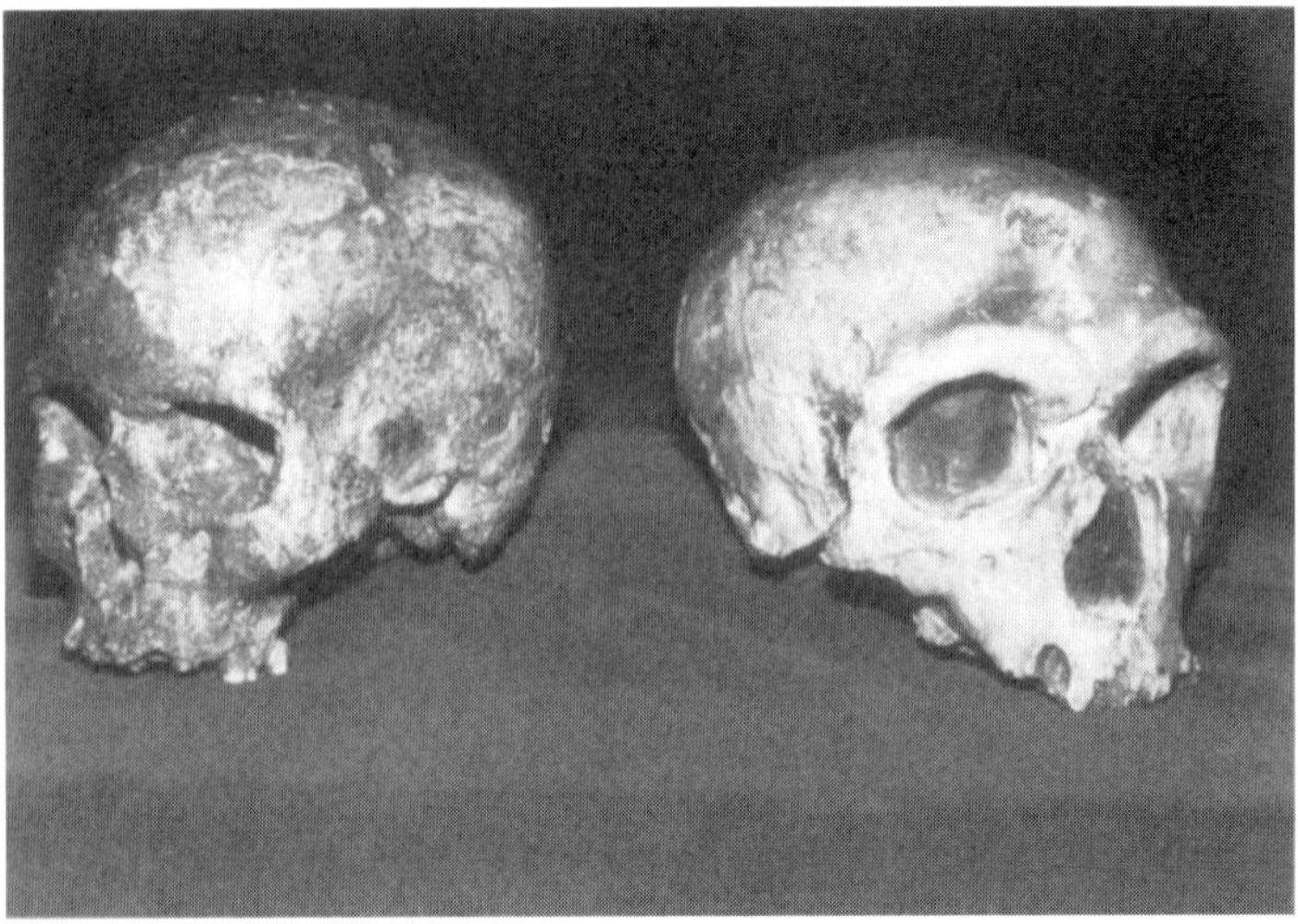

図Ⅱ—5　フランス，シャペル・オ・サンのネアンデルタール人（右）とチェコ共和国ムラデチの初期現代人（左）

もし、混交の程度が著しければ、初期現代人の発掘物の中に、多数のネアンデルタール人の特徴が検出されることになるはずである。この問題をより詳しく検討するために、我々は、きわめて初期の、およそ三万五〇〇〇年前のチェコ・ムラデチの頭蓋を選んだ。ことに、フライヤー（Frayer 1986）がこの現代人の化石のうちに、ネアンデルタール人からの漸次的進化の充分な証拠を見ていたからである。しかし、たくさんの特徴を分析しなおした結果は、私にとってすら——私はいつでも混交が可能であり、また確実であると考えていたし、現在でもそう考えている——驚くべきものだった。この保存状態のよい、重要な初期現代人の検査標本のうちには、ただの一つも、明白なネアンデルタール人の特徴を探し出すことはできなかったのである（Bräuer/Broeg 1998）。とりわけ頑健な男性 Mladeč 5 は、ネアンデルタール人のような全般的な隆起をもたない眼窩上部を有する、完全な現代人の類型を示していた。顔側面の曲線の比較からも、Mladeč 5 の後頭骨の軽い湾曲は、ヨーロッパ・ネアンデルタール人の「シニョン」から明白に区別され、しかも、たとえばアフリカや近東にも出現するような湾曲により似ていることが分かった。したがって、たとえばスミス等（Smith et al. 1995, 201）は、この点では、北アフリカの原始的サピエンス発掘物との類似を指摘している。全体として、近年の成果によれば、ネアンデルタール人と初期現代人の遺伝子移動の程度ははるかに低く、私自身が一〇〜一五年前に想定していたよりももっと低い。現在激しく議論されている、ポルトガルのラガール・ヴェルヨーの子供の骨格（約二万四五〇〇年前）に関する調査結果によっても、この事態は変わらない。ただし、比較的短い下肢とその他の特徴が、実際にネアンデルタール人との混交に遡るかどうかはさておくとしても（Duarte et al. 1999, Tattersall/Schwarz 1999）。現在のデータから見るかぎり、かつてのヨーロッパにおける地域進化の支持者すら、出アフリカ論を受け入れている。それによれば、解剖学的な現代人はアフリカで誕生し、ついで近東を経てヨーロッパに広がっていったのである（Churchill/Smith 2000）。

しかも、最近のめざましい調査結果は、さまざまなネアンデルタール人の骨のミトコンドリアＤＮＡを基にして、ヨーロッパにおける進化的連続性には不利な証拠を提供している。ＤＮＡ片の塩基配列は、現代人の系列との明白な違いを示しており、そこから、ネアンデルタール人と現代人に至る系譜が分離し始めたのは、三〇〜八〇万年前という結論になる（Krings et al. 2000, Ovchinnikov et al. 2000）。しかし、この別々の発展は、この時代に必然的に相異なる生物学的種が誕生したこと（Bräuer 2000）、両類型の混交が可能ではなかったこと（Klein 2000, Stringer 2001 も参照）を意味するものではない。

だが、ネアンデルタール人が、解剖学的データから明らかなように、ヨーロッパに広まった現代人の許にわずかな痕跡しか残さなかったとすれば、彼らがなぜ死滅したのか、その原因と経緯が問題となる。彼らの文化が本質的に劣っていたからなのか。異なる人間種の出会いをどのように思い浮かべればいいのか。この問いはすでに早くから、とりわけ科学ジャーナリストの夢想を駆り立ててきた。たとえば、『シュピーゲル』誌（"Der Spiegel" 2000/12）は、その記事に「扁平頭人の死闘」と題をつけた。いったいネアンデルタール人は実際に、血にまみれた最後を迎えたのか、それとも、彼らの死滅は、平板で緩慢な過程だったのか。

ここでいくつかの本質的な事実を総括してみよう。まず、これまで述べてきたように、かなり確実に、最後のネアンデルタール人が最終的に舞台から退く前に、両人間種は、少なくとも一万年にわたってヨーロッパの広い地域で共存していたということから出発することができる。

しかも、氷河期のヨーロッパにおけるネアンデルタール人の人口密度は、きわめて低かった。ヨーロッパ全体と西アジアで、最盛期でもせいぜい一万人が生活していた程度であると言えよう。だから、拡張する現代人の集団が、およそ一〇〜二〇人からなるネアンデルタール人の氏族に出会うのは稀であったし、ましてや猟獣に富む地域で出会うことはほとんどなかった。このような小さなネアンデルタール人の集団が、よりよく組織され武装した（武装については下記参照）現代人に長く抵抗できたとは、とても想定できない。だから、ネアンデルタール人は、良好な狩猟域と居住用洞窟を求める競争の過程で、人数でも優る現代人集団によって、ますます不利な地域と高地に追いやられたのであろう。そこはさらにいっそう寒冷で、したがって、生存のために充分な食料を見つけるのはいっそう困難であった。

その場合、ネアンデルタール人の逞しい体は、最終的にはきわめて不利であったかもしれない。というのは、その体は、きわめてたくさんのカロリー摂取を必要としたからである。食料不足、とくに氷に覆われた長い冬のそれは、彼らの状況をさらに悪化させた。その結果、歯のエナメル質形成期間中の成長を妨げることにもなり、これは、子供時代の飢餓や伝染病に起因していた。これに対して、軽量の現代人は、カロリーの必要量がより少ないことに加え、さらに必要カロリーを糸で縫ったよりよい衣服、炉によるより効率的な熱利用によって減らすことができた。

ネアンデルタール人は力が強く、忍耐力のある狩人ではあったが、彼らの狩猟技術―主として長槍で野牛やマンモスといった、比較的大きな動物を至近距離から殺害した――は危険に満ちていた。たとえ投げ槍をもちいたとしても、彼らの狩猟法では非常に頻繁に、頭や頸、尻や腕を傷つけることになった。それは、ベルガーとトゥリンカウスの観察（Berger/Trinkaus 1995）によれば、現在のロデオ乗りの負傷の仕方とよく似ていることを示している。さらに、過酷な生活に起因する関節の磨耗にも苦しんだ。全体として、重篤な病気の重荷と頻繁な食料不足の結果、ネアンデルタール人は、競争相手より早死にし、四〇歳まで生きるのはきわめて稀であった（Bräuer/Reincke 1999 参照）。ツボロフ（Zubrow 1989）が人口統計学的モデル計算で証明できたように、死亡率のたった二パーセントというわずかの違いで、彼らは数千年のうちに死滅することになったのであろう。

文化的な遺物から分かるように、上記した不利な点に、さらに次のことも付け加えてよいだろう。現代人は、およそ四万年前に驚くほど急速にヨーロッパの広大な地域に広まったオーリニャック期とともに（Bolus/Conard 2001）、明白により進歩的な文化を発展させた。円柱状の印象化石から細長い刃を切

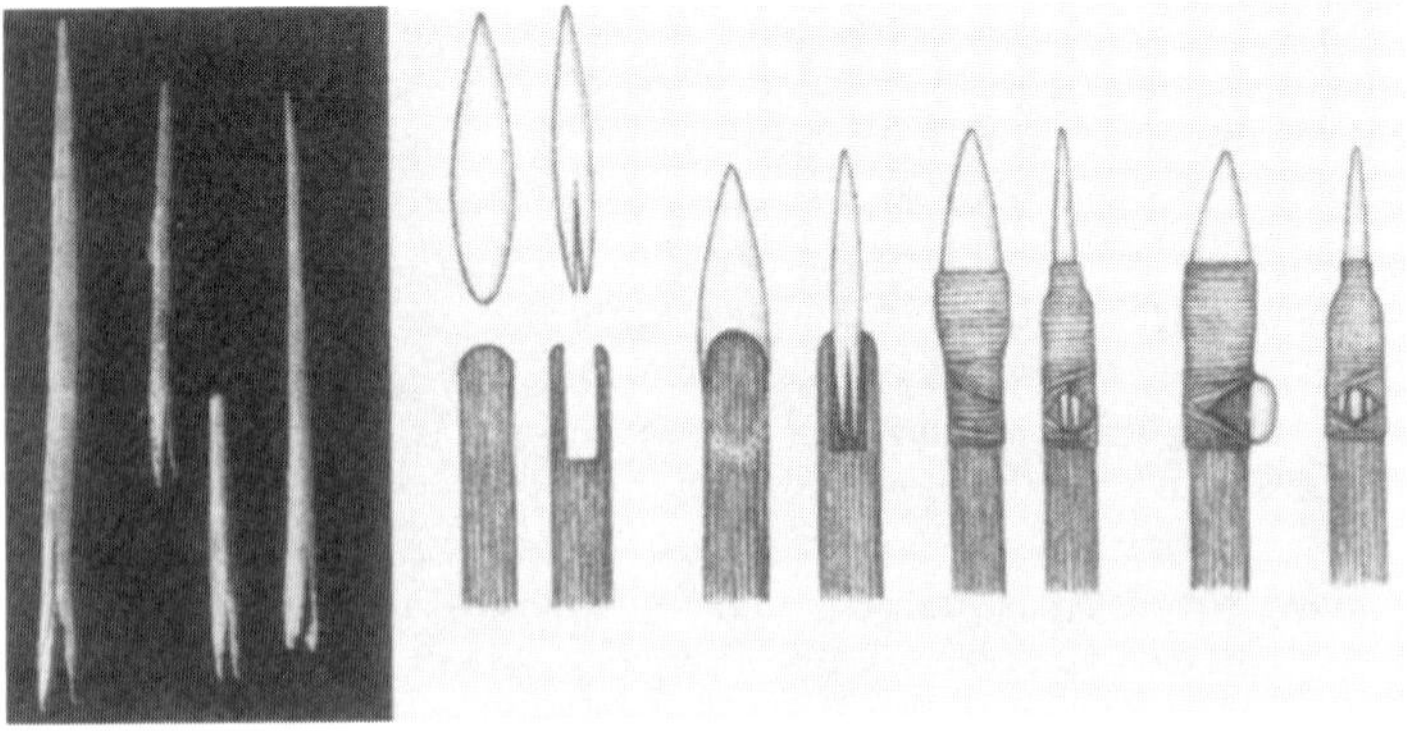

図II—6　初期オーリニャック時代の，根元を裂いた鹿角尖頭と槍先の固定
（出典：Knecht, 1995, 162）

り出し、そこからたくさんの特殊な道具に加工するといった、より効率的な石器技術と並んで、とくに、骨、角、象牙のような新しい材料も利用された。だから、たとえば、鹿の枝角や骨から取替え可能な槍の穂先をつくることで、狩猟技術は改善され（図II—6）、速やかな修繕が可能となった（Knecht 1995）。だが、このような初期現代人の革新と創造性は、とくに、彫刻、装飾品、壁画、楽器（骨笛）といった印象的な芸術作品（図II—7）や象徴的表現にも示されている。そして、完全に現代的な行動能力を物語っている（Tattersall 1998）。

何人かの先史学者は、ネアンデルタール人と現代人の集団が、事実上比較的長期にわたって接触していた事実の暗示を、前期旧石器時代のシャテルペロニー文化——これは、およそ三万八〇〇〇年前、ないし、ひょっとしたらすでに四万年以上前に登場し、約三万五〇〇〇年前まで中央フランス・西南フランス・北スペインのピレネーに存在した——のなかに見ている（Mellars 1999）。石器に関しては、シャテルペロニー文化は、先行するムスティエ文化に似て

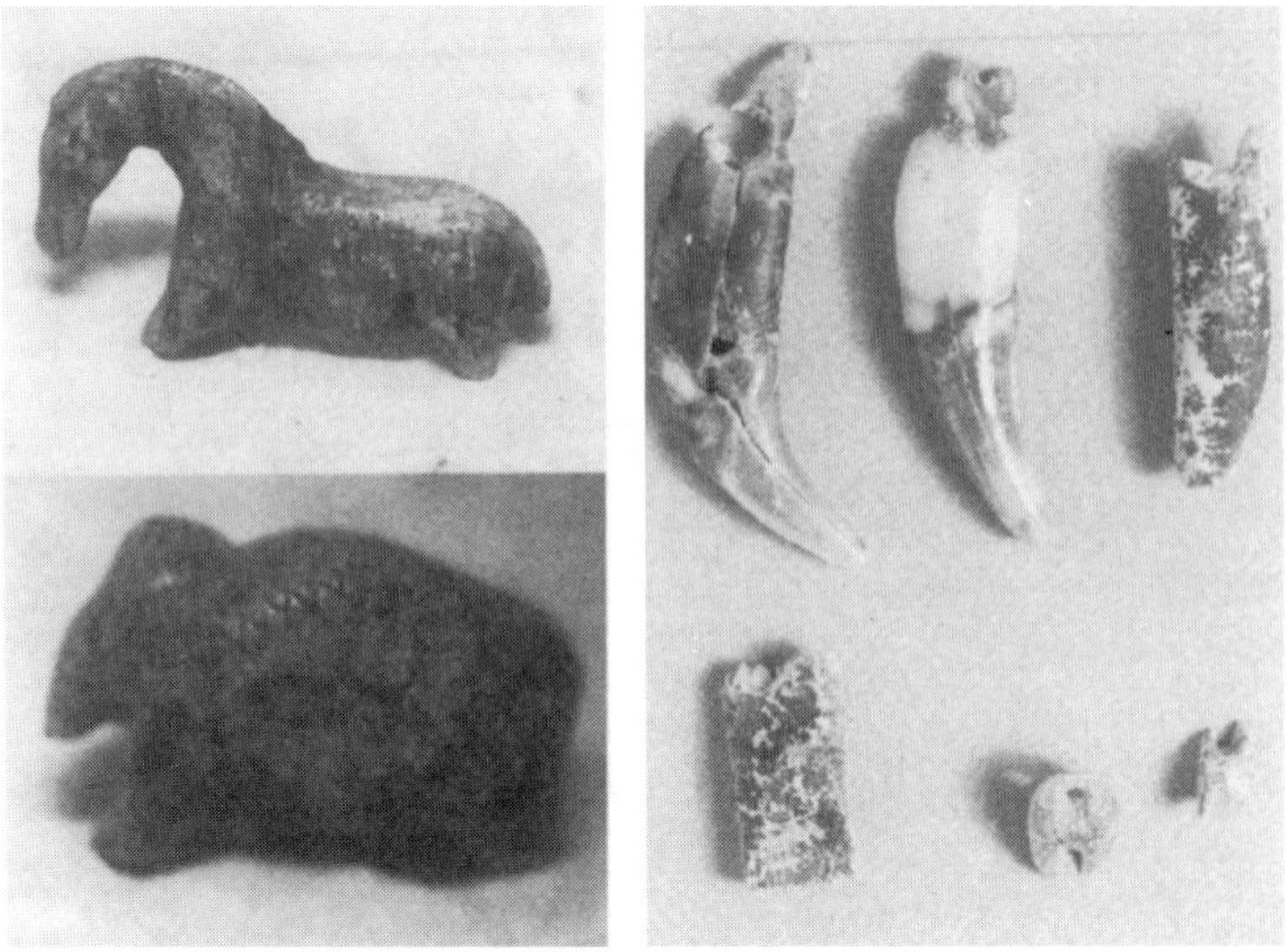

図II－7　初期オーリニャック時代，南西ドイツ出土の彫刻と装飾品
象牙製の野生馬とマンモス，フォーゲルヘルト洞窟（左）
穴をあけたキツネの歯と象牙のたれ飾り，ガイセンクレスターレ（右）

いるが、もっと後にはまぎれもなく前期旧石器時代の特徴をもっている（Klein 1999; 2000, 30)。アルシ－シュル－キュール（ブルゴーニュ）では刃物やおびただしい骨器、装飾品が見つかっているが、そのなかには穴のあいた歯や象牙があり、それらはペンダントやネックレスの輪として使用されたものであろう（図II－8）。ネアンデルタール人が担った文化の進歩的要素がどうして登場したかの説明は、彼らとオーリニャック期の初期現代人との接触にあると見なせる。その場合、ネアンデルタール人は隣人集団のもっている道具や装飾品を手に入れたか、あるいは、彼らの生産様式を真似したのだ（Mellars 1999)。しかし、たとえネアンデルタール人が、このようなきわめて類似した技術モデルと文化的行動様式を

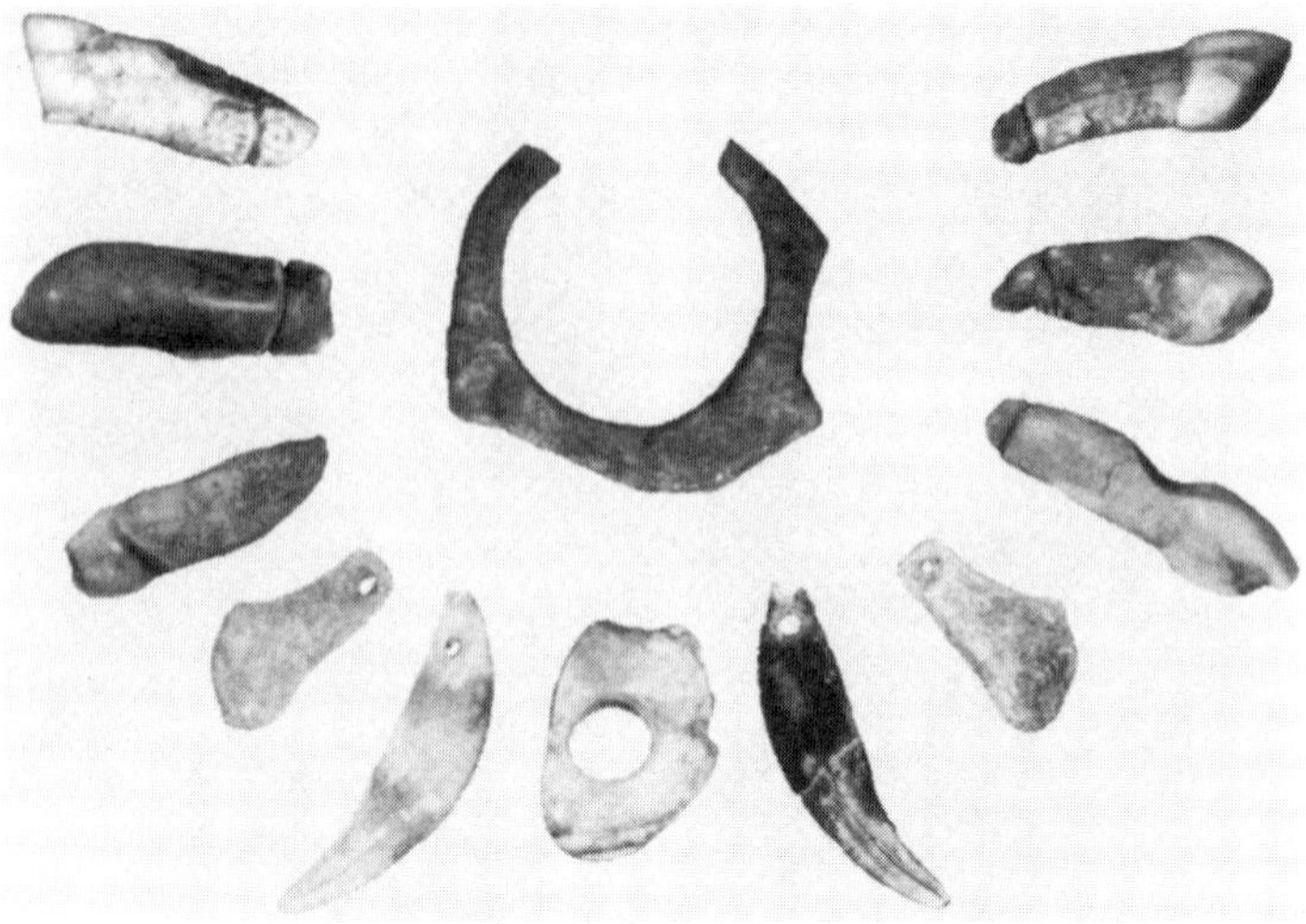

図Ⅱ―8　フランス，アルシ・シュル・キュールのシャテルペロニエン出土の装飾品（写真：J.J.Hublinの好意的許可を得て）

独力で発展させたものだとしても（D'Errico et al. 1998）――それは、彼らの長期にわたる分化した進化を考えると、もちろん注目すべき偶然であろう――、最終的には自らの運命から、それを守ることはできなかった。ひょっとしたら彼らは、能力の限界に突き当ったのかもしれないし、あるいは、抽象的思考能力と言語の発展の程度が低かったのかもしれない。もっとも、これは推測でしかないが。だが全体として、増大する現代人集団との競争のなかで、ネアンデルタール人が緩慢に滅亡する原因となった、人口統計学的に重要なおびただしい要因の姿が明らかになっている。劇的な終末の証拠などどこにもないのだ。

　それどころか、ヨーロッパの多くの地域で、両人間種が出会うのはまれでしかなかったというのが確かなように思われる。そうした地域が、シュヴァーベンのジュラ山系であったのだろう。捕鳥場、鹿処理場、洞穴納屋を含む発掘場所は、これまで、ネアンデルタール人と現代人が共存していたという、なんの知見も提供してこなかった。むしろ、不毛の堆積物が、最上部の中期旧石器時代層とオーリニャック期の最下層を分離している(Conard/Bolus 2003)。シュヴァーベンのジュラ山系を含むドナウ渓谷上部は、約四万年前には無人の回廊地帯であったように思われる。そこを通って、現代人は急速に中央ヨーロッパへと広がっていくことができたのである(Conard 2002)。

解剖学的特徴と極東の化石発掘物

ヨーロッパでは現代人への進化的連続性を実証できなかったが、今度は簡単に中国とオーストラリア・アジアの状況について説明してみたい。多極モデル論者は、この地域でもホモ・エレクトゥスから現代中国人ないしオーストラリア先住民への進化的連続性が充分証明されていると見ている(Wolpoff/Thorne 1991, Frayer et al. 1993)。だが、最近の研究によれば、ここでもこの仮説を支持するものはほとんど存在しない。

広大な中国における地域的進化の仮説は、本質的に、とくに頻繁に出現する、多数の形態学的な特徴に基づいているが(Weidenreich 1943, Wolpoff et al. 1984)、すでにグローヴス(Groves 1989)は、提起された特徴に重大な疑問を呈しており、ハブグッド(Habgood 1992, 280)も、次の結論に達した。すなわち、提起されたいかなる「地域的特徴」についても、それがオーストラリア・アジアにおける地域的連続性を証明していると言うことはできない。というのは、それらの特徴は、通例この地域以外の現代人の頭蓋にも、また、一般的に旧世界全体の原始的ホモ・サピエンスやホモ・エレクトゥスにも見られるからである。ラール（Lahr 1994）も、提起されたほとんどすべての特徴が、中国よりも世界の他の地域からの抜き取り標本のうちに、より頻繁に出現することを発見した。我々は、最新の研究の一つで、中部および上部顔面域ととくに詳しく取り組んだ。ここにたいていのオーストラリア・アジア的特徴が見出されるはずだからである。だが、分析してみても、三〇以上の特徴のいずれも多極モデルの期待を支持するものではなかった（刊行予定の Koesbardiati/Bräuer）。特徴のほとんどは、現在の中国人よりもアフリカ、ヨーロッパないしオーストラリアでの方が頻出するのである。

中国のヒト化石発掘物も、地域的連続性を証明するのにほとんど役立たない。ホモ・エレクトゥスに続く原始的なホモ・サピエンスの発掘物の場合ですら、いずれにせよ問題となる特徴が欠けている。だから、たとえばおよそ二〇万年前の金牛山の古い頭蓋には、「少し突出した」中部顔面もなければ、平板な鼻鞍もない。その他の一連の特徴について、ポープ（Pope 1992）は、このヒトはマバのヒト同様、中国における地域的進化にふさわしいということに疑問を呈している。同じように、一五〜二〇万年前の古いダリの頭蓋（図II—9）は、眼窩上部の頑丈な隆起およびその他の特徴によって、現代中国人との特別な類似性は認められない。わずか三〜四万年前の涞水の古い骨格（Etler 1996; Lü の私信）が示しているように、このような後期にも中国には、たとえば眼窩上部の突起といった原始的な特徴をもった人間が存在していた。ついで彼らは、たとえば周口店近郊の北京原人発掘場所の洞穴出土の頭蓋によって代表される現代人の集団から、あるいは、南中国の柳江の発掘場所（図II—9）から分離したのであろう。後者の二〜三万年前の現代人の発掘物の場合（柳江では、六万年前というのも排除されない）注

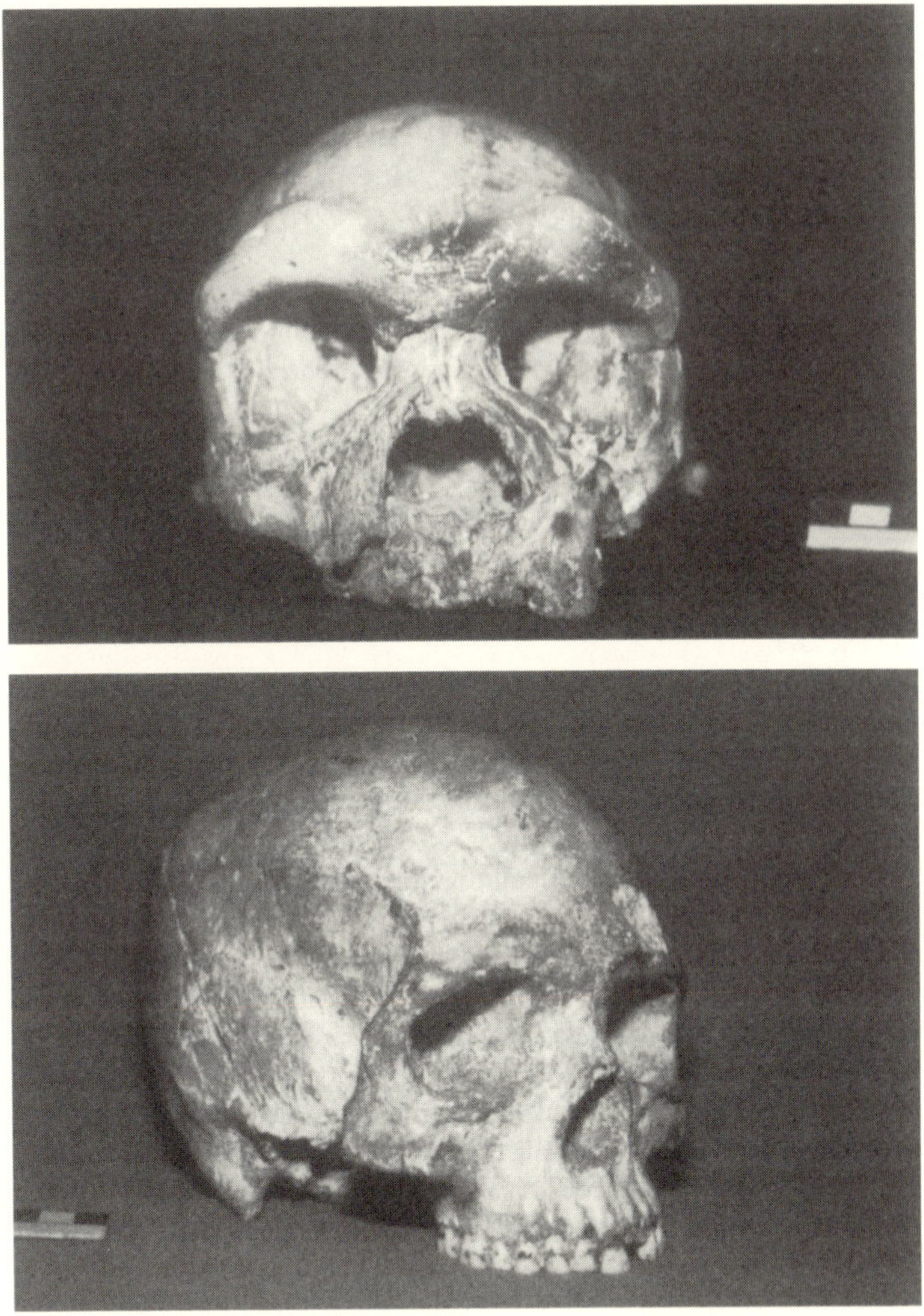

図Ⅱ—9　ダリの古頭蓋（上）と中国，柳江の初期現代人の発掘品

目すべきは、彼らが頭蓋の形態ではまだ現代の中国人に似ておらず、むしろ、現在のアフリカ人やヨーロッパ人に似ており、だいたいアフリカおよびヨーロッパの古い発掘物との特別な類似性が認められるということである（Bräuer/Mimisson 2003; Kamminga 1992; Howells 1995）。したがって、これらの発掘物は、中国における長期の地域的進化を支持しているのではなく、むしろ、現代中国人の頭蓋形態の固有性が、最近一万年の間に形成されたことを支持している（Stringer 1999 も参照）。

オーストラリア・アジアについても、近年、多極論者の中心的な論拠が支持しがたいことが実証された。長いこと頭蓋顔面の特徴が、地域的連続性を示すものと見なされてきた（Thorne/Wolpoff 1981, Frayer et al. 1993）。しかも、保存状態のよい顔面をもったホモ・エレクトゥスの唯一の標本（Sangiran 17）と、最古のオーストラリア・アジア現代人の間には一〇〇万年以上の空隙があるという事実にもかかわらず、そうだったのだ。仮定された連続性の指標として問題になるのは、とくに、強く突き出た顎、頬骨側面の張り出し、頬骨上の特異な隆起である（Wolpoff et al. 1984）。これらの特徴が存在することにたいする重大な疑問は、最近なされた頭蓋サンギラン17の新たな再構成からもたらされた。そこでは、ウォルポフ（Thorne/Wolpoff 1981）が行った、形態的特徴に関する以前の再構成が誤りであることが明らかになった。すなわち、顎は本質的に前方へ突き出ておらず、また、極度に頑丈な頬骨の張り出しも存在せず（Aziz et al. 1996）、しかも、以前のハブグッド同様（Habgood 1989, 254）アジズ他（Aziz et al. 1996, 20）も、私自身もオリジナルを調査してみて、上記の頬骨上の隆起ないし上顎への移行を確認できなかった。

オーストラリア・アジアにおける地域的進化に反する、もっと多くの論拠は、ほとんどの場合後期ホ

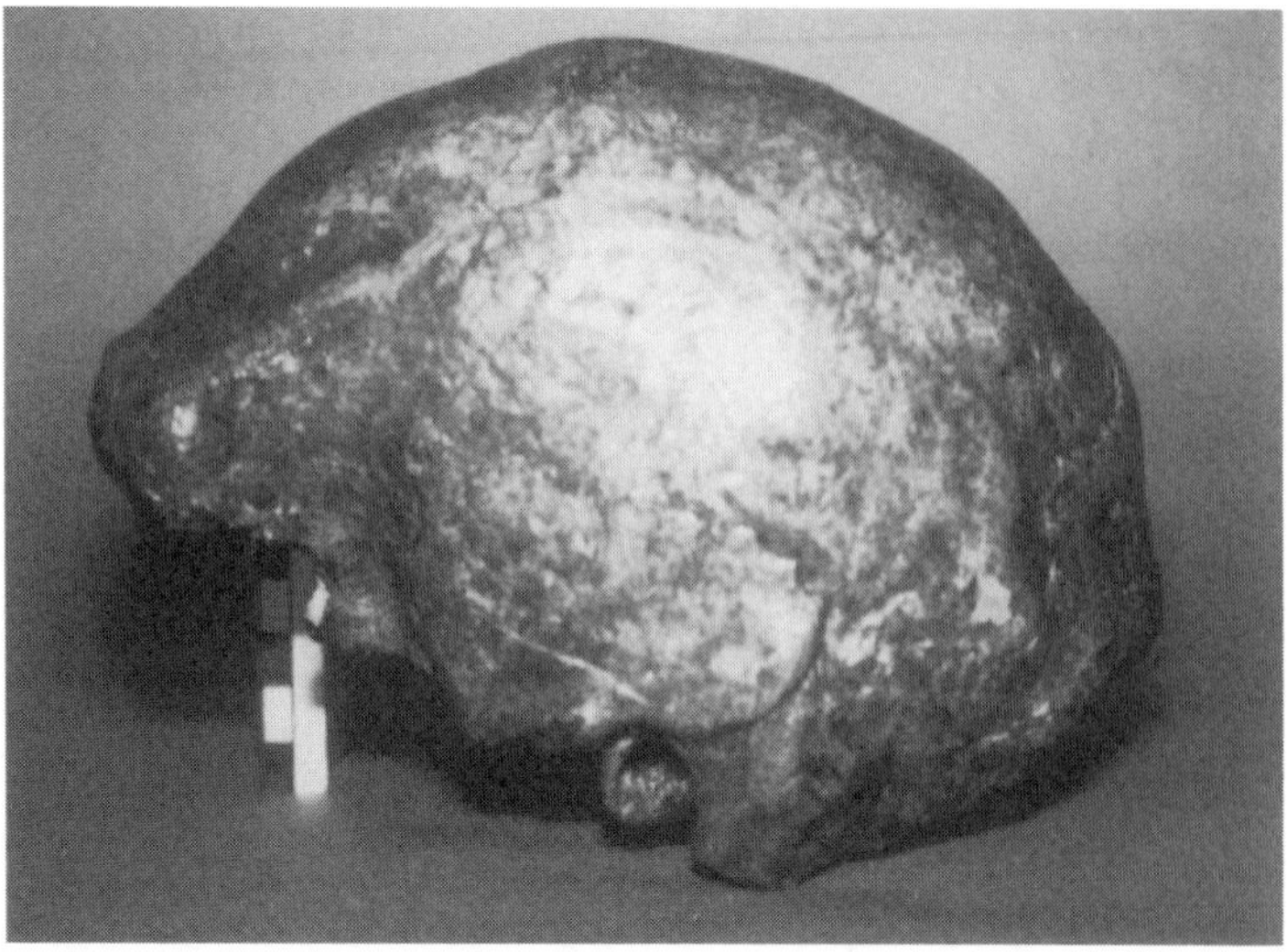

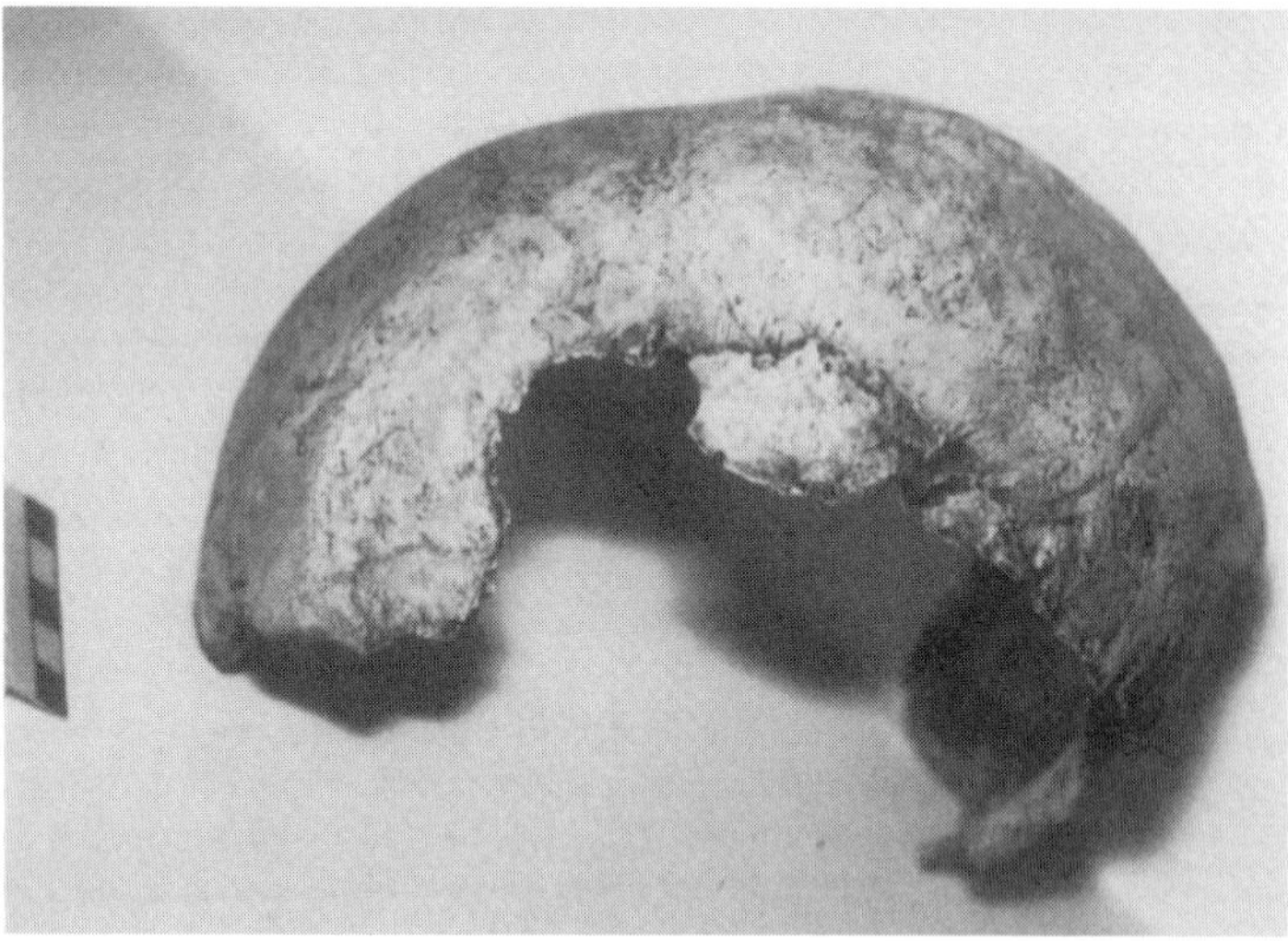

図Ⅱ―10　ジャワ，ヌガンドンの後期ホモ・エレクトゥス（上）とオーストラリア，ムンゴ湖からのほぼ同時代の初期現代人の発掘品

モ・エレクトゥスとされていた、ジャワのヌガンドンの発掘物の新たな年代測定によって提供された。このきわめて原始的な頭蓋（図Ⅱ—10）は、電子スピン共鳴・ウラン－トリウム測定によれば、わずか三〜五万年前のものであるとされ（Swisher et al. 1996）、したがって、実際には、南オーストラリアのムンゴ湖出土の、完全に現代人の骨格（LM3。図Ⅱ—10）と同じ位の年代ということになろう。また、別の年代測定では四万年前、あるいは、ひょっとしたら六万年前ということが判明した（Bowler/Magee 2000, Thorne et al. 1999）。したがって、ジャワの後期ホモ・エレクトゥスと、オーストラリアの初期の、しかも華奢な現代人との間の地域的進化は、事実上排除されることになる。それにもかかわらず、このオーストラリアの、全体として解剖学的に見て現代人の発掘物は、きわめて頑丈な頭蓋と華奢な頭蓋によって、驚くべき変異性を示している。それにたいする説明としては、半島の植民の際の偏流効果ないし偶然的効果が想定されうるが、最終氷河期の最盛期における、気候の乾燥化の増大にたいする適応も考えられる（Klein 1999, Bräuer 2001a）。ヌガンドン集団と、拡張する現代人集団間の遺伝子移動が、最終的にオーストラリア人の変異性に貢献できたかどうかは、現在のデータからはきわめて疑問と思われる。

4 結論

全体として、近年の成果からすると、多極モデルと出アフリカ仮説の論者たちの、二〇年にわたる度重なる論争の結果、世界中のデータの大多数は、出アフリカ・モデルを支持している（Bräuer 2001b）。

だから、現代ヨーロッパ人はネアンデルタール人から発展してきたのでもなければ、現代中国人、あるいは、オーストラリアの先住民は、極東のホモ・エレクトゥスの長期にわたる地域的発展の結果なのでもないと言えるだろう。むしろ、現代人類の多様性は、一〇万年足らず前に初めて誕生したのだ。遺伝子研究も、世界中の人間のきわめてわずかにすぎない相違を支持している。スフォルツァ夫妻が強調しているように（Sforza 1994, 203）、差異は本質的に「身体表面」上の差異なのだ。「我々には白い皮膚と黒い皮膚の差異、あるいは、目鼻立ちの差異が目立つので、ヨーロッパ人、アフリカ人、アジア人等々の間には大きな差異があると想定しがちである。だが実際には、この表面的な差異の原因たる遺伝子は、ただ気候の影響の結果として変化したにすぎないのだ。」

謝　辞

ハインツ・ニクスドルフ博物館フォーラムの連続講演に招待してくれたクルト・バイヤースとアンドレアス・ミュンケルに感謝したい。同僚のミヒャエル・ボールスとジャン＝ジャック・フブリンのさまざまな指摘と図像に、また、ヘルマン・ミュラーの技術的援助に感謝する。

III 人間と非‐人間

ヴォルフガング・エスバッハ

人間とは、「人間の概念に照応しない人間のことだ」、とマックス・シュティルナーは語っている。彼は、非‐人間という称号を、自分自身にたいする尊称として使っている。[1] 我々が「人間とは何か」という問いにたいする答えを、単純素朴に拒絶することが万一可能なら、非‐人間をめぐる議論は、ひょっとしたら避けられるかもしれない。だが、人間が自らについての概念を持たないまま、そもそも存在できるのかどうか、それは疑わしい。だから、我々はジレンマに突き当たるのだ。これに加えて、人間についての概念には常に、規範性と事実性という、明確化するのがむずかしい両義性がつきまとっている。その結果、非‐人間性は人間の逸脱として、二つの非‐人間的なものの領域のなかに取りこまれる。人間以下‐動物的なものへの価値低下であろうと、超人間的‐神的なものへの上昇であろうと。そして、同じように、どちらについて語るのも同等の権利があり、非‐人間性はもっとも想像力豊かな現われであっても、人間の領域に位置づけられることになる。この意味で、まさにあまりにも人間的なものとして把握できるようになるのだ。たとえば、動物の非‐動物的な行動は想像しがたいものである。

今日人間と非‐人間について語ることは、さらに困難である。人間的なものの判断基準がここ一〇年二〇年とますます曖昧になってきているからだ。一般論として人間学的明言を躊躇するところが大きい。人間は自分について、自らの生物学について、社会学、歴史、文化についてまだそれほどたくさん知っているわけではないのだ。ある定義、ある尺度、何かあること——人間の宿命的な定めとして現われるかもしれないこと——を語るのを徹頭徹尾拒否する声は稀であった。膨大な肯定的な人間学的知には、否定的な人間学に対する熱望が対応している。生と死の間ではすべてが開放的であるべきであるだけでなく、生の始まりと生の終わりすら、拘束を受けたくない存在にとっては自由に意のままにすべきなのだ。科学的な人間の定義と哲学的・倫理的な人間の定義間の愛すべき分業の彼岸で用いられるのは、両者を同時に把握できる人間学的な定式である。すなわち、一方には開放性、そのために人間は、善悪いずれにおいても未来でもなおすべてをなす能力をもつ。他方では、人間の生物学、社会性、文化に関する、自由に使用できる肯定的な知を含んでいるという事実。

ヘルムート・プレスナーが発展させた人間学的定式は、指針となるものである。彼（一八九二〜一九八五年）は生物学者として出発したが、並行して哲学を研究し、一九二〇年代にケルンで、マックス・シェーラーとともに哲学的人間学を創設した。一九三三年、教授職を失い亡命したが、一九四五年以後ドイツに帰り、ゲッティンゲン大学の社会学者となった。何十年もの間、彼は専門家内部でしか読まれなかったが、一九八九年以来、その哲学的人間学の再発見が始まった(2)。

プレスナーの人間学的定式は、「脱中心的な立場性」を標榜している。まず、この定式を説明するが、それによって我々は体系上の入口に立つ。ついで、社会集団のなかでどのようにして「我々　人間」が出来するのか、その次第を展開し、最後に、我々の文化圏において非－人間が思考される論理、したがって、取り扱われる論理の筋道を提起する。その場合、ただきわめて初期の形象描写にのみ言及し、現代に至るいくつかの筋道を示唆するだけにしよう。

1　脱中心的な立場性

立場性というのは、プレスナーが生物、すなわち、有機体の特徴とした概念である。中心的な立場性とは、生物界で最高度の行為の可能性を特徴とする有機体の特異なタイプであり、動物がそうである。脱中心的な立場性は、有機的なものの段階から人間の概念を展開する可能性を特徴づける(3)。

立場性は、すべての生物同様、人間にもある。立場性としては、人間は生物圏に属し、さらに、人間には中心的な立場性が属する。環境媒体に入り込みながら開放的な形態で成長し、平面的に外に向かう植物と異なり、動物は、いわば内に向かって展開する閉じた形態をもち、内部器官や（知覚・運動両器官の協力によって獲得した）情報処理と運動制御用の中枢をもっており、連想的な記憶とかなりの行動選択の自由をもっている。

プレスナーの特徴は――とはいえ、一九二〇年代の哲学的人間学を志向する思想全体もそうなのだが――、動物の能力をきわめて高く評価し、人間の独占物の範囲をできるだけ小さく見積もったことである。現在の動物研究は、この評価を実証している。まだ五〇年前には人間の独占物と見なされていたたくさんのこと、すなわち、道具の使用、個体的・集団的学習、問題解決行動、コミュニケーション、伝統の継承が動物世界で発見された。哲学的人間学は、我々がネズミやサルとほとんどの遺伝子を共有しているという事実が発見されたとしても、今日の分子生物学や遺伝子研究の成果によっても揺るがされることはない。

プレスナーが提唱した人間の概念は、生物一般から、特殊には動物から展開されている。人間の身体は、中心的立場性という動物的構造をもっている。人間という存在は、質的に異なる特別な器官ないし特別な遺伝子から成り立っているのではなく、自らの中心的身体から距離をとる能力をもっていること、まったく存在しない立場から、自分を振り返る能力をもっていることによって成立している。プレスナーは人間と動物を比較するなかで、優れて人間的なものをきわめて控えめに、かつ、臆することなく誇り高く定義した。動物には否定的なものにたいする感覚が欠けている。したがって、理解力しかもっていないが、現前していない次元には関与しない。動物は、存在しないものについてはいかなる理論ももってはいない。もし特権が存在するとすれば、それは、人間が全然存在しないものを表象できるということだ。人間は、立場的領域にたいしてユートピア的・否定的関係をとることができる。自分が想像した事物を探求できるし、神々をつくりあげることができる。陰界を創造でき、溢れるばかりの実存を空虚と宣言することができる。実在的な事柄においては、我々は動物と比べ、尊大な特権をもっているわけではない。我々は、行儀、料理法、調理器具のことを一瞬忘れさえすれば、キツネが奪ったガチョウを両の歯で食することもできよう。とりわけ中心的と言えるのは、人間が自分自身の体を離れて、他者の立場に立てることだ。人間は、他者の立場に取って代わりうる動物なのだ。(4) 我々は自分たちの立場性を脱中心的に取替え、こう言うのだ、「僕は君の代わりに、君は僕の代わりに」、と。

プレスナーの人間概念は、今日とくに興味深い。一面では生物学的に基礎づける、つまり、生あるものの一般理論から導き出し、他面では精神生物学、社会生物学、人間行動学とは異なり、全体論的に、人間的生命の進化の連続性に依拠するだけでなく、人間的生命形態の突出した状態、すなわち、人間における進化の破断をも反照し明らかにする。

さて、それによって、中心的立場性をもつ生物が置かれている三つの関係に、次のような結果が生ずる。人間も動物と同じく、ある環境のなかで生きており、そのなかでは多かれ少なかれ適切に行動している。だが、脱中心的立場性のゆえに、それに加えて、人間は、たとえば他の生物や地域的所与、食料や天候その他といった、行動にとって重要な事態を、事実状態以上のものとして把握し取り扱うことができる。事物の背後に廻ることができる。人間は環境に拘束されているだけでなく、さらに、世界にたいして開放されてもいるのだ。――動物と同じく人間も、情緒や記憶像、優位といった内面的領域を感じる。しかしさらに、その脱中心的立場のために、自らの体験を経験し、それを対象とすることができる。まさに思考、感情、意志を表出する過程で、自分自身の外部に立つことができるのである。――最後に、人間も動物同様、集団をなし、両性からなり、老若があり、たいていの場合、同種の集団と、多かれ少なかれ折々の接触ももつ。だが、脱中心的立場ゆえに、社会環境を共同世界と把握することもできる。そのなかでは集団成員の位置の時空的差異が平準化されている。「各人は共同世界の成員として、他者が立っている場所に立っている。」(5) 人間は、人間とは異なる存在としてどこかで誕生したと考えることもできるのだ。このような交換可能という思想では、自我は我々に変形することができる。人間は、個体としては霊魂、知性、自己意識とされうるが、我々‐形態では、主観的でも客観的でもない、一種の精神能力、抽象態とされる。脱中心的視点ゆえに、解きがたい矛盾、すなわち、固有の生的実体の、事実としての取り換え不可能性と「我々－人間」における取り換え可能性との矛盾が生まれる。プレスナーにとっては、この矛盾が社会一般の中心的問題なのである。

彼の人間学的定式化の大きな利点は、精神を忘却した、人間像の生物学化と同時に、自然を軽視する、人間像の文化主義化をその制限ともども指示する人間概念を定式化する点にある。これはきわめて現代的であるが、その理由は、両方向が今日ひょっとしたら、非－人間的な人間像を示す危険があるからである。だが、プレスナーの定式は、「我々－人間」の概念――その裏面には、非－人間的なものの刻印を伴っている――が歴史のなかで形成されてきた構造的条件を示すのに役立つ可能性がある。

2　我々－形態

次に、我々－形態をもっと詳しく論じ、もう一度こう問い返そう、動物－集団は我々なるものを知っているのか、と。この問いには簡単には答えられない。というのは、生物の集合体という意味での社会は、人間の独占物ではないからである。アリの国家やニワトリの宮廷は再三再四、人間の社会組織との比較を促しただけではなく、動物における倫理的－社会的行動を再確認したと信じてもきた。よく引証されるが、ペリカンは緊急時にクチバシで胸を切り裂いて、ヒナに自分の血を与えるが、それはあたかもキリスト教的な自己犠牲のシンボルを見るかのようである。集団をなして共同で攻撃者を潰走させる技能にも驚嘆させられる。他方、動物がたとえば、〔生得的解発機構を触発する〕鍵となる刺激に倣ってつくられた模造品を、まさに同種の仲間のように取り扱って、簡単にだまされるのを観察すると、動物が同種にたいする反応のなかで、それを共同世界としてもっているのかどうか疑わしくなってくる。つまり、動物が同種の仲間にたいして、一般的な対環境行動から質的に区別される行動様式を形成しているのかどうか、それを認識するのは難しいのである。

多くの人が、動物の共存と対立においては、我々人間が中心的立場性としても知っている、社会的に制約された反応現象が問題であることに賛成している。我々は威嚇的な身振り、威圧行動に反応し、嗅覚によるコミュニケーションを知っており、不安な状態ではくんくん鼻でかぎ、触覚で反応し、体が硬直し縮めつけられる等々。我々が喜び・恐れを抱く際の身振り・表情は、時として他の霊長類ときわめて近接しているのだ。我々は、チンパンジーが接触を受け入れる合図として、手を差し出すことを知っているし、喜びの踊りや集団的興奮も理解する。しかし、各個体が絶対的に代替可能で、取替え可能であると自覚しているという意味で、また、彼らがあらゆる差異にもかかわらず、根本的に全員同一であるとする知が現存するという意味で、「我々」に似た何かを見出せるかどうか、このことをどうやって動物集団において確認できるのだろうか。「我々」なるものは、根本的に言葉による表現である。集団に所属する成員は、「我々」ないし「我々の側に」と言い、代替可能な全員を、この我々のなかに編入する。親密な関係における安心と保護の感覚や、親密でない出会いにおける不安の反応は、動物でも観察されるけれども、ミードが、一般化された他者のパースペクティブと名づけたものは見出されない。

だが、人間集団における我々は、言語表現に認められるばかりか、もっと端的には何よりもまず、テリトリーにたいする態度のなかに認められる。動物的な水準では、食料、安全、他の集団のテリトリーにたいする影響力の制限、これが決定的な次元をなしている。動物は食料を手に入れるが、その際、寝たり安全を確保したり休んだりする場所を探す場合と同じく、自らのテリトリー内における見当識の能力を育む。生の基盤をなすエコロジーが、テリトリーの変動を規制している。寝る場所から食料をとる場所への移動の際、典型的には、大人が子供と母親の周りに一種の防衛部隊をつくることによって、集団に組織される。(6)

人間の住み方は、我々の知るかぎり、それとは異なる姿を呈している。ここでも重要なのは、環境のカオスから区切られた居住空間の構造である。フランスの古人類学者、ルロワ－グランは、次のように記述している。「周知のすべての人間集団において、居住地は三つの必然性の表現である。すなわち、技術的に適合的な環境をつくる必要性、社会システムに枠をはめる必然性、環境空間のなかである一点から秩序をつくる必要性がそれである。(7)」

このような空間の人間化には、時間の人間化が照応している。すなわち、星や年、日夜といった多数の自然のリズムから、また、歩行や走行、呼吸や鼓動から、個体の時間を集団の時間と結びつける、象徴的な尺度を獲得する。

我々はルロワ－グランとともに、ダイナミックな空間と静態的な空間を区別することができる。(8) 前者は、道程の様式に従っている。幾多の伝承神話が、英雄的な祖先の歩みについて報告しており、彼らは、怪物を打ち負かし、山川を安定させ、それらに名前をつけることによって、怪物でいっぱいの混沌とした宇宙に秩序をもたらす。ヘラクレスが地中海で企てたような旅が、北アメリカの先住民にも見られる。静態的空間は、新石器革命――自然略奪の文化から農耕文化への移行――を経て、より重要になる。ここでは人間集団は、一つの中心点に集中する領域内部の空間を構築するが、それは聖なる空間として、世俗的な領域から区切られている。そのような想像上の世界の中心は、聖なる山であることもあれば、エデンの園のような楽園、円柱状の宇宙の軸でもありえ、この地軸は天国と冥府への水平な入り口をもち、地上の俗界を引き裂いている。[9] 都市文化にあっては、世界のへその代わりに、神殿や聖殿、聖都が登場する。これらの場所は、力を授ける地上界との結びつきを与え、不気味な冥府の侵入から守ってくれる。

我々－形態は聖遺物箱の性格をもっている。外部には非－我々、帰属を示す環状の領域、想像上の世界のへそが存在しており、これは逆説的だが、すべてのものを結合すると同時に、日常的なものを超克する開放を可能とする。

3　具体的な我々

歴史的に多数の変種を確認できる、その時々の具体的な我々にとっては、長い間宗教的意識のあり方が決定的であり、今日に至るまで、無－力と強大な力の両義性、助けを要する依存と力を授ける確実さの両義性がそこに具体化されている。「動物は宗教をもたない」、この命題で哲学者、ルートヴィッヒ・フォイエルバッハは、宗教批判の書『キリスト教の本質』を始める。[10] 社会的に制約された反応における動物の共存と対立には、想像上の世界の根拠、世界のへそ、すなわち、立場的領域の背後、その上、その外部ないし彼岸にある中心点にたいする環境の開放性が欠けている。だから、動物には集団の力を永続的に集中する機会がない。つまり、よく言われるように、信者は不信心者よりも多くの力を感じるのである。

エミール・デュルケームの社会学では、集団に力を与えるのは、特別な場所で、特別な時間に集うという事実である。彼が単純な社会のモデルとして研究した、オーストラリアのアボリジニの生活では、二つの異なる局面が交代する。「一方では、住民は小集団に分散し、相互に独立して自らの仕事にいそしむ。それぞれの家族は単独で生活し、狩りをし、魚をとる。一言で言うと、自分たちが自由に使える手段を用いて、必要な食料を求める。他方では、彼らは集合し、数日ないし数ヶ月間のいずれかの濃密な時間を、特定の場所でもつ。（……）この両局面の違いは明々白々である。最初の局面では経済活動が優勢であって、一般的にほとんど凝集的ではない。食物として穀草を集める、狩をする、魚をとる、これらのことは、大きな興奮を引き起こす仕事ではない。社会の生が営まれる拡散状態ゆえに、生活は完全に一様かつ緩慢で、生彩を欠いている。だが、コロッボリ〔祝祭の踊り〕が生じると、一切が変わる。（……）凝集するだけで、とりわけ強力な興奮剤のように作用する。一度各々の個人が集合すると、この事実に基づいて、一種の電気が爆発し、それによって彼らは、異常な興奮状態に一気に移る。あらゆる激情が無抵抗のまま、各人の意識のなかで繰り返され、各人の意識は他人の意識のなかに反響を見出し、そのようにして最初の一撃は、雪崩が落下してますます大きくなるように、不断に増大していく。そして、この強力で束縛を解かれた激情は、外に向かって駆り立てられるので、熱烈な身振りと叫び声、心底からの泣き喚き、ありとあらゆる耳を聾する叫喚だけが、至るところで生ずる。それによって再度、彼らが体現する状態が強化される。(11)」デュルケームはさらに、この叫喚がどのようにして、集団によって担われたリズムに移行するのか、このリズムが楽器によってどのように強化されるのかを記述している。似たような共同体的祝祭の場面は、しばしば民族学的な記述に見られる。

これこそ、共同体的経験が昂揚した我々－意識に高まっていく集団的状態である。男女誰もが一緒に体験し伝染しあうということが、相互代替可能性の雰囲気をつくりあげる。魔術師、シャーマン、首長、ダンスのリーダーの機能は、それが社会的にすでに分化している場合には、このことを再度明確にするし、彼らが集団の抽象的なトーテムや精霊の仮面をつけている場合にもそうである。

デュルケームは、ある人間集団の具体的な我々、つまり、社会的意識についてこう書いている。「社会は集合し凝集せざるをえないがゆえに、自らを意識することができ、自分についてもつ感情を必要な濃密さの度合いと媒介できる。ついでこの凝集が、一群の理想的観念に表わされた道徳的生活の充溢に作用する。そして、それとともに覚醒された新たな生がそのなかで写し出される。それは、我々が日常的な生存の課題に利用するものへと歩み行く、心的諸力の流出に照応している。ある社会は、同時に理想を生み出すのでなければ、成立することも復活することもできない。この創造は、社会にとって、一度形成されれば補完されるような補充行為などではなく、社会が自らを形成し周期的に更新する行為なのだ。(12)」

4　非－人間の方向と段階

これまで述べたことから、「非－人間をめぐる議論がどのようにして成立したのか」という問いにより厳密に答えることができる。私の包括的な命題からすれば、人間の定義は、「我々 人間」の定式化に懸かっている。私はまず、人間と動物の比較から、一般的な我々－形態を、それが脱中心的な立場性からどのように基礎づけられるのか、提示した。その場合、私にとっては、再帰する空間構造のなかで始点がどのように姿を現わすかが重要であった。ある特定の集団の具体的我々は、単純で小規模な社会における発生と循環的再生では、宗教的な意識を導きの糸として継続的に発展しうる。ところで、普遍的な我々－形態、すなわち、今日に至るまですべての人間が、宗教的か知的かを問わず、何らかの結合態として、また、動物とは根本的に異なるものとしても自らを定義してきたという事実と、特定の社会の具体的な我々との間の関係は複雑ではあるが、これこそ、非－人間が、その時々の人間にとって何が本質的であるべきかについて否定的な判断を下す当の相手として浮上する場なのである。個々の社会は多様であるから、人間の歴史を一つの分母で約すことはできない。人間集団間の衝突や係争の過程は、しばしば対立する方向を示すからである。一方では、具体的な我々－人間が数的にも地理的にも拡大するのにたいして、他方では、その時々の人間の定義からの排除、非－人間の烙印、完全な人間としての地位の低下が先鋭化する。

非－人間は、普遍的な我々－形態と具体的な我々の間にある領域で成立する。というのは、非－人間はたんなる動物でも鬼神でもなく、人間ではあるけれども、今ここにいる我々と同等ではないからである。この場合にも、始まりは空間構造から展開できる。

a　ダイナミックな人間的空間の社会的構築から、秩序を創造する英雄がいまだ到達したことのないところに住まう非－人間の姿が生ずる。周辺の非－人間、人間的な怪物は、はるか遠く離れたところに住んでいるので、それについて漠然とした理解しかもてず、空想するしかない。にもかかわらず、時として不意に我々の許に姿を現わす。

b　静態的な人間的空間の社会的構築から、価値のより低い隣人としての非‐人間が生ずる。

c　聖界と俗界の内的分裂から、我々に反する悪しき魂としての非‐人間が生ずる。

怪物的な人間、価値の低い隣人、悪しき魂の担い手は、粗雑なタイプでしかなく、我々は、歴史的現実においては、これら三要素の多彩きわまりない組み合わせを見出す。そして、それは今日まで部分的には驚くべき実存をもっているのである。

5　周辺の非‐人間——怪物

まず最初に認めておかねばならないが、今日自民族中心主義と呼ばれているものは、歴史の初期段階、人間が地球についてまだグローバルな観念をもっていなかった時、普遍的な現象であった(13)。どの人間集団も世界のへそを自らのテリトリーの上にもっていた。彼らは隣人集団と、友好も敵対も経験していた。想像上の中心から遠ざかれば遠ざかるほど、知識はますます乏しくなり、それだけいっそう、世界の果てまで到達したと信じている旅行家の報告を頼りにした。

一般的に言えば、周辺の非‐人間にあっては、すべてが我々の場合とは根本的に違っていた。アレクサンダー大王の秩序創造の遠征に関する旅行記は、中世全体を通じて、地の果ての怪物に関する中心的な空想の源泉であった。すでに古代ギリシャにおいて、異国の情報に基づく知と、基準となる観念的な中心点からの極端な乖離を表現する構築物とは混交していた。その場合、とくに身体的な奇形が関心を引いた。つまり、隻脚、巨耳、雀用脚、巨唇、隻眼、巨人、小人等々がそれである。あるいは、極端に逸脱した生活様式が重要である。たとえば、くんくん嗅ぐ人間、魚を食する人間、食人、独身者、裸体、放浪癖、穴居者等々。最後に、異言語を話す人間の威嚇と無比さが、まさに異邦人が、すなわち、正しく話せない人間が問題となる。そういった旅行記の信憑性については、すでにギリシャ人やローマ人の間でもしばしば論議の対象とされている。(14)

惑星地球が球体であることが知られるようになり、植民帝国が成立し、民族誌的報告が増加するにつれ、怪物のようなものは火星に関係させられ、宇宙のなかに還元された。異国的なもの、野性的なものは着実に軽視され民俗化される。民族誌的視線が現代の多文化的な都市の中心にあっては、固有の文化に連れ戻される。その際忘れ去られているのは、コロンブスが発見した野性的人間ないし動物が存在しているのかどうかの問いにたいする答えが、その当時即断できなかったということだ。

怪物的な諸民族をどのように説明できるのだろうか。ローマの知者プリニウスは、彼らの存在を自然の威力に還元した。「あれこれの怪物的なものは、ただ人間のうちから、想像力豊かな自然が創造したもので、戯れであって、我々には奇跡でしかない。(15)」

周辺的非－人間は、時として生まれつきの障害者が出現する奇形と同じく、きわめて自然のことだという考えはすでに早くに生まれ(16)、アウグスティヌスにもこのような直喩がある。だが、彼にとっては、すべての怪物が、かりに存在するとしても、障害者が親から生まれるように、アダムに由来していなければならないというのは確かであった。「我々の奇形児が正当化されるのとまったく同様に、何らかの奇形民族も正当化される。神はあらゆる存在の創造者であり、創造さるべきものがいつどこで現われるか、また現われたかを一番よく知っている。さらに、神には自明のことだが、美しい宇宙の絨毯は異なる部品からも同じ部品からも織られる。だが、全体を見晴らす能力のない者は、ある部分の偽りの醜さに悩む。というのも、それが何に適するのか、何に関連しているのか、知ることがないからである。[17]」怪物性が、将来起こる何事かを暗示しているかもしれないということは現代のサイエンス・フィクションにも見られるし、すでにセビリアの理髪師にもある。「神はしばしば、ある理解しがたい出生を通じて、また夢想と奇跡を通じて、民族にも個々人にも未知の未来を予言し暗示しようとする。そしてそれは幾多の経験によって証明されている。[18]」

だから、古代末期にも中世にも、すでに異国的‐医学的集合体が形成されていた。そこでは、幻想的な動物や奇形が、自然の自発的な策略として、また、我々には隠された創造計画として解釈される。

6 隣人としての非‐人間——奴隷

隣人関係は、人類史の最初期から通例である。一つの常に孤立した集団を、次の段階で分裂していく最初の根源的共同体と想像するかもしれないが、それは思弁にすぎない。そんなものは見つかってはいない。ルロワ‐グランが書いているように、「通例一つの集団は、より大きな環境と関係を持っている。この環境は複数の集団からなっていて、種々の水準で、とくに婚姻を通じて相互に関連しあっている。[19]」それだけでなく、婚姻関係は、経済的取引とも結びついており、隣り合う部族の間には分業と親族関係が編み込まれている。
そのような平和的な隣人関係にあっては、とりわけ共同体内部の性的組織原理が、言わば外部にも向けられる。一般的に言えば、子供から老人に至る年齢組織と婚姻組織は、成長、成熟、老年、雌雄両性といった生物学的過程の、二つの社会・文化的な構成を表わしており、それはあらゆる社会において、社会規範という巨大で豊かな発明品を作り出すことになった。我々に周知のすべての社会は、性の構造的区別を社会的組織化の全局面で利用してきた。活動、性格的特性、権利と義務は常に、男女の属性に応じて配分された。人類学者マーガレット・ミードの概括に従えば、「賢愚、美醜、友好と敵対、能動性と反応の用意、勇気と忍耐、勤勉といった際立った特徴がすべて、普遍的な人間的属性であると想定する文化は存在しない。これらの属性がどれほど区別されて、あれこれの性に帰属させられるとしても、これが時に応じてどれほど恣意的になされるとしても（というのは、女性の体は男性と比べて、重荷を担うために、絶対的に弱いと同時に、絶対的に強くもあるということには同意できないからである）、したがって、配分がどれほど恣意的であるとしても、我々に知られたどの社会形態においても、それは昔から存在してきたのである。[20]」そして、こう付け加えることができよう。すなわち、これと同様に、年齢段階における性格的特性と属性に応じて、子供を小皇帝として扱うのか、それとも馴致すべき動物として扱うのか、老人は追放するのか、それともその知恵ゆえに尊敬するのかどうかが処理される。課題と属性の配分は――ここで思い違いをしてはならない――は、決して同じ比重をもってはいないし、常に性と年齢に関係する区別が、たいていの場合母親と娘に負担がかかるように、存在していた。[21]
隣人同士の婚姻義務においては、価値評価の非対称性が繰り返されている。女性交換を通じて相互に義務を負い、分業をしている複数の部族は、時として一定の擬似契約的な対等な関係に至るが、その下には、他の集団を軽侮し劣位に置くという、深く根ざした感情と態度が隠されている。隣人同士の敵対関係が勃発すると、我々も知っているように、敵味方の区別が始まり、場合によってはそれと関連して、敵を非‐人間として分類するだけでなく、人間を獲物として扱い奴隷化することも可能となる。[22] したがって、ヘラクレイトスの有名な言葉にあるように、「戦争は万物の父であり、ある者を神に、他の者を人間にし、ある者を奴隷に、他の者を自由人にする。[23]」注目すべきは、ここでは奴隷制の関係が神‐人間の差異として並列関係に置かれているということだ。我々がこれほど多くのものを負っているギリシャ文化は、何よりもまず好戦的で掠奪する貴族の文化である。奴隷制という法形態によって、人間としての奴隷の地位は苛酷なものとなる。他人の所有物となり、人格ならぬ物とされるからである。周知のように、ギリシャでは奴隷は人間であって、地上の怪物でもなければ、身体的奇形でもない。人間としての存在を劣等化させるのは、法的性質のものである。奴隷の起源は戦争であり、決定的な変化は、敵が奴隷に転化するということなのだ。

さて、敵の殺害を正当化するためには、戦争が例外状態という性格をもっているために、通例永続的な奴隷制の正当化ほど困難ではない。だから、ギリシャ人は付加的に、法的な奴隷制を生物学的論拠によって正当化しようと試み始める。ホメロスによると、人間は奴隷化によって、能力の半分を失うのだが、奴隷を再度有能かつ完全にするのは、命令する主人である。[24] ギリシャのソフィスト哲学では、戦争の敗者は能力が劣っているがゆえに、本性上奴隷となる運命なのではないかが問題とされている。プラトンとアリストテレスにとっても、敗北した非ギリシャ人を非‐自由人として、より高い価値をもつ我々としての勝利したポリス市民から根本的に区別すべきなのは自明であり、自民族中心主義的である。前者の本性の価値が劣ることが、まさに証明されたからである(25)。

奴隷制の歴史は、奴隷貿易の禁止（イギリス一八三八年、フランス植民地帝国一八四八年、スペイン植民地一八八三年）によって止むことはなかった。一八六三年、アメリカ大統領リンカーンが宣言した奴隷解放も緩慢にしか実現しなかった。特徴的なのは、一九三〇年、連邦調査委員会が奴隷貿易を思いもかけないところで、すなわち、解放され送還されたアフリカ系アメリカ人が一八四七年に創設した自由国家リベリアで確認したことである。今日に至るまで奴隷制は、しばしば生涯にわたる、そして、次世代を含む債務奴隷、強制売春、子供の貿易といった隠された形態で、また、臓器売買による身体の搾取といった極端な形態に至るまで、世界各地で、野蛮な現実として、ヨーロッパ人がほとんど排除してきた日常的な現実として存在している(26)。

7　神なき者としての非‐人間

怪物および奴隷と並んで、旧世界の我々‐人間の定義から、非‐人間の第三類型がつくられてきた。それは、独特の仕方で奴隷制と関係している。

「もし君の兄弟が、男女いずれかのユダヤ人を君に売るとすれば、彼は六年の間奉仕することになる。七年目には自由の身となるはずだ。そして、彼を釈放するとしたら、君は彼を手ぶらで行かせてはならず、君の羊と打穀機、ブドウ絞り器を背負わせ、主、君の神が祝福したものを与える。そして、君がエジプトで奴隷であったことを思い、主、君の神が君を救済したことを思うべきである。だから、私はここで君にそのようなことを命じるのだ。だが、彼が、私はあなたとあなたの家を愛しているから――あなたのところで彼は心地よいから――、あなたから離れたくないと君に言うなら、突き錘を取り、彼の耳を扉の支柱に刺し通し、いつまでも君の奴隷にせよ。あなたの下女にも同じようにすべきだ。君が彼を解放することは難しくはない。彼は二人の日雇いのように、君に六年間仕えたからだ。だから、主、君の神は、君の行いすべてにおいて君を祝福するであろう[27]。」

ここで問題なのは、モーゼがシナイ山で神から受け取った、奴隷に関する掟である。奴隷の身に落ちた者は、七年後には補償を受けて解放されなければならない。自由になりたくない奴隷は、奴隷にしてもよい。掟は旧世界では唯一無二のものである。神はユダヤ人に自由たることを命じた。神を信じる者は、奴隷であってはならない。エジプト脱出、奴隷身分から約束の自由の地へのエクソダスの記憶は、ユダヤ人を三千年の間守ってきたのだ。

解放という自由の約束は、ヤハヴェとの同盟に固執する信者と、異なる他の人間のあり方を選んだ不信者を分けた。ユダヤ人は神によって選ばれた民族であり、自分たちが、彼らにだけ啓示された神の真理をもっていることを知っている。レオ・ベックはこの分離主義を適切に描いた。「ユダヤ人は、周りの諸民族との対立のなかでこそ、自らの信仰をより明確に把握し、より確実に理解した。諸民族との矛盾のなかで自分自身を発見したのだ。他のすべての民族と対立するなかでのみ自分たちが存在できることを通じて、ユダヤ人は人格的な生の創造者となることができ、こうして彼らは『一つの民族』となった。『単独で分かれて住み、諸国民のうちには勘定されない、この民族を見よ。』だから、イスラエルの宗教は、特殊性を強調することによって常に再出発しなければならなかった。すなわち、予言的説法は、隣人諸民族の生との分離を必要とせざるをえず、口頭の教えは、『モーゼ五書の垣根』を創設しなければならなかったのである[28]。」

このような分離主義の排他性によって、旧世界のユダヤ人は、複数の宗教に帰属するという信仰告白のできる、異なる宗教的志向をもった同時代人から区別される。たとえば、後期古代ローマのアレクサンダー・セヴェリスは、私的礼拝堂でオシリス、キリスト、アブラハム、アレクサンダー大王、オルフェウスの像を崇拝したと報告されている。ローマ人は、神を怒らせたと不安を抱いている人々、神をまだ知らない人々のために、未知ないし外国の神用の神殿を創設した[29]。通例、拘束義務をもつのは、政治的な地域的神ないし皇帝礼拝の崇拝だけであった。

ユダヤの排他性は、複雑な現象である。ユダヤ人は生まれによって、また、命令の実行、すなわち、日常生活における掟の実践によってユダヤ人となる。ヤハヴェ以外の神々に膝を屈せず、あるいは従わないことが、外的行為によって示され、それが、いかなるものであろうと定めを確証する。神からの離反は、永遠の危難であって、それは一神教の論理のなかでは二重に示されている。第一に、他の神々は偶像、悪霊、悪魔と分類され、第二に、一つの神をすべての人間に承認させるという伝道の使命が存在する。選民思想と普遍主義的な要求は、必然的に相互に制約しあっている。「一つの神には一つの宗教だけが照応している。その宗教にすべての人間が召されているのであり、したがって、すべての人間がそのなかで一つになる時に初めて、その歴史的成就が見出されうる[30]。」

預言者たちは信者にたいして、展望の開けた未来のビジョンを提示し、罪人にたいする神の審判を誓う。異邦人として生きるのか、それとも、もっと悪い場合には、自らの神に不実となり、異邦人の世界に同化したユダヤ人として生きるのかという審判を。神なき者にたいする神の怒りと罰が誓約された、預言者たちの激情的な絵姿は、極度の憎しみに満ちた暴力的想像力を証明している。聖書の読者は、エデンの園に関するイザヤ書のような、無数の陰鬱な預言を見つけるのに苦労はしないだろう。「というのは、主はあらゆる異教徒に怒り、その群衆すべてに激怒するからである。彼らの破門を執行し、彼らの虐殺を命じるであろう。そして、撲殺された者どもは投げ捨てられ、屍からは悪臭が立ち昇り、彼らの血が山々を流れるであろう。そして、天国の軍勢は掻き消え、天国は巻物のように丸まり、軍勢すべては、花弁がブドウの木についたまま凋むように、また、乾いた花弁がイチジクの樹についたまま枯れるように、消えてしまうだろう。(31)」ユダヤのモーゼ五書では、神なき者の抹殺は、来たるべき神の審判として預言されるのにたいして、ユダヤ人の現状はいつでも、何世紀にもわたり散在する少数派にとどまる。ユダヤ教は、紀元後七〇年のユダヤ王国の滅亡から、一九四八年のイスラエル国家の建設までいかなる政治的存在ももたず、したがって、宗教と政治の関係のモデルを発展させるいかなる機会もなかった。(32)

キリスト教およびイスラム教とともに、地中海地域にはさらに二つの一神教が成立する。いずれもアブラハムの神を引き合いに出し、さまざまなやり方でユダヤ教を攻撃し変形させる。両者に共通するのは、不信人を悪魔とする傾向、想像上の神の審判を組織的に執行することである。キリスト教とイスラム教は、現実との関連を、ユダヤ神の根源的で比肩しがたい超越性のなかにもちこんだ。神人の具現化、教会における精霊の降臨という図像を通じて、あるいは、神の掟にたいする服従の究極的徹底化、一神教の包括的な社会・政治的完全化という図像を通じて。この二つの宗教は、ユダヤ教とは対照的に、地中海地域で政治的な支配権を獲得し、好戦的な競合関係の過程で自らのプロフィールを形づくる。西洋のキリスト教世界は、イスラムの聖戦ジハードに対抗して、悪評高い十字軍を結成した(33)。キリスト教側が回教徒とユダヤ教徒を区別せず、悪魔的権力として脱人間化するのにたいして、今日では忘れ去られてしまった正統派イスラムは、人頭税を払ってイスラムの家で耐えていた護教的なユダヤ人・ナザレ人と、動物の地位にある不信仰者を区別する。

8 結論

怪物、奴隷、神なき者は、非人間性を体現する三類型であり、私はその歴史を、時としてきわめて簡潔に語ることから始めた。これらの形姿の間にはたくさんの癒合や組み合わせがあったし、非－人間の構築に際してはたくさんの考案があった。しかし、先の中核的な三要素は繰り返し登場する。

――怪物は、はるか遠隔の地から、その時々の我々－人間に周知の一切のものまで含めて、自らの非人間性を付与される。それは、未探求の空間や自然の戯れに由来するが、我々－集団はそれを、自らの認知的・技術的可能性の限界点で知覚する。

――奴隷は、自らの非人間性を戦争における敗北から付与される。その時々の我々－人間にとって重要なものすべてにたいする、外面的で敵対的な隣人関係は、征服とともに内面的な貶化となる。この非人間性は非－自由に由来する。

——神なき者は、自らの非人間性を、改宗の拒絶から付与される。それはもっとも虚弱なもの——その時々の我々‐人間にとって、自分たちの共同体の想像上の根拠として妥当しているもの—を脅かす。選民の感情がそれである。

怪物、奴隷、神なき者は未探求、未解放、未改宗の存在だとも言えるかもしれない。それは、人間とは何かという問いにたいする答を映し出す魔法の鏡である。そうなると、人間は逆の存在、すなわち、探求された者、解放された者、改宗した者となる。この三つの清明な人間の定義によって、我々はひょっとしたらお互いに親しくなれるかもしれない。今日でも依然として、認知的なもの・知的探求のどこかで、自由と非‐決定の意味論のどこかで、また、過誤の可能性・改心・拘束力が問題になるところで、人間の定義が探し求められているのである。

非‐人間をめぐる論争は、人間の定義とともに成立し、この議論が非‐人間迫害の実践を導いてきた。だが、いかなる人間集団も、自らについてのある概念がなければ存在することはできなかった。我々は、プレスナーの脱中心的立場性という人間学的定式とともに、人間と動物を比較するなかで、「我々‐人間」という抽象的な形態と出会ったが、そこでは各人が各人と向き合い、各々の人間が人間‐性として存在する。具体的な我々、社会的・共同体的な存在——それは、唯一無比の中心的な立場性、すなわち、固有の身体の取り替え不可能性と、各人の取り替え可能性をめぐる知との悲劇的な矛盾を調停しなければならない——は、両者を、人間性と非‐人間性の規定を自分のなかで担っているのだ。プレスナーがある小冊子のなかで語っているように、「非‐人間性はいかなる時代にも、いかなる歴史的瞬間とも結びついてはおらず、人間に与えられた、自分と自分の同輩を否認する可能性なのである。(34)」結局のところ、人間とは、自分自身の定義との非－人間的断絶を本質的特徴として引き受けざるをえない存在と定義されるのかもしれない。

IV　ネットワーク化あるいは「諸関連——人間とその社会的構造」

マンフレート・ファスラー

「現在的なもののなかに将来的なものはもはや含まれてはいない。人間と自然は時間の創造物であり、したがって、すでに分かちがたく相互に結びついている。時間の不可逆的な特性を探求する度合いに応じて、我々を取り巻くダイナミックな秩序の理解に近づき、他の生物すべてがいかに相互作用のネットワークにはめ込まれているのかを理解するようになる。」

（イリヤ・プリゴジーヌ、コンスタンティン・フォン・バールレーヴエンと語る、「フランクフルト評論」文芸欄、二〇〇二年二月五日）

「我々はここからどこへ向かおうとしているのか。答えは単純だ。我々は、覆いを取り除かなければならない。眼前にあるゴールは、複雑さを理解することだ。これを達成するには、構造と位相を超越し、連鎖に沿って生じているダイナミズムに焦点を合わせなければならない。ネットワークこそ、複雑さの骨格であり、我々の世界を活性化するさまざまな過程に至るハイウェイなのだ。」

（アルバート－ラスロー・バラバシ（二〇〇二年）『環——ネットワークの新しい科学』、ケンブリッジ、二二五頁）

1 〈何が問題か〉

二〇〇一年末のある電話で、アンドレアス・ミュンケルが私に、「諸関連——人間とその社会的構造」の講演を提案した。私は自発的にその演題に同意したのだが、電話での会話はすぐには終わらず、疑念が出てきた。その疑念は、指定された論文と単数形の「人間」に関係していた。いったい人間学的かつ複雑性理論的に解釈された根本的な論証は、「社会的構造」に関する言明をすることができるのだろうか。そして、現在および、おそらくは将来の学問的問題状況は、「社会的構造」の問いによって充分厳密に答えられるのか。それも、広義の社会人間学的テーマは、何よりも知識・人間学的およびメディア・人間学的な研究を必要としないのか。さらに、どのようにして「人間（ホモ・サピエンスの意味で）」が、我々の許で、また我々の内部と周囲に構造としてつくりだし、変わることなく構造と名づけているものを生み出すのかを、超－社会的な意味で記述できるためには、抽象化・バーチャル化・人工的なものの文化的人間学が緊急に求められるのではないか。私は演題を放棄しなかった。というのも、それによって、領土主権的社会についての意味撤収と、ばらばらになったグローバルな社会性の登場のうちにある緊張関係を再考することが可能になったからである。

今日、社会的構成の軸は大きく変容している。産業的かつ都市的な、また、官僚制的かつ正当化された、行動と生活の集積と濃縮——これが定住の経済的・職業的な層的構成、同定できかつ個人化できる利害状況をつくりだしていた——は、過去のものとなった。目下の近代的なものの経験知は、もはや重工業的なものではなく、情報産業的なものである。知識産業的および理念経済的な価値創造の連鎖を成立させる、グローバルに配分された強力な諸条件、それも一群の危険な諸条件が出現している。そして、社会はそれ自体としては、この条件のなかに結び付けられてはならない (Kurzweil 1999)。どの社会も自己維持のために分野毎のグローバルな競争のなかに入っていかねばならない。その結果、どの社会でも「グローバル化された領域」が成立するが、これは、固有値をもった社会的管理制御とコントロールの旧来の基準にもはや照応していない。社会による未来志向の自己維持は、同時に、伝統的な自己組織化の模範の変容なのだ。

だが、このような社会のグローバル化の変容を経験的・経済的に、また、技術的に見ることは、私がここでテーマとしたいことではない。私の目標は、グローバル化と同時に起こるが、もっと息が長く、進化論的にもっと重要な普遍化の過程である。この過程に私が数えているのは、アルゴリズム使用から、機械コード、経営システム基準、インターネット・トランスファー・プロトコルを経て、流布しているアイコン・映像‐テキスト融合に至る情報技術的スタンダード化である。さて、このことは決定的な統一化と見るべきではなくて、文化にたいする、世界中で始まっている変化の圧力と見なければならず、文化の表現・記憶処理の体系のなかで、二重規準の時間経済に対処するという圧力と見るべきである。それはきわめて真剣に受け止めるべきゲームの世界であって（Adamowsky 2000）、私はこの過程を、進化論的に、メディア進化論的に、また、理解手続きの発展史的接近の次元と理解している。この過程によって文化や社会は狭まるどころか、それらの内部で可能な、かつ、それらに担われる複雑性を上昇させる。その結果、文化や社会は伝統的な限界内では、また、伝統的な領域の上では維持できない。それは、変動する協調状態のダイナミックなネットワークにおける結節点となり（Axelrod 1999）、いかなる永続的なアイデンティティも提供できず、（ある観察者にとっては、一見したところ）前代未聞の発展を遂げ、もはや一〇〇～一五〇年以上も続く社会的形成を生み出すことはない。それは、鉄・石炭・化学の各資本の社会化戦略の場合と同じである。査定の時間は、情報技術の場合一〇～一五年である。

そのように見ると、社会の自己組織化過程はダイナミックなものとなる。このことが著しい社会的問題状況を生み出し，社会が時折過去の投資（石炭・農業補助金、図書館の拡充、アウトバーン網のいずれであろうとも）に大失敗することは、ドイツ連邦共和国にとってもヨーロッパにとっても重大テーマである。だが、私の目下の問題関心は、メディアによる普遍的な理解の基盤が大きく変貌しているという点にある。この問題に「諸関連」という言葉に編み込まれた理解と結合の意図を手がかりに接近してみたい。私にとって重要なのは、記号、メディア、構造、インフラストラクチャーである。

2 〔ネット化〕

「構造」一般について。次のような人間の能力は、ほとんど究明されていない。すなわち、区別を的確に捉える、空虚な秩序を考える、区別を秩序に変える、秩序を独特の影響と行動の領域にする、秩序を手工業、領土、道路、記号、数字、記憶によって、記録保管所、道具、規範、制度、法廷、学校、家族、権利、法律、諸々の場所と空間によって充たす、これらがそれである。「構造」という用語は、出来事を出発点とし、後から定式化されたもので、決定的な、またつくられた、あるいは利用さるべき構造に関係する。構造を形成する人間の能力、および、その過程の核心の分析にとっては、構造を問うことは、たとえその実践的な次元が否定できないとしても、来るのが「遅すぎる」のである。さて、このテーマに刺さった疎は、実用論ではなく、人間の記号・言語能力の生物学と、我々が暫定的に文化として記述する、ダイナミックな文化的学習過程である。

私が注目したいのは、抽象化の人間学、したがって、人間のメディア的な自己獲得能力、（あるいは、もう一度言い換えると）人間の構造的な自己獲得能力を問うことである。この能力によって、およそ三万年以来数字、記号、絵図、文字、文章語比喩、調音、楽曲が可能となり、計算や記述、描写や表現、録音と再生が生まれ、バラバシがインターネットについても語っているように（Barabasi 145）、機械的正確無比さよりもエコロジー的過程に近づいている。

このように、文化的・社会的な構成が進化的・不可逆的な過程——これが今までも現在も、構造と形態を可能とする――と再結合するなかで、「社会的なもの」はいくつかの（現代的な）寵児の役割を失っている。社会は、特定の懇願と利害が「堅固に配線された」複雑な構造として現われるが、ダイナミズムを越え出て、このダイナミズムには拘束されないようなダイナミズムを示す。巨大システムに関して、我々はこのことを知っている。だから、宗教、教会、経済、学問はその時々の社会には同化しない。それらは普遍的なシステムと考えられ、かつそのように組織される。そして、我々が知っているように、社会は秩序だったパズルなどではない。私の考察の重点は、この制度化された巨大システムではなく、形態と構造を可能とする、抽象的な構想の開放的なダイナミズムにある。したがって、「諸連関」という概念を、メディアを基盤とするコミュニケーションの意味で、言い換えると、時間的に制約された、行為者間の緊密度の概念として使用する。この事態は人間であるはずもなく、メディアの実在性に即するならば、人間－コンピューターのインターフェース、人間－コンピューター－人間の相互行為でもありうる。そこから個々の人間が何をつくりだすのか、彼らが「つながりを持とうと望むのか」、それとも回避しようとするのか、これには立ち入らないことにする。

我々がどのような構造のなかで行為し生きているのかを観察するためには、しばらくの間個々の人間のパースペクティブを断念しなければならない。我々が思考し行為する場合、我々の内部で「何が」思考し概念化し構想しているのか（したがって、知覚、反省、計画の諸条件）を記述するためには、構造間の比較が可能でなければならないが、この可能性が明らかになるのは、構造の源泉コードとそのネット化が、したがって「どこから」、「どこへ」が知られる場合においてのみである。このような考えをいくらかもっと詳しく理解できるように、「源泉コード」という用語を、ダイナミックで不可逆的な過程と関連させてみよう。そのことによって、特定の生成と遂行の局面をよりきめ細かく記述できるようになる。だが同時に、それは「どこへ」の問いには答えられないということでもある。

「どんな有限な知も……ダイナミックでカオス的なシステムにあっては同一の限界に突き当たる。システムの内在的なダイナミズムから生ずる進化の時代の後では、個体的発展という概念は意味を失い、残っているのは、進化の蓋然性の統計的な計算だけになる。」

(イリヤ・プリゴジーヌ/シュテンガース(一九八八年)、「時間と永遠の前で」、一八三頁)

熟慮した結果、私は連関能力があり、構造化能力のあるような用語を探求したのだが、それは、「連関」や「構造」よりも内容豊富で射程が長くなければならなかった。私のメディア学的・文化人類学的な研究を通じて、ネット化、複雑なダイナミズム、方向性を持たない進化の過程、マトリックスといった概念は、「連関」のような用語より、ますます人間の構造化能力の問いに接近してきた。そこで表題をまとめ直して、「ネット化」を前面に立てることにした(Faßler 2001)。だが、人はこう言うかもしれない、構造(=意図的に秩序づけられた人為的環境)のない人間、記号(=思考の外的次元)のない人間、連続性(=実用論を超え出る時間・空間的な環境——その多くは超越と称されている)のない人間など文化的にも、区別能力・構想力に関しても理解することなど不可能だ、と。私が望むのは、この考察がいくつかの実例でいっそう明確にされることである。

私は、ネットとネット化を多論理的な過程と理解しているが、それは、その時々に異なる結節に依拠しており、一方向的にあるいは、双方向的に利用でき、かつ、多方向的ネット化を可能とする水路に依拠している。このことは中央集権的にも、分権的にも、配分的にも組織化されうるが、一般的に言って、「意図的」ではなく、インターネットがそうであるように、戦略、需要、市場、期待、個性化、グローバル化の結合のなかで「無支配的なもの」と理解できる。ネットとネット化によって、諸連関の自明性ではなく、その蓋然性を記述することにする (Neumann & Morgenstern 1961)。

3 〔メディア・ネットワーク〕

すでに長い間、ネットとネットワークという言葉が、社会やアイデンティティ、文化以上に、人間の生活世界に接近していないかどうかという問いが提起されてきた。

この問いは表現を和らげて、これはすべて観察の仕方なのだから、選択された用語は任意だと言えるかもしれない。明白なのは、私が使っている観察者の言語が問題であるということだ。しかしながら、選択された用語(とくにそれに随伴する観察の質という点において)と、内包された過大な自己評価との間には顕著な違いがある。それではいったい文化とは何か、という問いに対しては無数の答えがあり、私の考えでは、その最大のグループは、存在論の夢想同様、日常的秩序の彼岸にある起源、文化的実践の彼岸にある起源を夢想している。

社会を問うことにたいする答えはもっと少なく、その意味領域は、文化の場合と同じく狭い。規則ないし法則の命題による、想定される社会秩序の説明が流布している。いわく、農業社会、封建社会、マニュファクチャー社会、産業社会、メディア社会、情報社会、余暇社会、スペクタクル社会、戦争社会、と。私は、優位性やヘゲモニー的傾向（グラムシの意味で）について争うつもりはないが、文化が、それを生み出し保持する、あらゆる種類の実践を通じてはじめて、人間の自己組織化のある位置に現われるように、社会も特異なアンサンブルとして、連続性に頼ることができる場合にのみ、自らの根底にある過程を保持できる。

両者、つまり、文化を保持する実践、ないし、ダイナミズムを保全し鈍化させる連続性は、本質的関連という意味ではないが、普遍的－妥当性をもった構造を通じて、とりわけ音韻論的言語構造を通じて規定されてきた。レヴィ－ストロースはたしかに、チョムスキーの試みに反して、文法的－意味論的翻訳条件の手がかりをつかんだ、度を越して偉大な人物である。この伝統のなかにあるのが、コンピューター言語学的ないし数学的試みであり、これは、テューリングの普遍マシンに、あの自己保持の組織化ないし保持する自己組織化と連続性を与える試み、したがって、潜在的なものにおける潜在的なものの自己観察を付与する試みである。

ネットもそのような誇張かもしれないという点については、すぐに分かる。私がこの用語を採用する理由は、ダイナミックなメディア・ネットワークの経験的－プラグマティックな開放的性格、メディア機能の膨大な周波数範囲、感覚的－抽象化機能をもったプレゼンス、消費者に支持されたその拡張である。「芸術作品」と言えるかもしれない、ひょっとしたらいくらか否定的な意味合いを込めて。というのも、この発展には、巨額な資金、文化的時間、生活時間、理念、軍事的利害が投資されているからである。だから、こうも言えるかもしれない、ネットワークとは、資本と軍部、コンピューター・サイエンティストとハッカーの戦略的変数なのだ、と。これらはポスト産業社会ないしポスト近代社会の、いわば資本金なのだ。しかも、我々のいる場は、空気のせいで泡にも似た説明にしかならないような、そして、専門科学者の職業集団からはけっして相手にされないような、単細胞的な定義なのかもしれない。人は、いつでも遅すぎると感じ、概念や理念、説明、変化する実践やビジョンと出会うのが遅すぎると感じている。私も、（自分が社会理論・文化理論と見なす）ネット概念に関する一面化を犯していないかどうか、注意しなければならない。ネットを、実践と結びついた現象学を「担う」、普遍的に妥当する構造と誤解する誘惑は大きく、現実にそうなる可能性も高い。実際、世界中の人間のネット化された結びつきは、我々全員に周知の生活領域に固定化される。ネット化は、時間と空間を並列化する。こう言ってよければ、今も昔もネット化は、特有の時間－空間のレジーム、自由と隷属の関係、情報と通信の結びつき、知と無知のヒエラルキーを表現しているのだ。

私の考え方にとっては、ネット、リゾーム、網状組織ないし構造物はきわめて有益な概念である。時間を超えて安定した秩序、ウルトラないしメタ秩序を期待させず、生活に即してネットを保持するという緊張関係とつねに結びついているからである。ネットはつねに、参加と注意、意味の配置と依存の構築にたいする高額の投資を伴っている。だが、それは多・論理的で多・価値的な実在性の概念であり、私にとっては構造ではなく、コミュニケーションのアンサンブルであって、その形式主義が、相互行為性を表現している。私はネットを、説明の手本として使うが、それによってとくに文化と社会の関係を、ある特定の知覚の下に置く。それを系統樹のなかで示しておいた。そこでの区別はけっして完全ではないし、系統樹と歴史的継起の結びつきもいくらか危険を冒している。この図は、基本的な考えをはっききりさせるものでしかない。

同席者のネット化

◎ネットワーク

○文化（前近代）

・狩猟集団

・世代間ネットワーク

・生存のネットワーク（集団維持に向けられた、食料と知の閉鎖的な相互依存関係）

・扶養と相続のネット（所有維持に向けられる）

・ヒエラルキー化され、権力形態をとる代表制的管理のネット

◎拡張とコントロールのネット

○文化（近代）

・社会

市場とインフラストラクチャー

法規範と制度化

コミュニケーションとエネルギーのネットワーク

ツンフトの転換と破壊、ますます複雑化する分業構造の組織化

遠隔‐機能的メディア

感覚、抽象化、認知、反省のネット化の調査
コンピューター技術のネット化
多メディア的・多センサー的なテレ・メディアのプレゼンス
・メディアによって編成されたテレ空間
○超文化的なコミュニケーション空間

不在者間のネット化
◎サイバースペース
○統一的な結節点
・一方向的コミュニケーション
・双方向的コミュニケーション
・多方向的コミュニケーション
所有物としてのネット
開放的なネット
◎メディア部門におけるコードと生物学の産業化
○生とその産物の普遍的な二元化
・ハイブリッド化
・サイボーグ化

この歩みから理解できるように、ネット化の許容量（射程と拡張度）は、とりわけ二元的技術からメディアへの移行という条件の下で増大している。だが、このことは、ネットワーク内で場所や位置、集団や連続性——これらは、身体的な時間レジーム、制限された注意力の機構・学習の機構と対応している——を見つけるのがますます困難になるという事態と結びついている。後者を基盤とする文化は、個々の人間と制度にとってますます不安定になり、危機に満ちたものとなる。「私」と、「ある自己と」関係している結びつきを求めることは、ますます機能不全に陥ることになり、それどころか、システム論が強調しているように、認識論的には無効となる。

次の三つの引用は、中間総括である。

最初はニーチェ。「迷宮の人間が探し求めるのは、けっして真理などではなく、つねにアリアドネ〔迷宮〕でしかないのだ。」

次はニクラス・ルーマン。「観察者とは……区別を用いつつ、観察しながら自分自身は見ていない人間のことである。」

最後にヴィレム・フルッサー。彼は、「メディア文化」でこう注記している。「我々の誰をも他人と結び付けている諸々の糸が、我々の具体的な実存をなす。だから、言い換えると、コミュニケーションとは、社会のインフラストラクチャーなのだ。」（一九九七年、一四四頁）

どの引用も、独自の仕方でネットワークのテーマと関係している。迷宮、観察不可能なもの、諸々の糸——「社会のインフラストラクチャー」という用語に、それより何より、「人間の文化的能力のインフラストラクチャー」という理念に濃縮されているのだろうか（Faßler 2002）。これらの引用は、ネット、不可視性、結合、観察不可能性、糸、結節というテーマに接近する困難さを何点か示している。

ネットは、サーファーが誤って期待する海よりも、迷宮に近い。航海はすでに近くまで来ており、その方位確定にとっては、アドリアネの糸は地に垂らされているのではなく、URL、アドレス、HTML名の星空にあるのだ。確かにもっと大きな違いがある。現在とは異なり、迷宮は同時に通り抜けることも観察することも不可能であった。電信網に包まれた兵士は、ボディランと衛星の助けで、自分にはまったく未知のテリトリーを案内させられているからだ。横断的なコミュニケーション空間によって、水平的な迷宮・軌道観察・恐怖の垂直的コミュニケーション空間の操作によって、迷宮は取り巻かれている。それにもかかわらず、観察者は、航海が空間によって導かれうるほどには、自分を観察することはできない（Friedman 1995）。

盲点は残されたままだ。

人はこう言うかもしれない、この考えは文芸的美、詩であり、迷宮的なものの劇的緊張は衰弱している、と。だが、私の提案はこの衰弱を追求することであり、その目的は、美と詩を追放することではなく、もう一つ別の美と詩を獲得する入り口を見つけることだ。つまり、結合と接触の模範、製図、知覚の景観、反省と抽象化の景観、このような思考可能で、時折可視的になる美であり、これは我々が今日応用数学と呼んでいるものである。

この応用数学の景観の中では、人間は迷宮的であり、アリアドネとの接触はエピソード的、憧憬的であって、観察不可能なものとの距離は測りしれない。言い換えると、迷宮は観察不可能性に従うが、それは、自分自身を確信する現存在探求の現象学なのだ。その際、この探求はアドリアネから離れ、糸という手段に乗り換え、観察不可能なものを通して一義的なシグナルの道という残存物に集中する。我々はこの現存在の探求と関係している。構造・道・水路を通じた未知なるものの諸契機間で、我々に接近してはいるが、何か別なものに到達する試みであり、それはもはや迷宮とは関係がない。糸はとうの昔から、増大する複雑なコード化に移行し、これは、一方向や欠陥のある相互行為性という陳腐なものを捨ててきた。結節、結節化されていない道、入り乱れる色彩、これらは水路として自らを運搬していくが、その主たる機能は、水路とバックアップ水路であるという点にあり、そのかぎりでまだ迷宮的ではある。

これに対抗する中心思想は、次のものである。

ホモ・サピエンスは今も昔も世界中で、文化的能力のインフラストラクチャーを絶えず新たに、かつ、形を変えて産出し維持することができ、しかも、多かれ少なかれ複雑で、かつ、抽象化の程度が徹頭徹尾区別されるネットワークを通じてインフラストラクチャーの質を維持することができる。そこから誕生した社会は、有機的・無機的構築のなかで、このネットワークの特徴を示している。すなわち、家産制社会、母権制社会として、都市社会、産業社会、メディア基盤の社会として。このメディア社会は、オンライン・オフライン、情報的富者と貧者のような、新たな両義性と多義性を伴っている。

4 〔メディア・コミュニケーション〕

メディア技術的、経済的、軍事的グローバル化という現代の過程、今日の学問の巨大な発展のダイナミズムは、きわめて異なる知覚をもたらしてきた。現在の世界は、相対的な連続性、安定した結びつき、したがって、確かな経験としての人間相互間の職業的、社会的結びつきのあの社会に比べて、ますます不安定で驚愕すべき世界となっている。社会の内面的な結びつきの激変によって、より確かな位置と常住というそれまでの手本が疑問視されるばかりか、メディア経済的でグローバルなサブシステム社会によって、アイデンティティを保持した地域的な巨大システム社会も疑問視されている。まさに我々が電話、テレビ、ビデオ、ネット上のコミュニケーション、サイバースペース等々によって利用している、巨大な射程距離の個人化されたコミュニケーションに伴って、人間は、注意力、プレゼンス、意味の固有な構造を生み出す、人工的な環境のなかに立たされることになる（Faßler/Hentschläger/Wiener 2002）。人間の生の条件を新たに組織化するという不連続的な過程、不断に変化する、数え切れないほどの過程が、我々の生を貫徹する。我々はこの事態をも知覚した上で、その変化の規則を観察し記述し、必要とあらば、批判し非難しようと試みる。

　この過程が進む方向は、きわめて非均質的である。情報技術的な変化によって、つねに生の諸条件たる皮層の下に、細胞の中に、素粒子の中に、遺伝子の中に立ち入り、それに影響を及ぼすことが可能になった。それと同時に、これらの技術によって、人工的な環境のなかにいる人間は、グローバルで同時的なコミュニケーションに関与できるようになる。ミクロとマクロ、この人間身体の感覚的‐有機的射程距離の外部にある両者が、日常、職業、科学等々を規定するが、それはますます複雑化し高性能化する人工的なもの、抽象化、情報を通じてなされるのである。

このような考察によって、諸々の構造（それが社会的、文化的、技術的、メディア的、経済的、反照的、文法的構造のいずれであろうと）をただ人間の産物として記述するという、表題の意向は強化されよう。構造の彼岸は存在しないし、したがって、超時間的に妥当する社会的ないし文化的構造も存在しない。この用語によって、都市環境、鉄道、扶養条件、運送設備、ヒエラルキー、参加の可能性等々を創造し利用し維持する手段としての形式主義と諸形態は記述可能となる。「ネット化」の用語によって、つくられた環境とその原理的な変革の可能性の次元が語られることになる。構造は、人工的環境のなかに織り込まれており、それに我々の文化は深く依存している。否、文化が人工的環境なのだ。文化とは、実在性の生物学、抽象的事物を思考し利用するという、進化的に新しい人間の能力、照明、田畑、移住、道路、街路、機械等々用のモデルを思考し「作成する」能力、記憶、知、計画のためにメディアとメディア・システムを発展させ使用するという、もっと新しい人間の能力、これらの連合である。文化は「作成された」生の諸条件であり、破壊であると同時に構築でもある。生を保持する規則と結びついているからである。破壊はネット化を使って、すなわち、きわめて相異なり、時間的に並行する行為・関与・反照・構想の機会を用いて、緩和・受容・迂回が可能となる（そして、実際に緩和され受容され迂回される）――断念できないものとして、止揚できない矛盾として、対立した差異として。

構築とは破壊、選択、恣意的なヒエラルキー化、選択的実用論、進化的な学習過程、進化的な忘却である。この立場をはっきりさせるために、生、それもホモ・サピエンスの生に関する五つの発言をまず提出してみよう。

生は、秩序を呑み込む（エルヴィン・シュレディンガー）
生とは、負のエントロピーである（レオン・ブリュアン）
生とは、問題の解放である（カール・ポッパー）
生は、エネルギー散逸的である（イリヤ・プリゴジーヌ）
生は、宇宙におけるもっとも安定した、諸々の構造を形成する（ダフィート・ドイッチュ）

個々の発言は、それぞれ追究してみる価値があろう。私がこれらの発言を使う目的はただ、ネット化を求める人間の、実存的で人類史的な根源的欲求を説明するためである。生とネット化を生存‐発展の関連に置き入れてみると、自己組織化あるいはオートポイエーシスと言われているものは、生の実践と直接結び付ける場合にもっと明確になる。その場合、人間は何らかの人工的環境を構築するだけでなく、その生を可能とする環境に従属しており、したがって、究極的にあらゆる種類の人工的環境に従属している。そして、我々が文化やコミュニケーション、家族や所有、愛や芸術、機械や宇宙と名づけている人工的環境とともに、生の可動性、射程距離、同在性、調節も変化する。人工的環境とは、生の新たな衣ではなく、非‐個人的な変動する生なのだ。だから、ネット化という用語を使うことで、私はダイナミックに遡及する、再帰的な自己組織化を語っていることになる。

ネットワークとネット化は、人間とその「結び付く能力」という私の研究の中心をなしている。区別とその想起・適応のすべての行為が、あるネットワークにおける結節点であり、その場合、あらゆる結節点には差異がある。我々が認識、構想、熟慮、反省として記述する過程は、あるネットおよびその変化にとっての結節点をなす。結節点は介在がなければ、結合（構造組成・網状組織・ネット化された造形物の「形成」）がなければ、情報の水路と伝達可能性がなければ、間-人格的かつ文化的に無意味である。ネットは、平面的に捉えれば、地図上の座標の緯度経度と理解されるし、変数・カオスとして捉えれば、漁網と理解される。電話技術として捉えれば、地上のケーブル回線と理解され（図Ⅳ—1「ニューヨークの電話回線」、一八八五年）、メディア技術的には、衛星に支えられた地球のネット化と理解される（図Ⅳ—2「イリジウム・システム」）。さらに、コンピューター・グラフィック的には、増大する複雑性のベクトル・モデルと理解される。これらによって、（ピクセル構造と並んで）デジタル・メディア環境内部の形態的出来事は規定される。その最新の例が、アーティフィシャル・ライフ社のロブ・ロイである（図Ⅳ—3「サイバーロボット・ロイ」）。

ロブ・ロイでは、ネット化という条件の下で人間の「結び付く」能力に応じた、現在の発展と問いかけのダイナミズムが表現されている。生を統合する人間の環境が二元的・抽象的になるのに応じて、努力はより集中的に、感覚的・魅惑的な、したがって、感覚的・反照的な方向をとらざるをえなくなる。同時に、人工的点景人物の個々の実例が生産されなければならないだけでなく、これらの人物が行為主体、神の化身、エレクトロニクス・ロボット、公僕、身分法的代表等々としてはめ込まれる人工的環境も生産されなければならない。生理学的・実在的人間は、身を沈めることのできる人工的世界をつくる。その場合、このことが正当と言えるのはただ——ゲームであろうとオンライン検索であろうと——、実在的世界におけると同様に、この人工的世界のなかで、個々の人間と複数の環境との共同行為が可能となる場合だけである。二つの現実性の舞台を、したがって、オンラインとオフライン、物的・対象的世

図IV—1　フリッチー『電話——現代コミュニケーションの歴史』
フランクフルト，1994年

〈イリジウム人工衛星システム〉

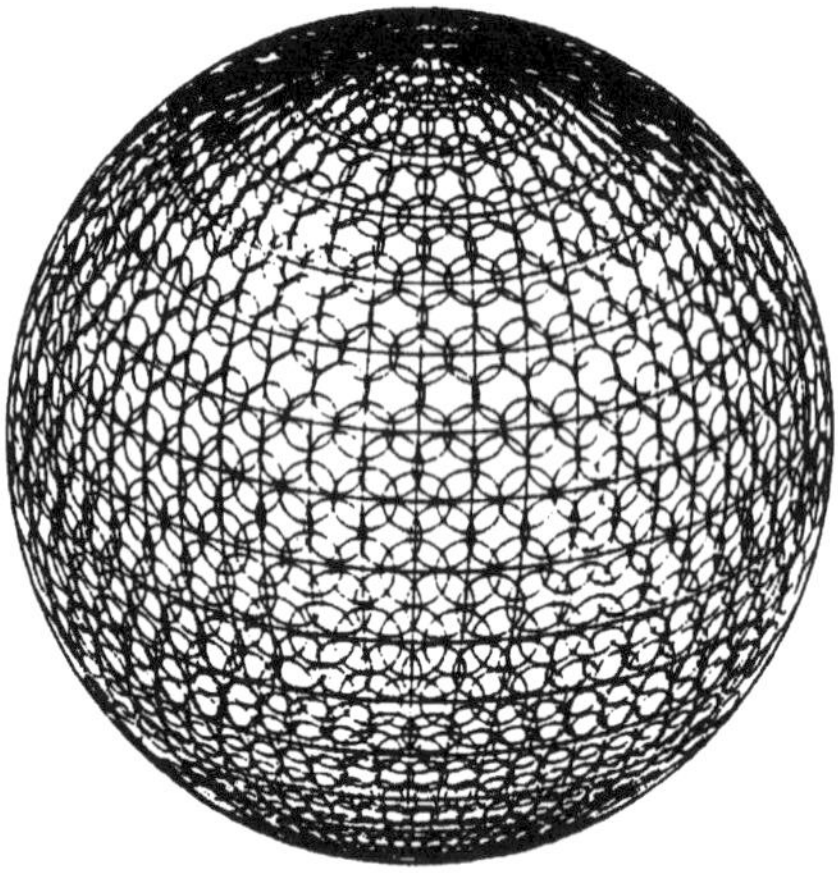

〈潜在的イリジウム・サービス域〉

図IV—2　ジョーンズ『サイバー社会』，ロンドン，1995年

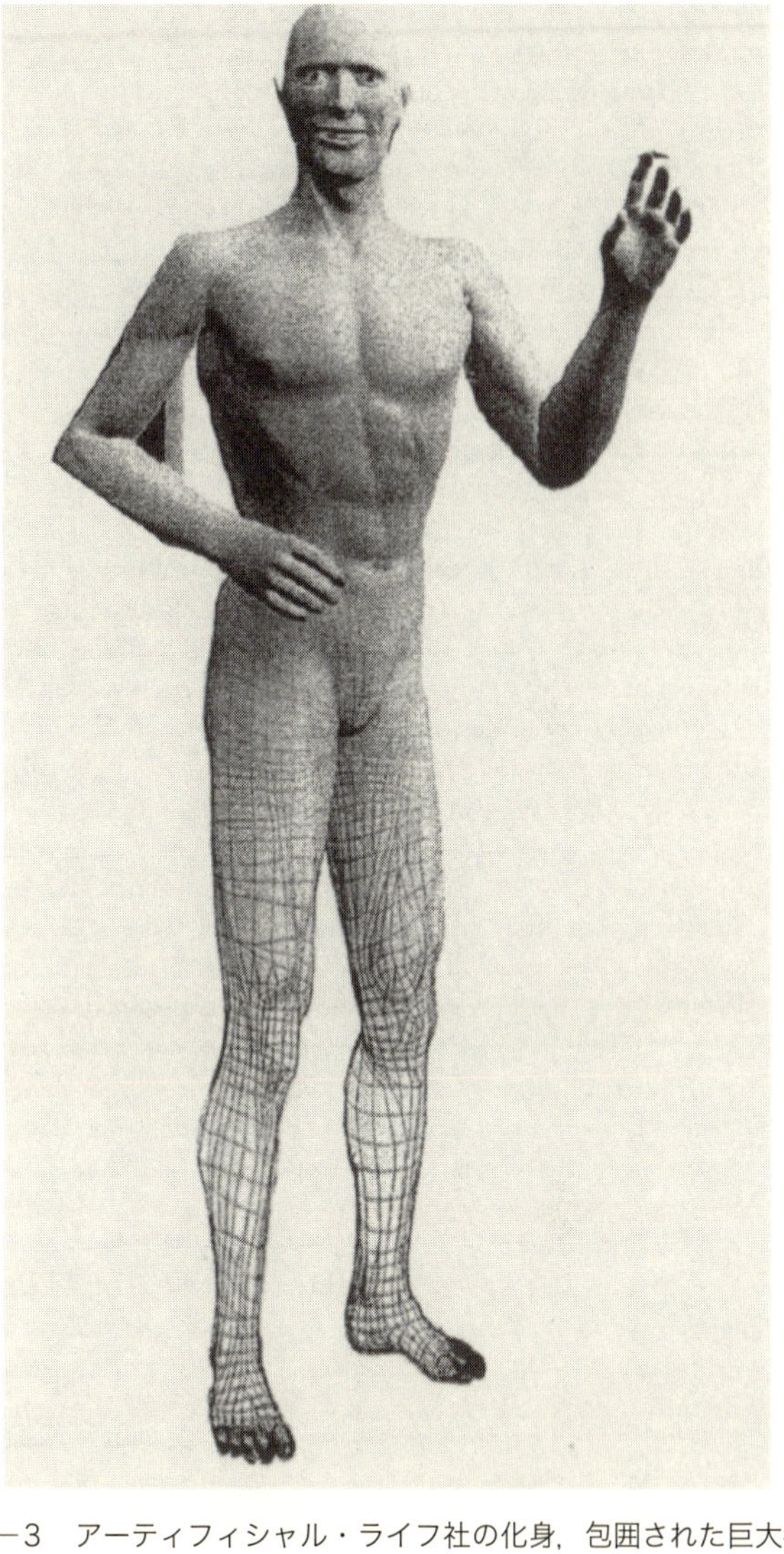

図IV—3　アーティフィシャル・ライフ社の化身，包囲された巨大都市

界と抽象的・対象的世界を結び付けているのは、物質的なインターフェースでもなければ、スイッチとスクリーンでもない。それは人間の能力、信憑性、期待であり、しかも、「自明の」証明の彼岸、実証主義に囚われた物の世界の彼岸におけるそれなのだ。

人間は遺伝的器質および脳の器質を通じて、自分の部分を思考対象にし、それを環境世界に変えるという能力をもつように進化してきた。人間はあらゆる心的モデルを用いて、実在的なバーチャル性を生み出している。それが具体的な対象に翻訳されたバーチャル性であろうと、より進歩した思想のなかに存在するバーチャル性であろうと。文化は、区別可能な実在的なバーチャル性の編成とヒエラルキー化を具現している。信仰、神話、文学、郵便、テレビ、ビデオ－オンデマンド然り。しかしこれでは、これらの編成がどのような社会的形態を想定しうるかについては何も語ってはいない。ロブ・ロイとどんな関係があるのかという疑問が出てこよう。そこで、選択された諸条件のなかでたった一つのリストを眺めてみると、物質的－二元的スイッチを、一つの機能的かつ意味形成的な社会・文化的サービスに「翻訳」するためには、いかに多くの実在的なバーチャル性が発展・ネット化されねばならないか、よく理解できる。図Ⅳ―4では、これらの条件のうちのいくつかが記されている。

この文化的・メディア的インターフェースの要素は、さらに増やすことができる。だが私の見解では、次の命題を裏付けるには先述の観点で充分なのだ。すなわち、いかなる形態やゲシュタルト、いかなる思想や構想も何かと「関連し」のみ成立し、したがって、区別する利点が出てくる、そして、「関連して」のみ生き残り、したがって、機能的－実用的な活性化と結びつく、換言すれば、ネット化と結びつく。ネット化されないものは消失する。この活性化は確かに長い間、日常的かつ学問的にある関連の

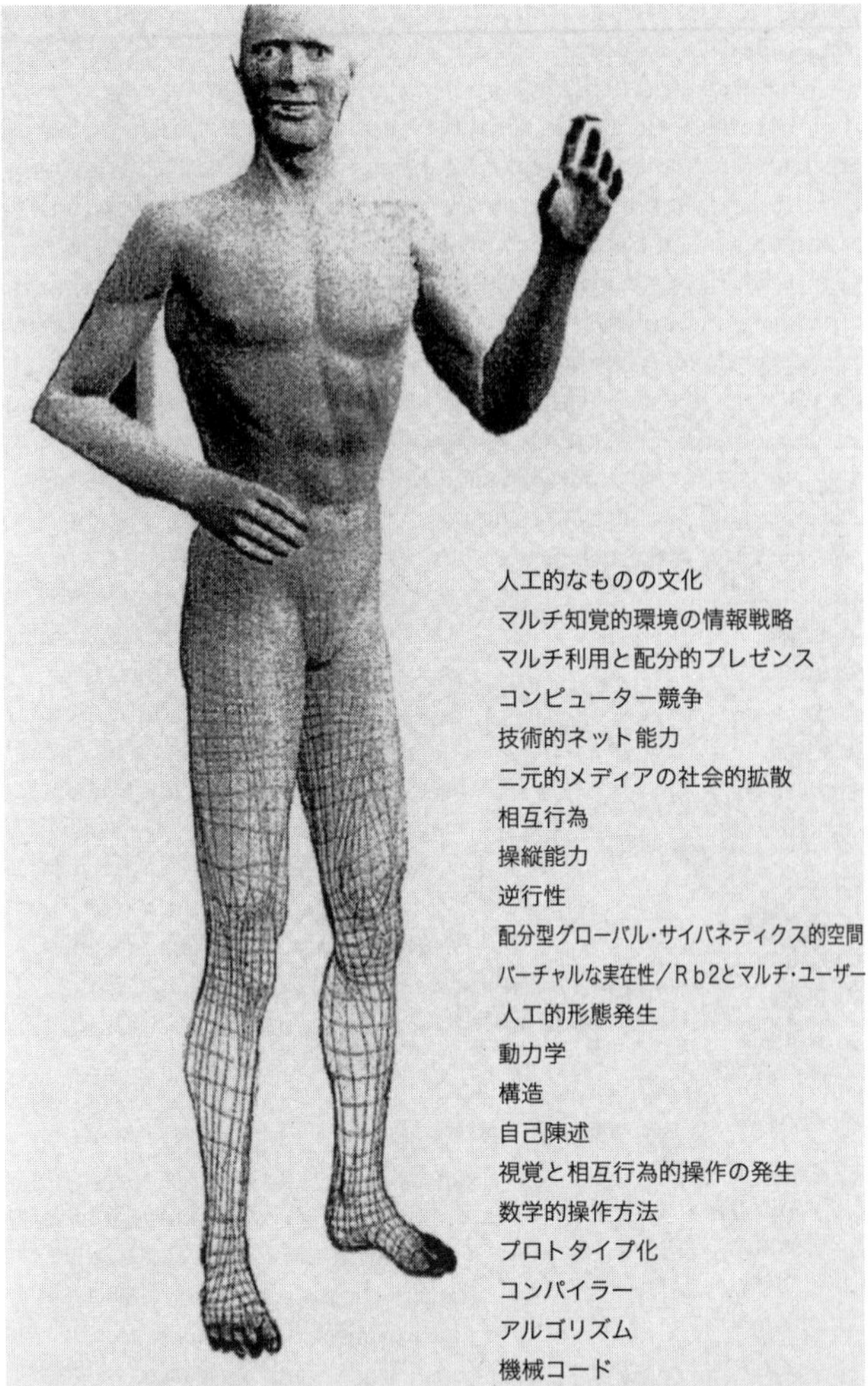

図Ⅳ—４　図Ⅳ—３を参照，本文に従って拡張したもの

「内部への」、あるシステムの「内部への」統合と考えられてきた。その場合、人間の行動は何よりもまず、構造に従属した実存ないし疎外状態として、適応へと強制されるものとして現われる。したがって、社会概念は悲観論的で、選択肢も革命的（「……権力の打破」）であった。私は貧困や残虐行為も、構造的暴力や従属も否定しようとは思わないが、これらを「社会的構造」だけにではなく、「文化的領域」に求めたい。

人間のバーチャル的、シンボル的、メディア的、経済的な「結合能力」を記述しようとすれば、なぜ社会性が可能なのか、どのようにして文化は――文化が社会性の可能性の条件として承認されるなら――保持されるのか、この問いにたいする回答を避けて通るわけにはいかない。その場合、ネット化はせいぜい「骨格」を記述する用語であって、「身体」を記述するものではない。次節では、抽象化とメディア進化の関連について述べることにしよう（Levyi 1997 参照）。

5　〔メディア社会の生〕

ネット化は、人間の媒介能力という根源的経験と関係しており、また、記号や記憶装置、処理の論理、人工的なものにとっての学習・相続・生産のモデルを発展させるという能力と関係している。その場合、ネットの考え方と結びついているのは、きわめて多種多様でありうる。ネット化の利用によって、血縁に基づく相続法秩序が保証され、神話的・規範的・宗教的「拘束」（神に至る「結節点」としてのモーゼ）が基礎づけられ、人間の対象的、視覚的、メディア的、制度的な自己組織化が調整されてきた。長い間、これらの協調的な（行動・秩序・操作の）諸条件は否認されてきた。現在まで続いている試み、すなわち、人間の進化的実用論の彼岸で、人間の生産物と構築物に存在論的位置を与えようとする試みは、人工的なもの（オートポイエーシス）と文化を密接に関連させて考えることが、近い将来においてもいかに困難かを示唆している。だが、メディア技術的な発展によって、感性、抽象化、反照、投影、適用を、人間の自己組織化の紛うかたなき関連として理解することを学ばざるをえなくなった。

抽象概念のネット化によって、きわめて異なる管理様式を伴った文化領域が成立した。近接、距離、遠隔化、臨席、関与、権力、影響力、無力感等々。これらはメディアを通して、また、メディアのなかで「普遍化」されるが、それは一種の対応の蓄積と、学習・新たな抽象作用の固有の論理を表現している。ロジャー・フィードラーは、興味深い「メディアの形態変化」のなかで、このようなメディアの抽象化、技術、応用、固有の形態史の関連を描いている。

フィードラーの系統樹〔図Ⅳ―5〕は、すべてのモデルと同じく、「後から」成立した。だから、直線的な進化を語っているのではなく、変異、淘汰、適応といった複雑な歴史を語っている。人間の抽象化能力を適応と構築の最大化に向けるという無数の、しかも未知の試みはここでは語られていない。このメディア系統樹は、不断に変化し、新たに構築される人工的環境のモデルとしても理解できよう。

インフラストラクチャー的・メディア的環境の中には、抽象化と構造の科学的に可能な結合もある。そこから、いかなる地域の人間もネット化された関連のなかでしか生きることはできず、生き残ることもできないという根本的な考えが明白になる。人間とは、遠近いずれであろうと、環境に規定される存在なのだ。人間が自らの可能性を認めることができるのは、自然的・文化的な生活条件、個人的・集団

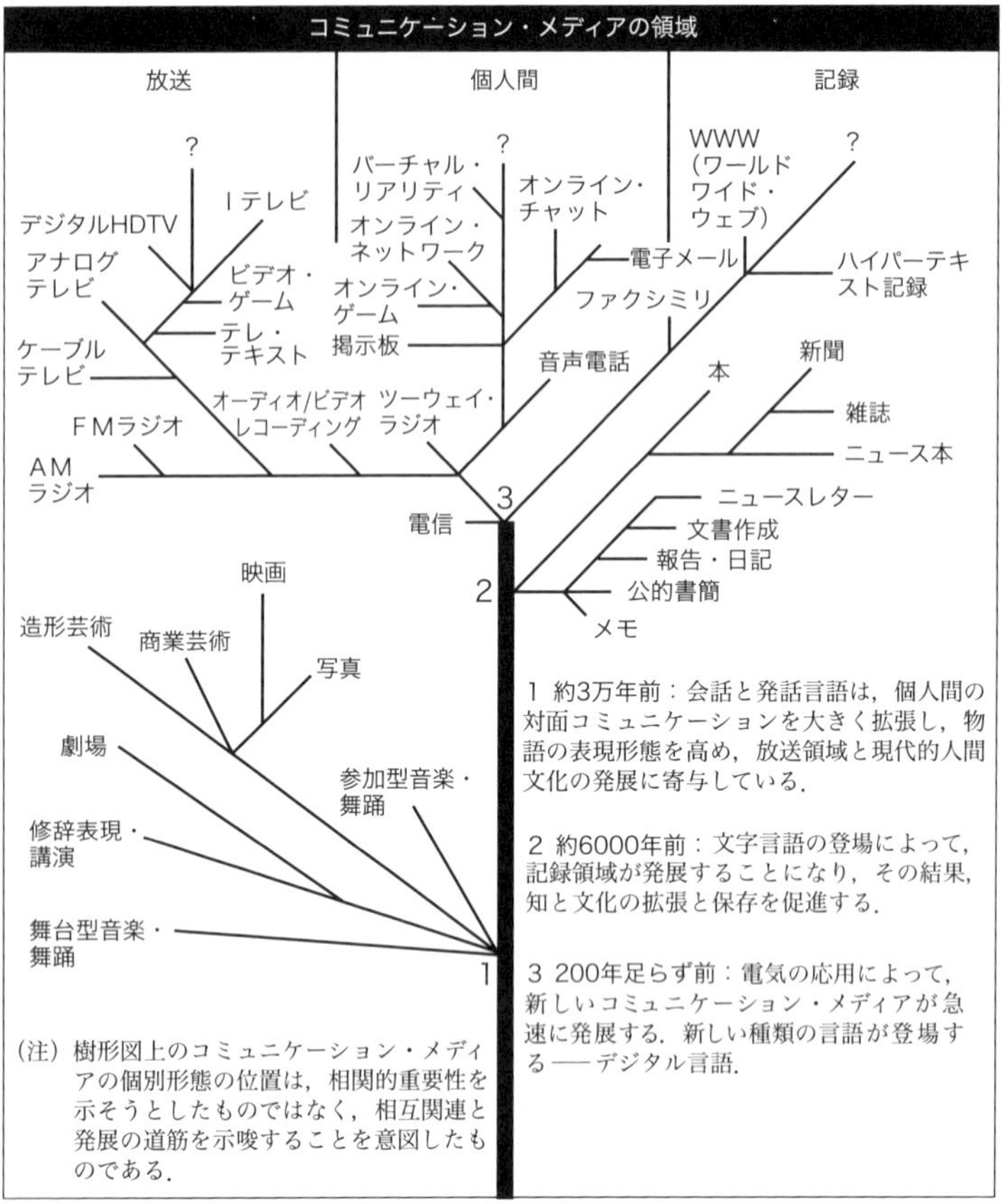

図IV―5　フィードラー『メディア形態学――ニューメディアをひもとく』サザンド・オークス，1997年

的な生の期待、神話的・宗教的・政治的・美的・科学的な生の方向づけと選択肢、これらにたいして実践的かつ反照的に適応する場合だけなのである。

メディア的な意思疎通のあり方は、フェース・トゥー・フェースによって決定的に解体された。電話（遠隔－音声）とテレビ（遠隔－画像）は、データ技術的な遠隔－相互行為との等置によって、固有の価値をもった新しい実在的な構築物となったが、これはサイバー・モダン（Faßlerb 1999）と言えよう。遠隔－連絡と遠隔－同席は、急速に広まったネット化によって、（電話の原理に則った）個々人の私的接触のレベルから個々人の群れ的ないし集団的接触へと高まった。

人間は、プレスナーが書いたように、「半身」だけ人工的なもの（田畑、家屋、爆弾、コード等）をつくった。文化はいつでも人工的なものの衝突なのだ。人工的なものは人間の半身であり、それによってはじめて、もう片方の半身は、創造し保護する環境を維持し認識し、記述し観察することができるのである。

「行為、思考、夢想における人工的なものは、人間が生命をもった自然的存在としての自らと調和する内面的な媒介物である。人間の生の空間は、中間物による強制的な中断とともに飛躍し、欲求と衝動をもった自立的有機体として生死を賭してこの中間物に立ち向かい、自然のなかへと重なり合い、そこで自由の時を迎える。だから、人間は一つの生を生きる場合にのみ、生きているのだ……人間は存在するために、行為しなければならないのだ。」（Plessner 1960）

6 〔メディア進化史と現代〕

人間の生は人工的なもののなかで保持される。この人工的性格は、学問であろうと芸術であろうと、エピソードであろうと組織的なものであろうと、生物学的生の紛うかたなき中断である。中断のなかで、中間のどこかで、人間は自己観察を始め、自己観察と自己適応、コピーと破壊の技術に取り囲まれる。このよりよい半身の発展を個々の実例に即していくらか詳しく眺めてみよう。

次の三つの領域でそのことを簡単に述べてみる。

1．自然の知覚の分化の発展
2．人間のメディア的な自己付与能力の発展
3．近代の科学・技術的なグローバル化の発展

1について。我々人間は、〔自分たちのもの・疎遠なもの・関心を引くもの・案出したものとして特徴づけ感ずる〕環境にたいする感覚的－精神的－反照的結びつきのなかで生きている。我々は人工的なものを入手し、加工できるようにし、生への適不適を可能とする。形態素、身体、関連と並んで、公式、数字、電気的接続状態を求める。そして、このような非－事物を、グレゴリー・ベイトソンが思考的構想と名づけたように、ネット化のなかで実在化しようと絶え間なく試み、束の間の思考を支え、思考に停止を命じては想像力をつなぎとめ実用化しようとする。

このようにして成立した人工的なものの形成を、私はバーチャル化と名づけるが、その現象学がネット化である。そして、私はこのネット化を、生の維持に不可欠なコミュニケーション的行為として利用する。ダフィート・ドイッチュが『世界認識の物理学』で強調しているように、バーチャル性は、「人間の感覚器官の偶然的な性質」から生まれてくるような異常性などではなく、「多元宇宙の中心的で根源的な性質」なのだ。

この基礎理論上の言明は、きわめて広大なメディア人類学的な問題設定に書き換えることができる。これがメディア的な自己付与能力の原史時代には、自然体験と密接に関連しており、一八世紀末に至るまで自然史として続いてきたことは、すでに繰り返し説明されている。一つの例として一書だけ選んでみよう。それは、ハンス・ペーター・デュル（Duerr 1984）の、どの文化が生を憎み、どの文化が生を愛するかという問いに関するものである。彼は『セドナ　生への愛』のなかで、魅力的な世界像の民俗誌を提供している。私はネット化のテーマのために、季節の交代に関する刺激的な話を取り上げるが、これは永遠の関連の理念、したがって、時間ネットや豊穣の掟の理念、記憶の理念と結びついている。彼が証明しているように、「自然における季節ごとの変化は、すでに旧石器時代初期の狩人や女性採集者にとっては、さらに後の栽培者にとってはもっと、実存の自明性における断絶」を意味していた。

確かに我々が再三再四経験してきたように、移動した動物の群れは戻ってくるし、植物は再生するが、不確実さが完全に取り除かれたわけではない。この不確実さが根本的に生の感情を規定していないとしても、それは水平線上の小さな暗雲としてつねに現存しているのだ。「時間の間に」遂行される中心的な儀式は、なるほど一面ではミメーシス、つまり、自然への適応だが、他面ではすでに自然への介入である。たとえそれが、「時宜を得た」介入、すなわち、自然が自らの諸力を再生・回復するためにとる間隔をおいた介入だとしても（Duerr 1984 : 231）。

デュルが回想のなかでテーマとした儀礼において重要なのは、季節、雨季、豊穣の確実な還帰なのだが、試行の内容は、狩猟と自然間の介入的結合、協調、従属状態の回復である。メアリ・ダグラス（Douglas 1981）はこのことを、「それ以外の表現手段と同調させられる」、「表現手段としての身体の使用」と記述している。その場合、自然に頼ることが第一義的なのではなく、あらゆる「経験の諸層が相互に調和するようにされ」、「表現手段の一般的な同調」が生まれる。

このようにして成立した結合によって、身体からの距離が大きくなり、影響力行使、現前形態、変形の人工的ネットワークが成立する。ドイッチュが書いているように（Deutsch 1996 : 136）、

「生物学的に語ると、人類の生存にとっては、バーチャル性における環境世界のシミュレーションが特徴的である。それは、人間が存在することの根拠である。人間の占める生態的な地位は、まさに直接的かつ絶対的にバーチャル性に依存している。コアラがユーカリの木に依存しているように。」

したがって、ある実在性の思想的産出は、人間が生き残るための食料鑵なのである。「生とは……一種の現実性のシミュレーションである。」（1996 : 167）生き（残）るための食料は、物理的に過酷な世界に学習を通して適応すること、行為・加工・実現の知の発展に役立つだけではない。それはいつでも、

新たな始まり、変化、構想、退却、後退にとっての新たな始まりであるように思われる。

2について。明らかにネット化の源泉でもある、この抽象的な生き残りのための食料は、いったいどこにあるのだろうか。それは記号、シンボルであり、あるいは、サイバネティクスで言われているように、第二層のシステム、つまり、記号、形象、数字－言語である。ルロワ－グランは、この第二層（高度に反照的な人工的秩序）の成立を、きわめて異なる行為衝動に還元する。すなわち、たんなるしるし、したがって、人間が「ここに存在していた」という記号、たとえば洞窟に還元し、どれほどたくさんの獲物を見たかの記憶に、また、含意に、つまり、狩人の集団内における報告に還元する（図Ⅳ―6）。

だが、次の疑問が残る。どのようにして人間は、このような記号を発展させることになったのか。メディア系統樹は一定の論理を示しているけれども、個々のメディアの背景は、完全には再構成できない長期にわたる抽象化とネット化の経験のなかに見てとることができる。もちろん、メディア人類学的には、長期の発展という命題とは根本的に対立する事態がいくつか存在する。ここではそれを提示するだけにして、私の説明モデルとしたい。根本的なコンフリクトは、巨大な文化的・創造的な「原バン」、進化生物学的な「ビッグバン」の理論と、多地域的進化および、先史時代に想定される特定の行動・表現資産の能力の交換の理論との対立にある。その根底には、四万年前の「初期現世の」ホモ・サピエンス・サピエンスの登場が、たとえばネアンデルタール人の遺伝的・文化的滅亡をもたらしたのかどうかをめぐる論争がある。ミュンヘンのスヴァンテ・パーボとマティアス・クリングスの遺伝学チームの研究によって、一九九七年、ネアンデルタール人とホモ・サピエンス間の相違は、現世人類間の相違と同

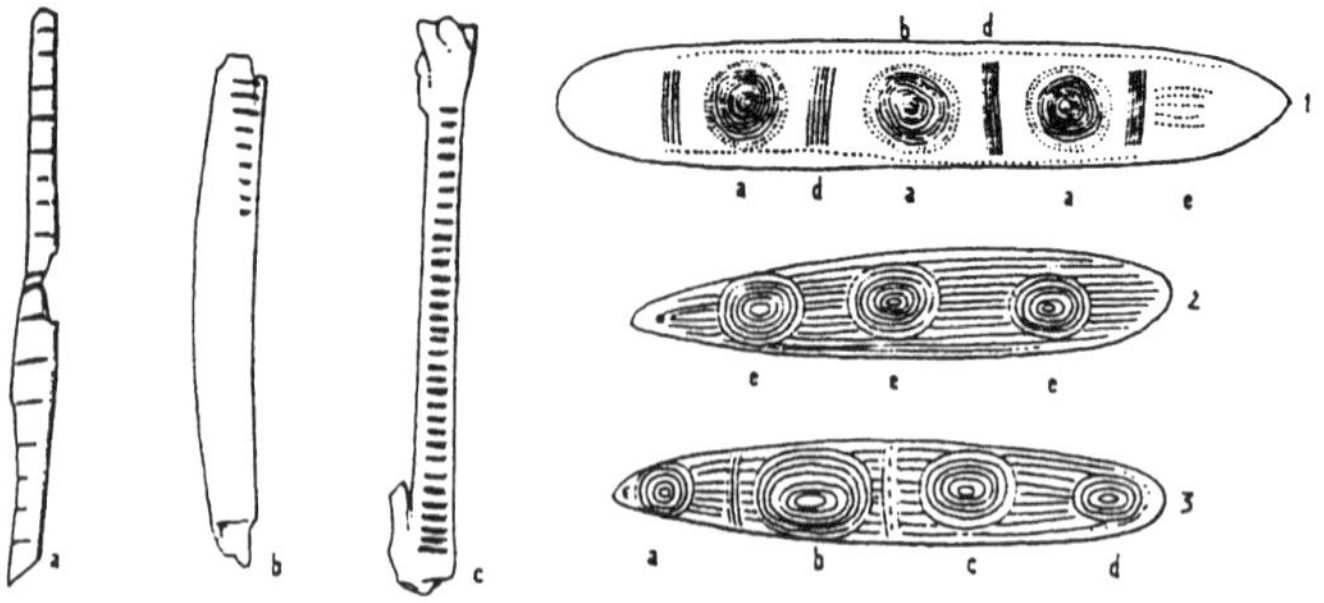

図IV—6　ルロワ - グラン『手と言葉——技術・言語・芸術の進化』フランクフルト，1984年

じく、三・五倍ほどもある（三七八の塩基列のうち、現代人に比べて二七が違っている）ことが証明された。この考えに従えば、我々の文化年表は四万年前に開始されたことになる。だが、マルティン・クッケンブルク（Kuckenburg 2001）が『人間が創造者になった時』で定式化しているように、人間の抽象的・創造的な能力の年代史を「下方へ」引き延ばせば、またルッツ・フィードラー（Fiedler 1999）のように、「長期にわたる年代史」から出発すれば、遺伝的相違は充分な論拠ではなくなる。そうなると、大きな手工業的技能と、したがって抽象化能力が、すでに四〇万年前の初期人類の生存装置のなかに存在していたことを考慮することが重要になる。

それでは、ビッグバンは存在しなかったのか。私はこの考えに近い。それでも、説明を要するのは、なぜ四万年前に「記号論的爆発」（Givens 1990）、したがって、人間の記号化・記号能力の爆発が起きたのか、ということである。前ネアンデルタール期、三〇万年前の人工物（棚の雄牛の肋骨）、フランス・ギャルガ洞窟のクロマニヨンの手形、オーストラリア・コーナルダ洞窟の壁面にある掻き傷跡（紀元前二万年）と並んで、写実的に彫られた動物や人間の形象（紀元前三万年のドイツ・フォーゲルベルク洞窟）や、ローセルの女神像（およそ紀元前二万二〇〇〇年）が姿を現わしている。一連の人工物が「人間によってつくられたもの」、「そこに人間がいたこと」の証だとすれば、洞窟の絵画は、「馬」、「ライオン」、「ヒョウ」、「バイソン」、「マンモス」、「成人女性」のような「複雑な情報」であり、場合によっては、「緊張した筋肉をして」、「頭をかしげた」、「鋭敏な」、「立像」でもある（Givens 1990 : 98）。このような歩みによって、ピクトグラム〔絵標識〕による物語が発展し拡がっていった。我々が、地中海東岸の岩石芸術（およそ紀元前一万一五〇〇年）、エジプトの墳墓芸術（紀元前三〇〇〇年～）、その他多くの発掘物から知っているように。

意味論的爆発はその後、統語論的爆発の出発点として描くことができるが、その経過のなかで、記号化される対象間の関係をつくりだし、相互に秩序づける学習がなされていった。対比、連結線、背反像は、抽象化の発展の能力と解される。

これを知ることがなぜ大切なのか。一つには、多地域的な長期の発展という命題をおおよそ整理できるようにする。もう一つには、次の問題設定をするためである。すなわち、人間の視覚能力と表現のレパートリーがどのようにして成立したのか、またそれが、人間の脳の、明らかに法外な抽象化能力および人間文化の膨大な変化幅、これらの領域においてどのようにして定着できたのか。

「長期的な年代史」の命題に従えば、長期間にわたって発展・維持・伝達される触覚的・手作り的・道具的過程が、視覚化の基礎として想定できる。そうすると、我々は系統発生的な伝達と関係しているだけでなく、ヒト属間の学習ないし継承の過程とも関係することになろう。言い換えると、視覚的な表現のレパートリーの発達を可能とする能力は、固有の抽象化能力との接合を学習する、時間的に長期の集団史的過程、および、他者の（異質な）抽象化を継承する過程を含んでいる。そこで、次のように問うことができる。それでは、初期人類の狩猟用手作り品とホモ・サピエンス・サピエンスの視覚化能力が接近できる抽象化作用――ショヴェ洞窟（三万年前の絵画）、アルタミラやラスコー（一万二〇〇〇～一万八〇〇〇年前の絵画）の「絵画洞窟」（Kuckenburg）に描かれている――は、いったいどこにあるのだろうか。

手作りの戦略的、戦術的な狩猟の準備がすでに、獲物の行動や狩りの状況、狩猟地等々に関する相当な「表象」を必要とし、これらの表象が、たとえば集団内で「コミュニケート」されなければならないことを考慮すると、そこに現存していない相手を想起する能力に突き当たる。この能力は、人為的な思考過程のなかで、今は現存しないが、将来現実となるものが処理されていることを、準備として用意しておかねばならない。さて、狩猟過程のモデル化が形象能力であることは、必ずしも自明のことではない。逆に、視覚的な造形能力は発生史的には、（狩猟・戦争・建築といった）手作業の技能と結びついている。このことも、建築・描写・戦争の技能について語るとき、かなり長期にわたって自覚されていた。

3について。道具がきわめて初期に手を解放し、技術と機械に発展したとすれば、会話言語と視覚的知覚が人間を解放するまでには長い時間がかかった。今日から見ると、発生史的な期間が興味を引く。四〇〇万年の技術史は、手足と身体の回旋、直立歩行と脳から、能力のある安定したバイオメカニズム的有機体を形成した。この脳におけるバイオメカニズム的なモデル形成は、一〇万年前に終了したように思われる。研究の過程である程度合意をみているように、形象化の出現はおよそ三万年前である。そして、この記号的な記述と表現の発明には、これまた今日から数えて、およそ六〇〇〇年のメディア史が相対している。さらに、生物学者や神経生理学者が推定しているように、二、三万年来脳の生理学的構造は変化していないようである。

だが、変化したのは何なのか。答えは、人間の生活環境のメディア的自己組織化の領域、すなわち、「外部へ向かう」構造と「内部へ向かう」構造の相互ダイナミズムにある。了解の要求は、技術史以上に遡る。ヒト属はすでに身振り、模倣、音響によって了解しなければならなかった。だが、ドーレンが『知の歴史』(Doren 445) のなかで強調しているように、「彼らの了解がどの程度うまくいっていたのか、を評価する研究は最近二、三世紀のことである。」その場合、質の保証はしばしば支配の保証となった。人間が自分を彩色するだけでなく、自分を表明・呼称・記述し、自分と事物を記録し、他の人間との差異、敵対と親密さを主張し、このことを記号体系によって繰り返しもするようになってはじめて、人間は自分自身の前に姿を現わしたのである。

メディアの相貌は、人間の新たな表情をつくりだした。

ネット化への問い、抽象物の序列化への問い、フィクションと想像力の意味への問いは、思考を言語的にシンボル化するだけでなく、生命のない「死せる」素材〔物質〕に身を委ねもするという初期の能力から出現した。そして、それは深刻な誤解〔誤った了解〕を生み出した。その一つは、メディアとは人間的顔貌の模写であるという命題にある。

どこにメディアの物質性があるのか、メディアは何にたいして組織されているのか、これをもっと厳密に眺めてみれば、登場するのは人間の相貌ではなく、表情の喪失なのだ。こうも言えるかもしれない、自然と死の観察不可能性、と。メディアの発展は、顔貌との競合のなかで始まるのではなく、人間と不断に創造される環境間の媒介空間のモデル化のなかで始まる。自然と世界のモデルは、メディア的特性に媒介されて共感的理解・洞察・協議・記憶可能となる。メディアに媒介されて、時間に制約された人間は、内的自然と外的自然の相互作用のなかに、願望的・信仰的猶予と死の回避という幻影を挿入するのである。(現代では、加速として体験される、コンピューターが増幅させるメディア的特性によって、文化的に保証されていた、自然と死との距離を保持する能力が衰えているように思われる。)

生命のない人工的な記号の世界は、直接的結びつきの外部で、記憶と熟慮を準備する。人間は、用意された物質的な形象的根拠、用意されたテキスト的根拠、音響空間を創造し、これはずっと続いていく。そして、それによって自分自身を準備し、自らの思考世界を保持し、思考世界のなかで思考世界にたいして準備する。担い手となる物質の物理的、化学的、機械的、光学的、数学的準備によって、疎遠な自然には人間的な実存の形態が付与される。

生命のない記号世界に媒介されて、人工的な記憶行為の発明を通じて、記憶の可死性を受容したように思われたときはじめて、人間は自分自身だけでなく、過去の人間のことも考えるようになり、歴史、哲学、紀年法、簿記を発明した。したがって、メディア的機能が人間から分離することにより、注目すべき旋回をした。すなわち、テキスト的・映像的・計測的・制度的秩序を通して観察することを学んだ。人間は、自分自身を記述・表現し、文化的に産出し、文化の担い手として維持できる、認識論的・メディア的な発展を生み出した。あるいは、いくらか控えめに定式化すると、人間は、生命をもった存在として自らを観察するために、道具や技術、記憶装置や輸送制度といった死せるものを投入したのだ。

その場合、死せるものの文化への転化によって、不可死の領域へと高まる試みには、明らかにつねに大きなものがあった。ヨーロッパの彫刻、建築、演劇史はそのような力技に数えられる。人間の作品は、蜜蝋、フィルム、磁気テープ、パネル、フロッピーディスク、量子コンピューターによって、「最高度の人間からの分離」(Leroi-Gourhan) を達成する。

7　結　論

抽象化、メディア、環境、ネットワーク、結びつき、構造との関連で設定した問題をスケッチしてみたが、そこから明らかになったように、社会というのは、それに固有の、またそれと異質なメディア進化論的な過程とともに生まれ歩んでいく。我々は今日、人工知能、人工的生活、人工的環境世界について語り、私の見方では、正当にも、あたかも人工的なものが、我々が社会と称しているものよりも射程の長い歴史を記述しているかのように振舞っている (Kelly 1997)。だが結局のところ、「人工的なもの」ではなくて、人間の不断に複雑にネット化される諸能力が、構想としての自らの世界と関係し、それを実験 (Bloch 1975) と、つまり、つくられた道具とメディアを通してのみ観察可能な銀河系的個体性と考えているのである。このような構想する思考、実験的ゲシュタルト、実験的構造、ダイナミックな(結びつきの)変容の関連を会議で熟考するのは、大いに役立つかもしれない。何のためにかと言えば、抽象化能力と人工的性格の文化人類学的条件の理解を歴史的に、とりわけ実用論的に提起するためにであり、基礎理論と応用のためにである。その時に、社会が依然として説明根拠として重要なものであるかどうか、私は懐疑的だ。私が示そうとしてきたように、ここで提起した過程にとって有益な複雑性を、実在性の生物学、人間の視覚化能力、抽象化に基づいてつくられた環境世界の塁層としての文化、多論理的なネット化、社会、メディアから明らかにすることは、緊急の課題である（Dyson 1992）。このリゾーム〔根茎〕から社会が重要な概念として再生するかどうかは、定かではない。

V　音声から文字へ

アントニオ・ロプリエノ

1　序　論

ニクラス・ルーマンは、コミュニケーションが三つの選択行為からなっていると書いている[1]。すなわち、情報・伝達・理解（ないし誤解）の選択がそれであり、これらの構成要素のどれ一つとして単独で登場することはありえない。コミュニケーションは原則としていかなる目的ももたず、現実を二重化する。この点で人間のコミュニケーションは、他の生物間のコミュニケーション――たとえば咆哮によって集団に危険を知らせたり、匂いによって仲間に痕跡をつけたりする――から区別される。だが、人間のコミュニケーションに固着している、現実の二重化は、意味論的内容を仲介することで他の人間を納得させるという、より明確な目標を追い求める[2]。このことから、なぜコミュニケーションの特権的な手段、すなわち、言語が絶えず変化するかも説明される。人間のコミュニケーションは、動物間のコミュニケーションの慣習――高度に自然的なものが認められ、したがって、遺伝子型の歴史を通じて多かれ少なかれ不変のままである――と違って、文化によって強く制約されている。習得されたものはつねに社会的条件の変化に適応させられ、その結果、言語と方言は歴史のどの時点でも都市と比較できる。都市では古い建築材料と新しい工事現場が都会風の複合体に組み合わせられ、新旧のものが何か継承されたもの、および言わば革新されたものとして特徴づけられるからである。

本章の標題は、人間のコミュニケーションが基づいている二つの次元と関連している。すなわち、意味論的内容は音声によって、つまり口頭の仲介によって担われるか、あるいは記号によって、つまり文字による仲介によって担われる。この二つの伝達方法には一定の不利益が付きまとっている。いずれの場合でも概念的な貧困化、つまり、慣習的な規格化された諸形態における、きわめて複雑な諸関連の図式的なパック化と関係がある。世界の言語化とはいつでも、契機としての解釈であると同時に選択でもあり、コミュニケーションをするためには、広大な内容量のなかから選択し、自分たちの関心事をヒエラルキー的に編成しなければならない。しかし、音声および文字によるコミュニケーションは明確な利点ももっている。両方とも意味論的な内容を社会的構造のなかに包摂し、元々の知覚の拡張と修正を許容し、生の規律化ないし知の拡張、つまり、言葉の二重の意味での「文化」に貢献する(3)。

しかしながら、世界の諸関連を社会的慣習に還元するという意味での共通性にもかかわらず、音声伝達と文字伝達はきわめて異なった、とりわけ歴史的にも区分される人間的表現の両形態である。一般的に言って、意味論的内容は前者によって現-在化され、後者によって永-続化される。音声コミュニケーションは直接の仲介を行い、文字コミュニケーションは、選択された世界連関の間接的な蓄蔵を行う。

このコミュニケーションの両形態の年代史的・類型論的区分は、次のことからも明白になる。すなわち、すべての人間文化が音声伝達の領域を知っているのにたいして、文字伝達の領域を知っているのはごくわずかの文化であり、また文字伝達に至る道は、歴史的に証明できる長短多数の停留地点を経てきた。本章の標題が適切だとしても、問題は、いったい何がこの音声伝達から文字伝達への発展――これが特定の文化圏で生じたかぎりで――を導いてきたのかということである。実際音声伝達は認知的にも文化的にも文字伝達に先行している。すなわち、特定の言語的コードの拘束力ある複製としての文字化は、ある意味で（だが、これから見るように、ただある意味でのみ）、語られた言葉に至る、遺伝的な人間能力の後発現象なのである。(4)

しかし、別の観点ではあの標題は紛らわしいどころか危険である。というのも、それは音声伝達が言わば自動的ないし継ぎ目なしに文字伝達に――言葉遊びをすれば〔音声 mündlichkeit と注ぐ münden〕――至るという利点を（少なくとも暗黙裡には）証明しているように見えるからである。「オーラル性〔口音性〕」は「原始的性格」・「単純さ」と結びついているのにたいして、「文字伝達」は「近代性」・「複雑性」と結びついている。だが、事態はもっと込み入っていて――しかも、本質的にもっと問題含みなのだ。というのは、ヴァルター・オングが称したように、(5)音声から文字へと導いた技術化の過程は、なるほど歴史的な発展ではあるけれども、目的論的な進化などではないからである。(6)きわめて複雑で極度に分化した、話し言葉と書き言葉の弁証法――および、両極間のグレーゾーン――をかつて生み出し、今も生み出しているのは、社会的諸条件の結果であって、それは、イコン的契機、つまり記述された記号の外的形象も重要な役割を演じている緊張の場なのだ。だから、私は音声と並んで文字も、ラコフの意

味で理想化された認知モデルと見なしたい。(7)

2　言語内容にたいする二つの立場

まず第一に、音声伝達と文字伝達の弁証法との関連で出会う、二つの命題と簡単に取り組んでみよう。この命題は、コミュニケーションの手段（音声対文字）と、その根底にある実在世界の諸関連との関係に関わるが、とりわけ、そこにコード化された歴史的な情報の信頼度との関連で問題となる。ある者は、オーラル性が発話状況の変わりやすい条件にはるかに直接的に包括されており、したがって、歴史の再構成には文字伝達より信頼度が低いと推定する。その証拠として文字なき文化、たとえば中央アフリカ文化のオーラルな歴史――そのなかで現代の物議をかもす問題に対する態度表明が識別できる――が持ち出される。(8) これに対して他の者は、オーラル性が連続的な伝統に根ざしていることを強調し、自らの命題の妥当性の例として、インド・ゲルマン詩語の保守主義を引き合いに出す。そこでは多くの場合（たとえば〔ゾロアスター教の〕アベスタ、〔インドの〕ヴェーダ、ホメロスの叙事詩）、最古の文字証書が、何千年ではないとしても、何世紀にもわたる共通の修辞的・文書的貯蔵物を反映している。(9)

だが実は、音声あるいは文字による伝達は、そこで伝承された情報の信頼性とは本来なんの関係もなく、それよりはるかに――両方のコミュニケーション形態が共存している社会的文脈のなかでも――描かれる内容の文化的な態度に依存している。口頭伝承はエピソード的で、状況に制約されており、その描かれるものとの関係は、限定された接触を特徴とする。音声によって現状の正当化に努める場合、それは、過去と現在の換喩的な部分的重なり合いによる。これとは対照的に、文字による伝承は戦略的で、状況を捨象する。意味論的内容との関連は、直線的な連続性を特徴としており、それは、現在と過去を順序に従って並べようとする。

第二の重要な区別は、仲介される知の組織化に関わる。文字は文化的領域の自立化を促し、宗教や法律、経済はそれを通じて、文字化の固有の慣習を定めるが、この慣習の基礎には特有の表現形態があることがきわめてしばしばである。オーラルな知が原理的に全体論的に、つまりグローバルに媒介されるとすれば、文字伝達は規律化された知が成立する原動力となり、それとともに、より厳格に構築されたヒエラルキー的な社会編成の出現にとっても原動力となる(10)。

第三に、文字伝達への歴史的発展は、「書かれた言葉」とその文化的意味の自立化への傾向にとって有利である。ここではこのヒエラルキー的な特別な位置の二側面だけを指摘しておきたい。我々は、たとえば儀礼ないし典礼の宗教と対比して、書かれた言葉の宗教について語るが、その場合前者により高い地位を、少なくとも暗黙裡に示唆し、しかも諸宗教の精神形態が歴史的により後代に成立したという理由で、そうする。もう一つの側面は、擬制的ディスクルスの発展における書かれた言葉の重要性である。文字伝達によって文芸も成立するが、そこでは書かれたことが、話されたことにおける位置確定に対する拘束を徐々に失っていく。オーラル文芸が機能的にまだ——儀礼、祝祭、集合記憶のなかに——包括されているとすれば(11)、その文字化によって、言葉の自己言及性への歩みが始まる。書かれたものは自律的な生を発展させ、そこでは生は、もはや実在世界の諸関係の忠実な再現、すなわち「真理内容」ではなく、閉じたディスクルスとしての潜在力、つまり「美」に即して測られることになる(12)。

次には、オーラル性、つまり、意味論的な関連の、音声による、多かれ少なかれ直接的な再生と、文字伝達の諸形態との文化的対話のいくつかの段階――および、文字伝達が生み出す文化的な意味のいくつかの段階――を、歴史的現象のなかで追求することにしたい。私の職業上の志向から、多少の注意を古代オリエント、とくに古代エジプトに向けることにするが、その場合、このような緊張の場の第一歩が一番よく再構成できる文化的空間も問題となる。古代オリエントの文字をめぐるディスクルスには、すでに口承と文芸の関係に関する多くの次元が含まれている。

3　文字化

文字化とは、根本的には蓄蔵のことであって、言語的表明の蓄蔵の目的は、その内容の重要性を時間と空間を越えて保存すること、つまり、コミュニケーション的・文化的記憶を促進することである(13)。文書に蓄蔵された言語的表明に、音声の事実上の物語が先行することもあるかもしれないし、そうではないかもしれない。書かれた言語のたいていの生地は、本来すでに文字によって構想されており、そして――一般的には――後になってから読み取られ読み出される。多くの言語で、たとえば古代エジプトやセム族の言語では、「何かを読む」とは「目の前で読む」こと、つまり「声に出して話す」ことと同義である。すなわち、古代エジプトの *šdj*、セム族の *qr'* がそれである（アラビア語の *al-qur'aan*『コーラン』、ヘブライ語の *miqra'ot gedolot*『偉大な文書〔聖書〕』は、すぐれて目の前で読まれたテキストである）。しかしながら、その根底にある言語的な配列は、文字によって暗黙裡に前提されており、文字による再現にたいする、音声による言明の認知的・概念的優位は、職業的に言語に携わっている分野、つまり近代の言語学を、二〇世紀初頭の始めから、言語に関わる問題を扱う際、文字の役割をおろそかにする、すなわち、周辺に追いやる結果となった[14]。文字はもっぱら、言語分節化の二水準、意味論的（第一の）次元と音声的（第二の）次元の、多かれ少なかれ精巧な包摂とされている。ポストモダンの考察方法によって、とくにデリダの脱構築によって[15]、文字はなるほど改めて哲学的分析の中心に押し出されてきたが、たいていの言語学的モデルでは異物のままであり、各言語文化の形成にたいする文字の影響は、しばしばかき消されてしまっている[16]。

だが、文字化とは選択作用でもあって、無数の文化的発展をもたらしたのは、まさに文字の選択的で差異化するという特性なのだ。蓄蔵された言語的表明は、実際上の付随現象――状況、気分、強要――の表現可能性を思い切り制限することによって、表明の音声的・錯誤的成立の文脈から切り離されてしまう。あるいはこう言えるかもしれない、文字は音声に内在する情緒的契機を強力に抑圧する、と。だが、この抑圧のために、根底にある言明の適用範囲と、したがってその文化的潜在力は拡張することができるのである。

文字が言語内容の時間的・空間的な蓄蔵に伴って、このような選択作用を達成するのは、言語の第一の（意味論的な）文節化水準、ないし第二の（音声的な）文節化水準の表現的慣行を通じてである。この慣行は社会的に規制されており、だから一定の恣意性に付き纏われている。このような文字の恣意性は、文字に先行する言語的実在より優位に立っているために、根底にある言語コードにたいしてよりも文字にたいしてはるかに直接的に干渉できる。ここから文字改革の相対的な簡単さと、特有の世界観的ないし宗教的な、つまりは文化的なプログラムにたいする密接な関係が説明される。多くの例が明白に示しているように、二〇世紀においてもなお文字は――音声よりはるかに多く――イデオロギー的な言明を仲介できる。セルビアのキリル文字対クロアチアのラテン文字、あるいはウルドゥ語のアラビア文字対ヒンディー語のインド文字といった多極性は、正統派対カトリック主義ないしイスラム対ヒンドゥ主義の宗教的対立を反映している。トルコのアタチュルクによるアラビア文字からラテン文字への移行は、目標とされた世俗化の典型的な象徴となった。相異なる出自――ゲルマン語系のイディッシュ語、ロマンス語系のラディン語――をもつユダヤ語のヘブライ文字の排他的使用、あるいは、旧ソ連のすべての言語表現におけるキリル文字の全般的優遇は、相異なる言語経験が共通の文化的ないし政治的枠組内に編入される形態として理解することができる。(17)

直接的な音声にたいして間接的な文字の方が、明らかに優位な恣意性をもっているにもかかわらず、音声言語が恣意性を免れていると見なす誤りを犯したり、「政治的道具」としての文字がプログラム化されたイデオロギー的決定の結果にすぎないと主張したりしてはならないのはもちろんである。音声言語も文字も社会的構築物――これらは、交通規則や学校制度のように、もっぱら恣意的な慣行によって規制されている――間の緊張関係にある文化的諸形態であり、いわゆる「第三種」(すなわち、自然のなかにもなく、意図的に人間によってつくられたものでもない)の諸現象――このなかでは、渋滞やカトリック教会のように、社会的行為の全体としての結果は、個々の参加者の個々の行動から独立している――である。(18)しかも、文字は構築物よりも早く、音声言語は「第三種」の現象よりも早いと把握できると主張してもよいのだが、本当に重要なのは、自然も(遺伝的かつ普遍的に)文化も(学習によって、また恣意的に）関与している連続体であるということだ。スペクトルのもっとも自然的な極には、語られた言語としては、たとえば擬音や観念音、聴覚像がある。つまり、音声の配列を通して、それと自動的に連想できる意味論的な像が仲介される。アフリカのいくつかの言語では、高音、短母音ないし清母音、無声子音のような音声的特徴は、小さいもの、上質なもの、速いもの、鋭利なもの、新鮮なものと結びついており、たとえばトーゴの主言語であるエウエ語の場合、*bia-bia* は、「がたがた震えている弱虫」と結びつく。これにたいして低音、長母音ないし暗母音、有声子音は何か大きなもの、鈍重なもの、緩慢なもの、鈍いものを喚起し、*bòhò-bòhò* は「太ってのろのろ歩くような人間」を喚起する。[19] 書かれた言語の領域では、一定の認知的な自然的性格がイディオグラム〔表意文字〕に付着しており、ある対象のイコン〔図像〕による描写は、対象の言語的現実を表現する。これに対して、スペクトルのもっとも恣意的な極には、エスペラントやヴォラピュークのような人造言語[20]――あらゆる人工言語[21]のなかでたしかにもっとも優雅なものだが、残念ながら現在では廃れてしまった――あるいは、ラテン語のような文字記号――その場合普通の利用者は、ある音声の図像（パースの言う意味で、記号と表現される客体の相似）ではなくて、もっぱらシンボル〔象徴〕（パースの言う意味で、恣意的な関連）を認識できるだけである――がある。[22] もちろん、先に言及したアフリカの言語において聴覚像が徐々に消滅したこと、そして、元来純粋に象徴的な書記素から新たなイコン的記号、いわゆるエモティコン――これには後で言及する――が発展してきたこと、この事実は、音声言語においても文字においても慣習的に規制されたものの拡張という、長期にわたる歴史的傾向が明々白々であることを示している。

4　経済と権力の蓄蔵としてのロゴグラム〔表語文字〕

こうして我々は、音声と文字の仲介者としての形象の意味、および文字伝達の歴史的展開の諸形態まで辿り着いた。言語的表明をその蓄蔵という意味で文字化する決断は、何によってもたらされたのだろうか。この過程の再構成可能な発端は古代オリエント、とりわけ新石器時代最後期、つまり紀元前四世紀後半のメソポタミアとエジプトに求められよう。すでに旧石器時代に世界のさまざまなところで、印象や情報を図像で描き留めるために、岩壁絵（刻）画が見られる[23]。だがその場合大切なことは、本来の意味での「文字」ではなく、すなわち、特有な言語的表明の形象的再現ではなく、ピクトグラム〔絵標識〕的な表現であって、これは一面では大きなエピソード的多様性を示し、他面では広範な形式的多様性を示している。これにたいして「文字」はトークン〔しるし〕とエンブレム〔具象的象徴〕の共演[24]、個々の記号――これは慣習的な固定化と機能的な包摂を示す――の一対一あるいは一対多の照応関係の共演を内容としている。

いわゆるウルク時代、紀元前三七〇〇年前、メソポタミア南部両河川地域では都市化・農業化過程の結果、交易関係が増大し、生産物・生産地・行政機構に関する申し立てが増え、簿記が考案された。したがって、当初言語の文字化――個人が考えたのか社会的に発展したのか言うのは難しいが[25]――は何よりも経済的目的に役立つものであり、しかも商品や家畜に関わる経済行為の増加に仕えるものであった。それは、初期都市国家にとって根本的な意味をもっており、同時に、国土の都市組織・文化組織を直接反映していた[26]。

都市ウルクではおよそ紀元前三三〇〇年前（考古学上の年代ではウルクⅣb）、「ピクトグラム」から「ロゴグラム」への移行を示す最初の証拠が登場した[27]。粘土板には、（元々ピクトグラム形態で具体的概念や数字を再現していた）形象と形象の組み合わせが規則的に並んで出現する。「ロゴグラム」と呼ばれるのは、ある語句――ないしある概念――の慣習的表現に用いられた記号である。「楔形文字」（これに基づいて成立したメソポタミアの形象体系を楔形様の印象――これから記号は構成される――からそう称される）は、焼かれていない粘土板や蠟板に尖った葦の筆で刻まれた「エピグラム〔碑文〕」を使用している（図Ⅴ―1）。

本来の意味の「文字」については、次の理由からも語ることができる。このロゴグラムの応用領域は、すでに最古の時代にいわゆるレブス〔判じ絵〕原理に従って拡張されているからである。すなわちロゴグラムは、（イコンを使った表現の実在とはどんな意味論的関連ももっていない）同じ音声の言語単位にも使うことができた。もちろん我々は、この記号の基礎にどんな具体的な言語学的配列が、つまり一般にどんな言語があるのか、それは知らない。それ自体としては当然の仮説、すなわち、メソポタミアと同じ地域に後に住んだシュメール人が重要であるという主張とはおそらく手を切らなければならない。というのも、シュメール語の音韻論的、語形論的、意味論的な判断基準に従った記号の組み合わせは、充分に解明されていないからである[28]。ある大胆な仮説によれば、きわめて初期のインド・ゲルマン語、つまりユーフラテス語が重要なのかもしれない[29]。

紀元前三〇〇〇年後半のシュメールで、複雑な政治制度が発展するにつれ、文字は突然権力誇示の領

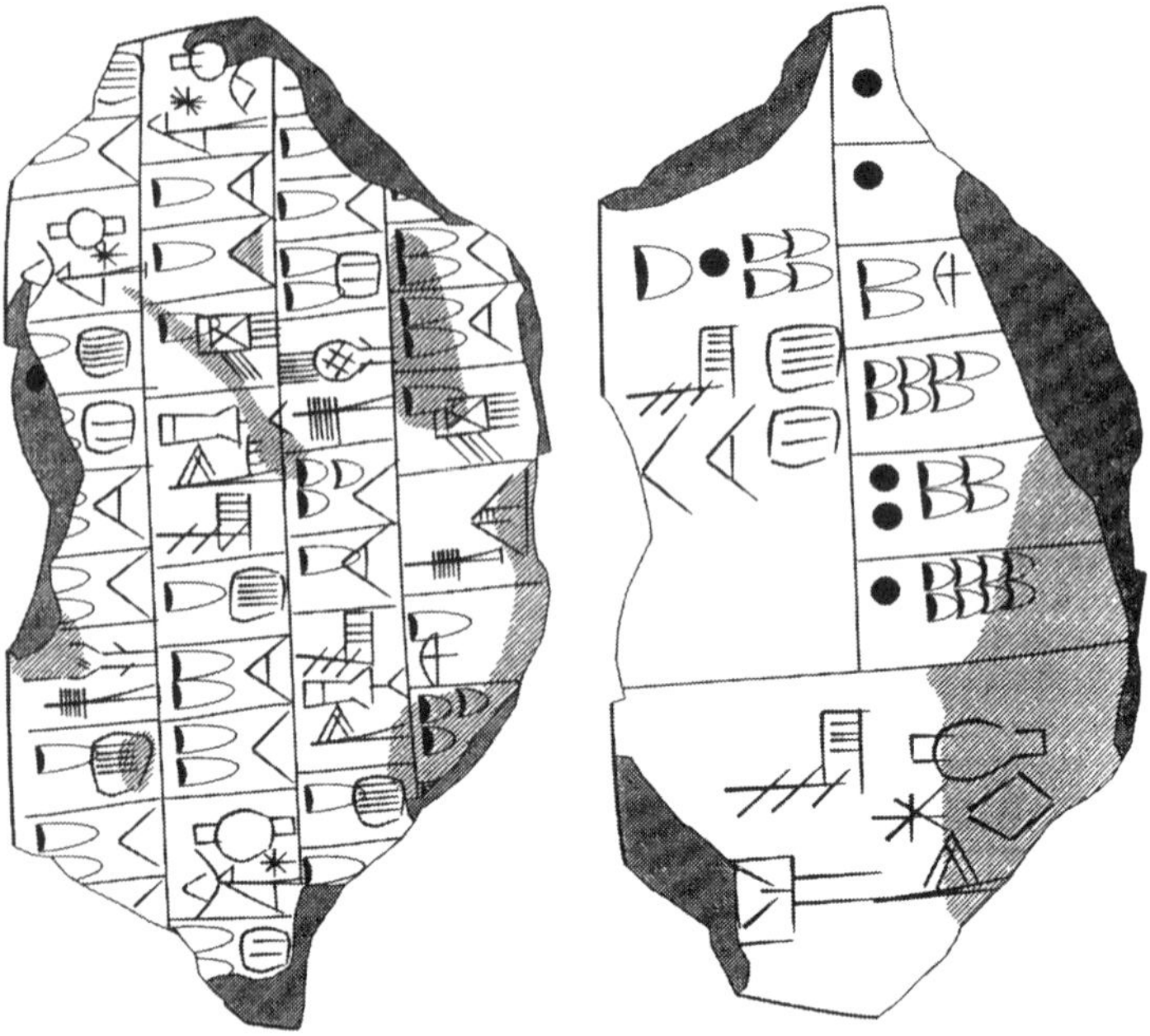

図V―1　繊維に関する報告のあるウルク小板W21671
（エングランド「後期ウルク時代のテキスト」，バウアー／エングランド／クレーバニク『メソポタミア――後期ウルク時代と初期王朝時代』，127頁）

域でも使われるようになる。ウルクのサタム（古代王朝時代）やラガシュのグデア（いわゆるウル－III時代）[30]のような権力者による寺院ないし立像の礎石には、政治的・宗教的な領域も文字化されて、編纂されたテキストが書かれている。やがて経済的要因と並んで、社会的諸条件も文芸性への移行を示している。

記号論の観点からすると、楔形文字の発展は二つの重要な要因を特徴としている。一つには、紀元前二八〇〇年頃に始まる、記号の形象的な形の緩慢な脱イコン化が生じ、もう一つには、そのようにして成立した体系が、類型的にまったく異なる言語の表記法、たとえば発生史的に疎遠なシュメール語（メソポタミア）とエラミス語（イラン高原）あるいはセム語系のアッカディア語の表記法に適用される。レブス原理に従ってある記号の音声内容を考慮する可能性は、すでに古シュメール時代（紀元前三〇〇〇年〜）に認められるが、それは他の言語の表記法にとっての体系を採用することによって、適用範囲をさらに拡げていき、続いて楔形記号は次の三つの機能を果たすことができるようになる。すなわち、①ロゴグラムとして。その場合記号は、各々の言語における、表象された対象あるいはその隠喩的な拡張の音声的な配列に従って読み取れる。だから、星を表す脱イコン化された楔形記号は、（シュメール語では）*anu*「天上神アヌ」、「天国」として、あるいは *dingir*「神」として読むことができ、（アッカディア語では）*šamû*「天国」あるいは *ilu*「神」として読むことができる。②限定的合成語として、すなわち、辞書的な意味領域のより詳細な規定にたいする補助記号として。たとえば星の呪術的な記号は、ある神の名前の前に置かれる。③フォノグラム〔音標文字〕として、すなわち、ある音声的配列は、イコン的な連合にもかかわらず、通例各言語の音節を表記する記号として。*an, il.* がそうである。こうして紀元前二〇〇〇年には、各々一〇〇〜六〇〇の記号からなるテキストを含む記号文が成立した。

5　ヒエログリフ〔象形文字〕式に書く

さて今度は、メソポタミアを離れて、エジプトの地に向かうことにしよう。ここでは同時代の証拠が、(ある点ではメソポタミア文字と並行しているが、他の点ではきわめて異なっている) 文字成立の姿を提供している。それは、印象深い形で、歴史的に変化に富んだ文化的諸関係のなかに文字が取り込まれていく過程を明らかにしてくれる。上エジプトの都市アビドスでは、紀元前四〇〇〇年の後半三〇〇年――考古学上ナクアダⅢとされる時期――に、政治権力の統合がなされ、それは、地域を越えた中央集権的な統治の成立、王国の初期形態の成立に向かうことになった。いわゆるU-j墓(31)から驚くほど大量の、碑銘を刻んだ小片が見つかったが、それは、生産物の産地を標示するものであった。U-j墓に葬られた王――その名はひょっとすると「スコルピオン」かもしれない――とこれらの商品の生産地の関係は不明だし、上記の小地域で問題なのは生産単位なのか交易相手なのか、定かではない。もちろん、この場合でも経済的要因が文字化への道を助けたのは明白である。これらの小片上の表記は明らかに、我々が「ヒエログリフ」と呼んでいるのと同じ文字体系の最初期の形態である。ピクトグラム式の文字記号は、メソポタミアの楔形文字と同様の基準に従って、ロゴグラムとしての機能的標準化を経たのであった(図Ⅴ―2)。

しかしながら、エジプトの文字化への道は、二つの面でメソポタミアの道とは違っている。第一の面

図V—2　素性申し立てのある骨・象牙製の申し立て小板
（ドライヤー「前王朝期墓石U - j」130頁）

は記号論的領域と関わり、第二の面は世界観的領域と関わっている。最初の面で言えば、ヒエログリフ文字の機能的拡充は、楔形文字と似た基準に従って、表記される言語単位の音韻構造と意味論的内容が結合した形で考慮されながら進行した。この体系でもロゴグラム、限定的合成語、フォノグラムが存在する。だが、ヒエログリフは三五〇〇年の歴史を通じて、文字記号の形象的内容に固執しており、まさにその「素材的性格」を世界解釈の道具へと拡張している。[32] エジプトでは、メソポタミア——そこでは文字記号は、すでに紀元前三〇〇〇年の最初の三〇〇年間に、本来のピクトグラムとその様式化されたシンボルとしての自立化からの解放の道を歩んでいる——よりはるかに直接的に、ヒエログリフ文字は判然としたピクトグラムのままである。斜体の変種ヒエラティック〔神官文字〕でも、個々の記号の形象的内容は全体として確実に同定できる。文字史のなかでほとんど一回かぎりのこの現象が、文字の明示的な機能と並んで、一連の暗示的な拡張の発展にも有利に作用した。すなわち、記号表現の現実的慣行は、二つの介入によって打破されることが可能となった。一つには、記号のイコン的意味にたいする世界観的態度の反映としての記号の使用によって。たとえば、畏怖の念から宗教的ないし国王の刻印を帯びた記号の前置によって、あるいはこれと対称的に、記号の魔力から逃れるために記号を切断することによって。[33] もう一つには、記号の機能を音声的内容からイコン的内容に移すことによって。これによっていわゆる「クリュプトグラフィー〔判じ文〕」のなかで新しい意味と連合が成立することができた。[34] 前者は継続的に、後者はとくにヒエログリフ文字の最終段階で利用された（図V―3）。

このように文字の形象的特質の利用でメソポタミアとエジプトに相違があることは、両表記体系の歴史に広範な結果をもたらした。表音文字として利用された楔形文字の音節的性質、そしてその脱イコン

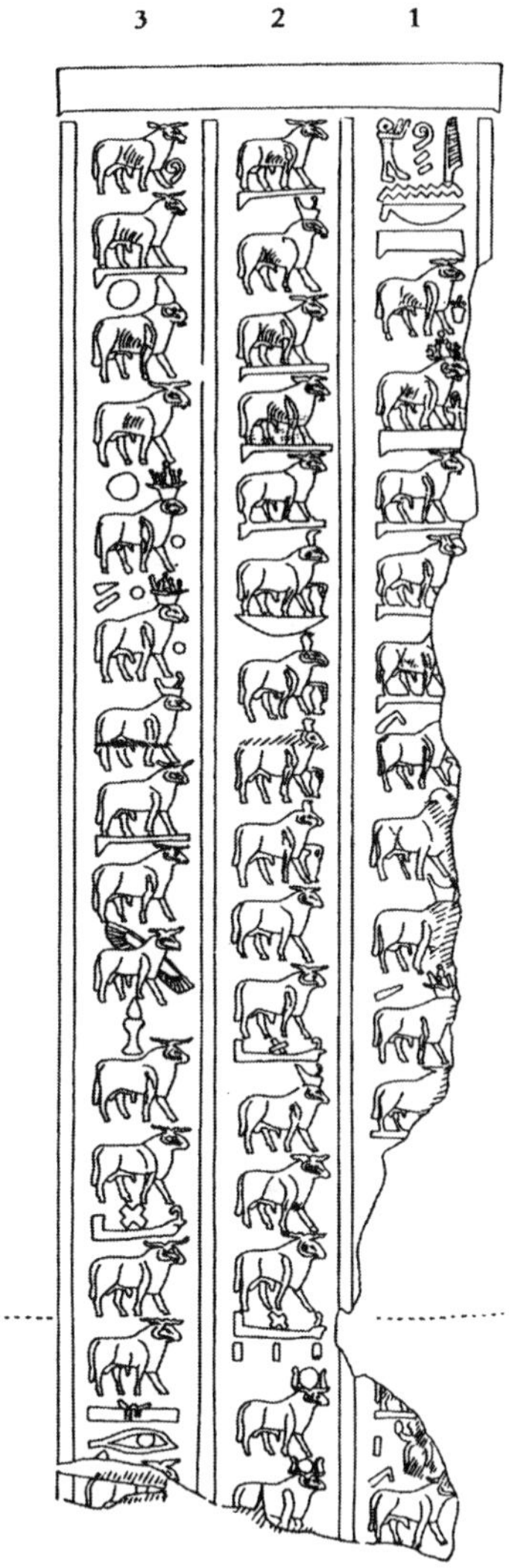

図V―3　エスナ神殿の牡羊文書（モレンツ「文字の神秘」．
アスマン／ボマス（編）『エジプトの神秘？』78頁

化は、異なる言語に適用するのに幸いし、許容された組み合わせを音節的ないしアルファベット的に使用する方向に短縮することで、限定された記号文の成立が可能となった。この使用方法は、言語の各々の子音素にただ一つの（母音の刻印を帯びない）記号を割り当てる。こうして、メソポタミアの楔形文字から、およそ紀元前二〇〇〇年にはヒッタイト語楔形文字が、紀元前一〇〇〇年には古ペルシャ語の音節文字が成立した。これらはそれぞれインド・ゲルマン語の再現である。紀元前二〇〇〇年中葉のウゴル語綴り方教本は、最初のアルファベットによる試みであって、その記号は楔形文字の形態をしている。これに対して後期セム語のアルファベットは同じ原理の展開ではあるが、エジプトの斜体（ヒエラティック）志向の形象と、（とくに南セム語地域の）文字配列における順位をほぼ受け入れている（図V―4、5）[35]。

ヒエログリフの体系は、上記した暗示的な潜在力のために、他の言語の表記法にはほとんど適しているとは言えないが、イコン的特徴のないイタリック体変種はそうではない。その理由は、ヒエログリフの体系がエジプトの文字文化に特有の枠組に明確に包摂されたことにもある。だから、ファラオのエジプトでは音節文字への発展はまれで（基本的には外来語表記のみ）、「アルファベット」への発展は、（これから見る）特定の文脈で初めて生じた。その場合、単一子音記号列――それは、音素1を除いてエジプトの全音素目録に照応している――の文も、二四子音素からなる規格化されたアルファベット列の知識もすでに存在していた。

次に、メソポタミア的諸関係から区別されるエジプト的発展の第二側面について語ることにしよう。先にそれを「世界観的」と呼んだが、エジプトでは文字は当初から経済的データの蓄蔵だけでなく、と

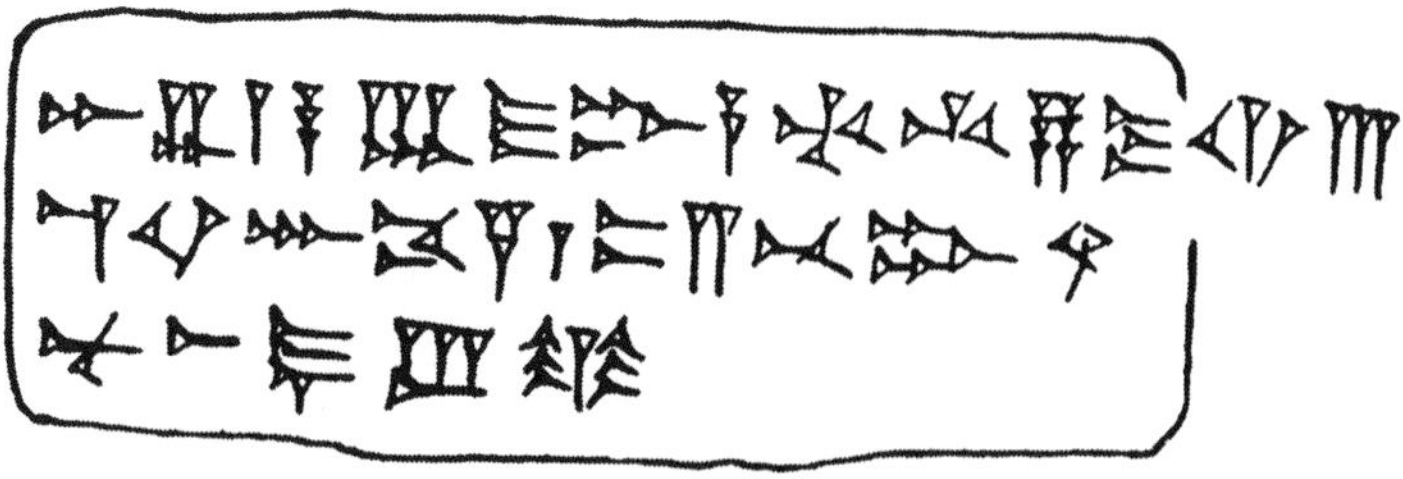

図V—4　フィン族のアルファベット表
（ボルヒャース／カンマーツェル／ヴェニンガー（編）『ヒエログリフ アルファベット，文字改革』139頁）

位置	発音	エジプト語 ヒエログリフ	エジプト語 神官文字	古南アラブ語	エチオピア語	ベト・セメシュ	ウゴル語	前カナン語	フェニキア語
(1)	/h/								
(2)	/l/					類似形態なし	類似形態なし		
(3)	/x'/								
(4)	/m/					類似形態なし	類似形態なし		
		エジプト語と同じ位置					他の位置		

図V—5　神官文字記号からアルファベット記号へ
（ボルヒャース他，同上書，146頁）

りわけ政治権力の誇示に役立っていた。前王朝時代以来、紀元前四〇〇〇～三〇〇〇年の境期、ロゴグラフ表記の支配者の名前――通例「ライオン」、「タカ」等々の野生動物を喚起させる――は、豪華な台車その他の奢侈品のような文脈で出てくるが、これらは政治制度とその代表者の儀礼を目的としていた（図V―6）[36]。

　前王朝時代末から、紀元前三〇〇〇年の直前、王宮の支配者の名前は、王朝の神ホルスの下に描かれる。経済的に重要な情報を不朽化することと並んで、文字は社会文化的諸制度を公に知らせる特別の表現手段となる（図V―7）。「書くこと」はエジプトのsḫrであるが、これは「流通させる」と同義である。

　その場合、支配の正当化という次元は重要な役割を演じている[37]。中央集権国家の基礎が築かれた最初の二王朝（紀元前）三〇〇〇～二八〇〇年には、文字の経済的機能の証拠は減少するけれども、同時に儀礼的性格の証は増大する。政治的出来事を記した年代記小片と、没王の名を記して支配者の正当性を美化する印章は増えるのである（図V―8）。

　しかも、まさに文字の儀礼的性格ゆえに、記述用の言語単位数はなおきわめて限定されていたにもかかわらず、政治的挑戦は予感できる。それは第二王朝（紀元前二九〇〇～二八〇〇年）の何人かの王の名前が示す通りであって、その名は、神話上の敵セツを正当な王朝神ホルスと等置したり（カセケムイの場合）、敵を優先したりする（ペリブセンの場合[38]）。

　それまでヒエログリフ記号は基本的に、名詞を記すためにだけ使用されていたが、第二王朝で初めて記述文が現れる。すなわち、「ナカダの神は両国土（エジプト）をその息子ペリブセンに与えた[39]」。数世

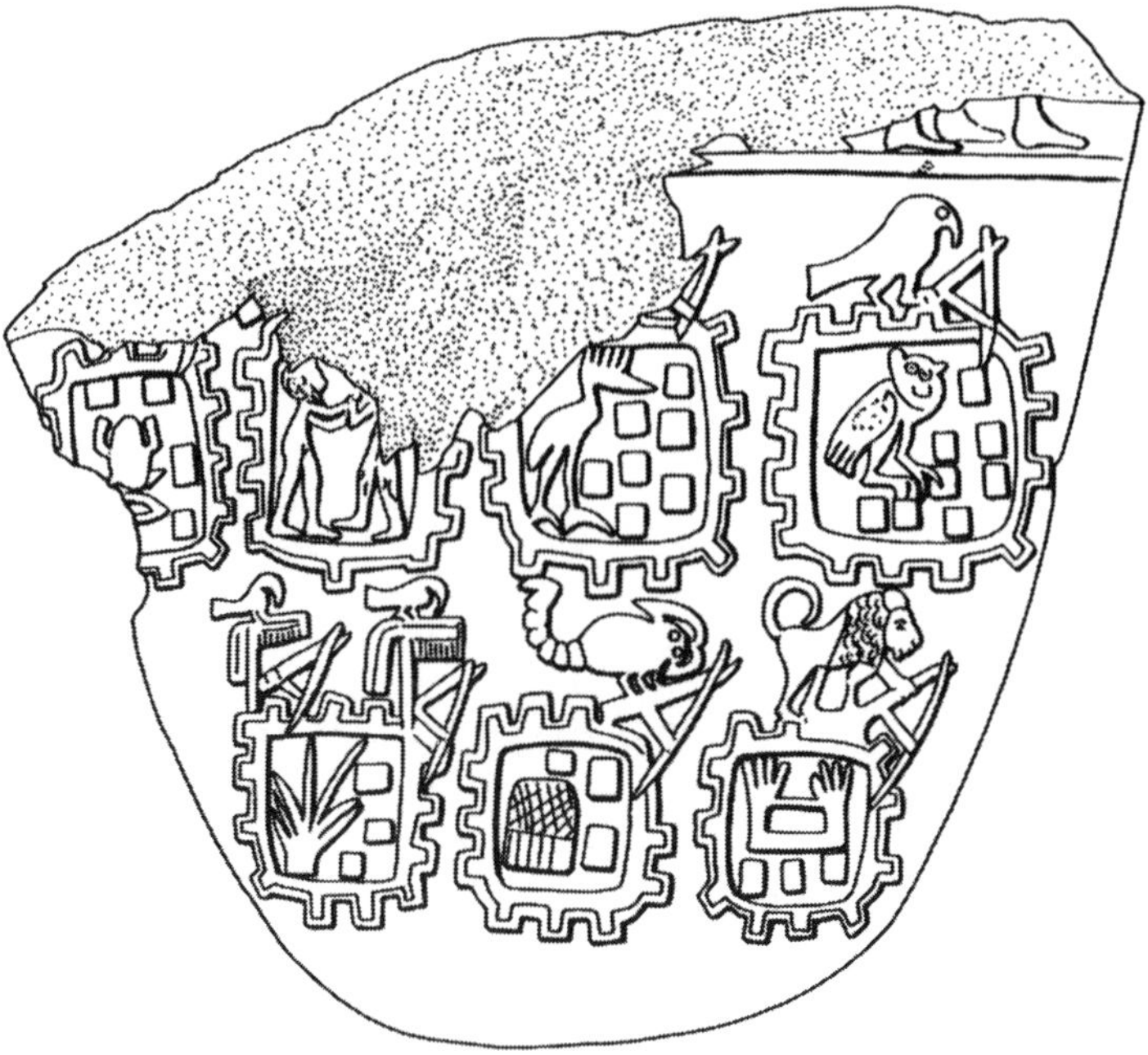

図V―6　いわゆる「都市パレット」，カイロCG14238
（ケンプ『古代エジプト』50頁）

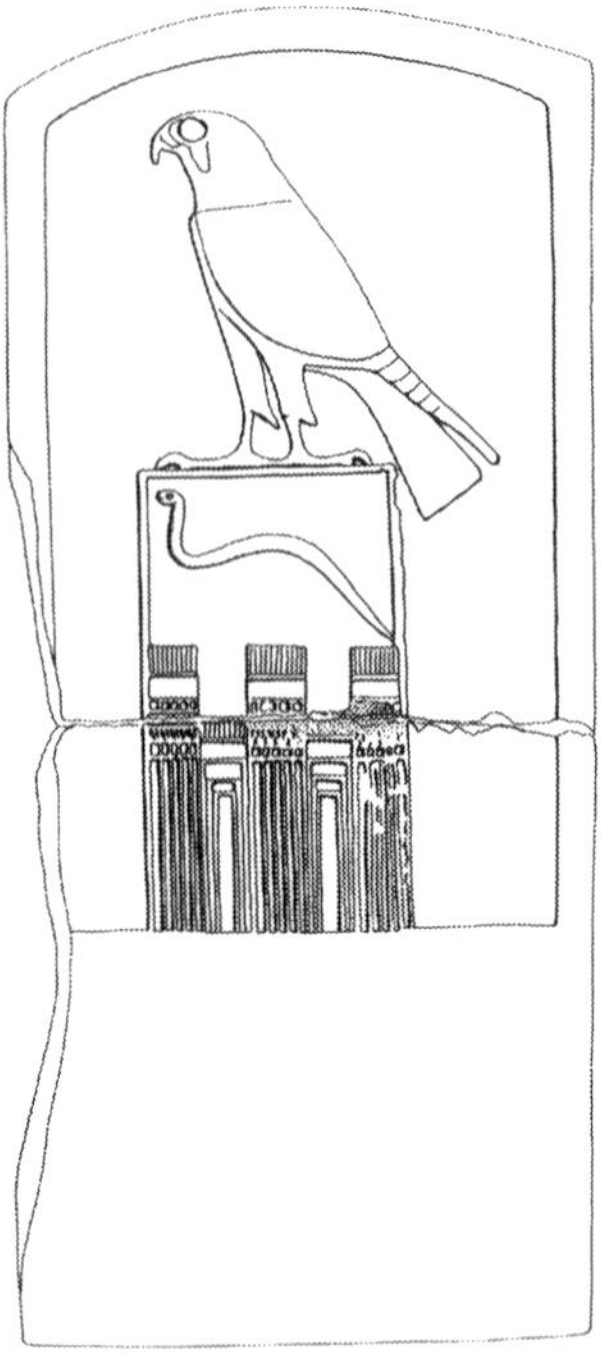

図V—7　王の石標「ヘビ」，ルーブルE11007（ケンプ，同前書，38頁）

1

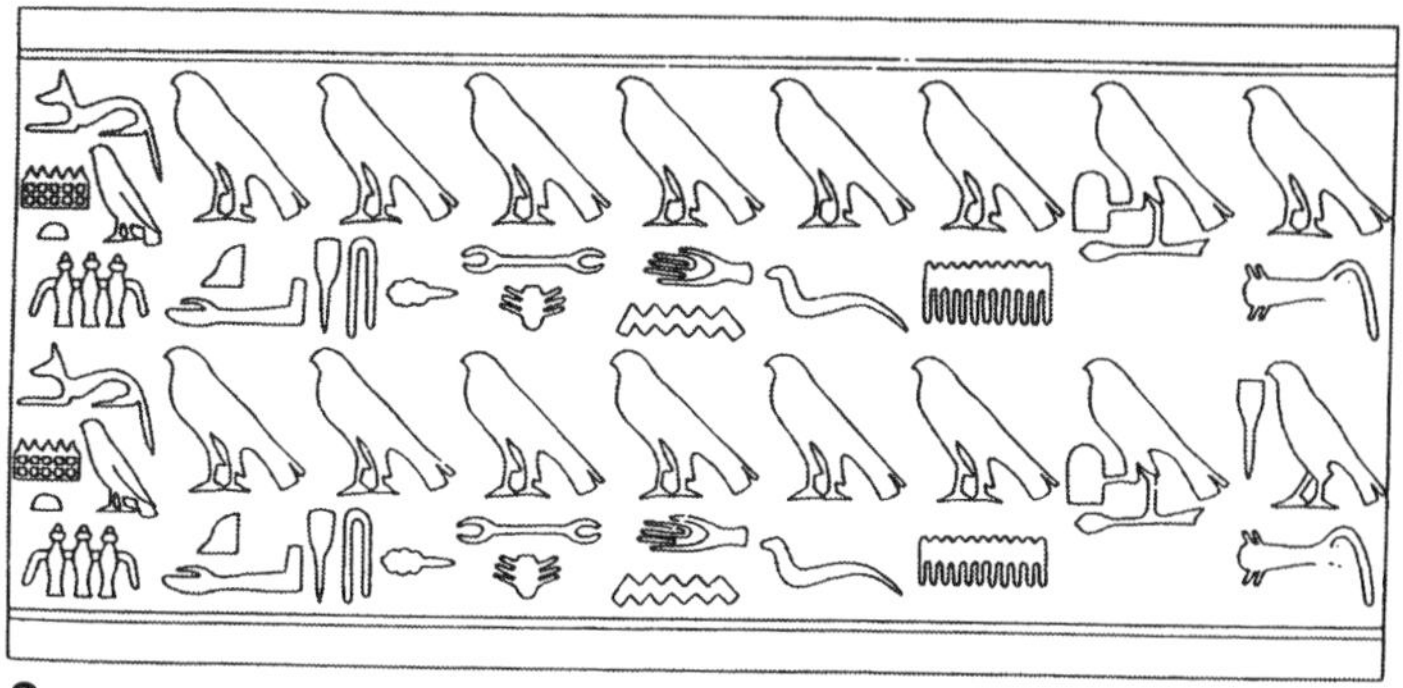

2

図V—8　ドライヤーの第一王朝期諸王の発掘（アビドス）による
印章の展開（ウィルキンソン『初期王朝エジプト』63頁）

代のうちに文字体系は、レブス原理が完全に適用されるように改造される。その時代にはまた、私人——もちろん、社会的エリートである——による最初の文字使用（とくに死者礼拝、生命の連続性との関連で）も見出される。この板状の墓碑には、供物献呈の場面が死者に関する言葉ともども書かれている。これが経済的機能・権力保持の機能に続く、エジプト文字の到達した第三の領域である。紀元前三〇〇〇年に一〇〇〇足らずの記号目録を示すヒエログリフ文字の対応、適応領域、慣行がここに確立されたと言えよう。

6 書く文化

これ以降の発展を辿るためには、もう一度エジプト文字のイコン的潜在力を理解しておかなければならない。すでに最初の墓碑で、ある対象のピクトグラム的表現と、ロゴグラムとしての図像的機能を分けることは時として難しい。ヒエログリフは文字記号であるばかりか、生命の記号でもあり、そのイコン的特性ゆえに描かれる実在を具象的に呼び覚ますことができる。それは *mdw.w-ntr*、つまり神の言葉であり、神の事物なのだ。エジプトは、文字文化、すなわち、文字伝達を知り利用する社会としてよりも、旧王国（紀元前二七五〇〜二一五〇年）からファラオの歴史の終焉に至るまで、書く文化として登場し、しかも文芸エリートの社会的重要性という意味でだけでなく、ヒエログリフ記号の、まさにデミウルゴス〔世界の創造者〕を思わせる機能の点でもそうなのである。文字の利用は、文字内容のコミュニケーション的交換が前提となっていない文脈でも見出される。第Ｖ・第Ⅵ王朝（紀元前二三五〇〜二一五〇年）の秘密の王墓室の壁に書かれたピラミッド・テキストがその例である。元来著者も読者も知られていないこのテキストでは、文字は言語的配列の再現という再構成的機能ばかりか、（ひょっとしたら何よりもまず）世界連関の構成的表現という機能も果たしている。[40] 秘密の彫刻師が壁に描いた理想的生活の場面が、死者の生ある世界を永遠にとどめているように、ピラミッド・テキストは死せる王の世界を物理的にも再現する。同じことが、ピラミッド・テキストのなかでしばしば出会う短縮されたヒエログリフにも言える。同時代の芸術や建築と対称をなして、ヒエログリフ文字を通して複雑な世界が言語的に包摂されているだけでなく、物質的にも創造されているのである（図V—9）。

一般的には青銅器時代の、特殊にはエジプトの文明の特徴となっている、このような書く文化では、世界が徐々に「書物」として解釈されるようになる。すなわち、紀元前二〇〇〇年後期、新王国の墓室の壁面表現には、冥界の地理学が登場し、そこでは危険な夜空を行く太陽船の航海が、読み物の形で描かれている。[41] 世界とは書物なのだから、一般に本を読むことのできる人々によって初めて正しく理解されうる。だから、エジプトの文芸がその歴史全体を通じて、書く文化と文献執筆との抜きん出た意義に関する発言に満ちているのは不思議ではない。「見よ、祖先の言葉は書物のなかで永く続く。それらを開き、読み、その節を見習え。教養ある人々から真の芸術家は生まれるのだから」[42]。その場合、文筆家たち、つまり文字に通じたエリートたちは、一般的にはエジプト人口の一パーセントで、新王国のとくに書物の多かった時期と移住期でも五パーセント以上には出なかった。[43]

青銅器時代の文字体系が百科全書的な特徴をもっていたために、すなわち、少数の文芸エリートに担われた、きわめて特殊な社会構造に密接に包摂されていたために、メソポタミアの楔形文字とエジプト

図V—9　ウナ墓のピラミッド・テキスト393—414
（カンマーツェル『エジプトの言語』第7号，2000年，185頁）

のヒエログリフは、（紀元前一〇〇〇年後期のヘレニズムに始まり、何世紀か後のキリスト教化で頂点に達する）政治的・文化的危機を克服することができなかった。いずれの場合にも、体系は前向きに改革されるのではなく、アルファベットという異種の文字文化のために根本から投げ捨てられてしまった。すなわち、メソポタミアでは楔形文字がアルファベット式アラム語に、エジプトではヒエログリフとその斜体の変種（ヒエラティック〔神官文字〕とデモティック〔民衆文字〕）がアルファベット式コプト語によって取って代わられた。ヨーロッパのルネッサンスと「エジプト狂」の世紀——その間ヒエログリフ文字は神秘的意味の手段と見なされた——におけるヒエログリフ文字の生き残りを度外視すれば[44]、古代後期に失われてしまったヒエログリフの知識は、一九世紀の解読作業に至るまで隠されたままであった。多くの点でアルファベットよりも広範囲の潜在的適応力を示しているこの文字体系——たとえばエジプト文字の美的次元、あるいは表記法の拡張の可能性を考えてみればよい——の衰退は、政治的・世界観的武器としてのこの文字の本性の結果なのだろうか。それとも、アルファベット文字の方がより適切で、より近代的で、ひたすら「よりよい」とされ、したがってその勝利は言わば予めプログラム化されているといった内在的な特徴を示しているのだろうか。

7　最初の文字改革

紀元前四〇〇〇年前の末期にロゴグラフ文字体系が登場した後、アルファベット式表記法の形成は、人類史における最初の「文字改革」であった[45]。この文字体系の勝利は歴史的に一回限りのものでもなければ、類型的に見て不可避のものでもなかった。中国と日本におけるローマ字化の絶望的な試みが失敗したことに示されるように[46]、支配的な文化がロゴグラフ的体系にアイデンティティをつくり伝統を保持する利点を認める場合には、複雑なロゴグラフの体系は近代社会と両立可能なのだ。だが、地中海地域、ギリシャ、ローマの古典文化が成功を納めるとともに、西洋の文化圏では「アルファベット」が徐々に支配的な地位を占めるようになる。もちろん重要なことは、ロゴグラフからアルファベットへの表記法の歴史的発展が同一の文化のなかでは、これらの文化の百科全書と権力構造が不変のままなら、保持されるということである。言い換えると、ロゴグラフの体系はロゴグラフのままであろうとし、アルファベットの体系はアルファベットとして生まれるということである[47]。

アルファベット――その始まりは、すでに見たように、紀元前二〇〇〇年に遡る――の図像的慣行にあっては、メソポタミアの楔形文字がレバントの都市国家ウガリト言語の表記法に、エジプトの記号がいわゆる「プロトシナイ銘文」の西セム語の再現に利用された時、元々のピクトグラムのかなり短い文は、ロゴグラフのレブス原理に従って、しかもアクロフォニーの原理に従って、言語単位の表記法とされた。パラダイムとして選ばれ表現される対象の子音初頭音は、それに対応する音声の表記法へと普遍化された。紀元前二〇〇〇～一〇〇〇年の初期セム語体系では、子音だけが文字によって再現される。このアルファベット体系は（ウガリト語を除いて）、記号の外面からすると、西および南のセム語的アルファベットにとって美的基盤をなしているエジプトの斜体記号を志向している[48]。セム語的（フェニキア語的、アラム語的、アラブ語的、エチオピア語的等々）アルファベット、および、それを基盤として成立した（ギリシャ語、エトルスク語、ラテン語の）アルファベット、さらにはコプト語、キリル語、アルメニア語等々の多系統的体系と並んで、紀元前三世紀にはデモス式記号文が、エジプトの南隣の言語、いわゆるメロイト語の表記法として採用された(49)。

アルファベット文字はロゴグラフやシラブ〔音節文字〕式と比べて、それを支配しその潜在力を汲み尽くす文芸エリートの存在に依拠する程度が低い分、それだけ、より民主的である。後期青銅器時代(紀元前一五〇〇年以降)の書く文化は、このようなエリートの存在に依存しており、この階層が社会変革によって消滅したり解体したりすることで、文字文化の劇的な終末を迎えることになった。これと関連して示唆に富んでいるのは、いわゆる「海洋民族」の侵入であって、紀元前一三〇〇年の東地中海における彼らの登場は、暴力的な破壊と、遂にはアナトリアのヒッタイト王国、エーゲ海のミケーネ王宮文化、レバントのシリア・パレスチナ都市国家の崩壊と関連している可能性があることである(50)。この場合には、政治的・人口統計的な関係との断絶が、地域的な文字文化の終焉を制約している。すなわち、ミノアないしミケーネのシラブ文字、いわゆる線形文字AないしB——最終的にはギリシャ語の古典的形態の表記法に利用される——、さらにはヒッタイトの楔形文字やウガル式アルファベットも、紀元前一〇〇〇年にはすでに直接継承されることはなく、むしろ鉄器時代には新たなアルファベット体系によって取って代わられ、しかも(古ペルシャ文字同様)形式的にロゴグラフあるいはシラブの体系を志向する場合にもそうであった(51)。

しかし、最初の一〇〇〇年間、アルファベット体系が書かれた百科全書に依存する程度が低かったために、アルファベット文字の発展とともに、文芸人口の関与が劇的に高まったかもしれないと推定できそうだが、実はその反対なのだ。全体として見ると、鉄器時代は青銅器時代と比べて文字に乏しい時代であって、それは部分的には出土品の連続性の中断を伴い、この時代は暗黒時代の概念（これは多かれ少なかれ正当で、後の文化的記憶における浮遊ギャップの形態をまとっている）[52]によって刻印されている。紀元前一一〇〇年は二〇〇〇年後期、つまり複雑なロゴグラフとシラブ体系の時代より文献には乏しい。したがって、このような発展とともに変化するのは、文芸への直接的接近ではなく、文字伝達現象との文化的対応である。書くことはもはや特定の社会階層の独占物、無限の潜在力との自己反照的ディスクルスではなく、地域文化のさまざまな表現形態の一つ――決して頻繁ではない――なのである。

8　文字の二つの百科全書

文字伝達にたいする相異なる態度を、二つの文化領域――後期青銅器時代のエジプトと鉄器時代のイスラエル――を例にとって主題としてみたい。青銅器時代のロゴグラフ的書記の伝統の社会環境は、書き手間のやり取りに明白に現れる。書き手のホリ（紀元前一二五〇年頃のラメシス時代）は、同僚アメネモペに宛てたフィクションの手紙の著者であり、エジプト学文献で「風刺的な論争の書」[53]として知られているが、その手紙のなかに（文学的な誇張にもかかわらず）文芸エリートのエリート的慣習が印象深く現れている。「優れた悟性をもち思慮深い助言をする書き手の象徴的な語りを聴けば、誰もが拍手喝采する。彼はヒエログリフ文字に秀で、あらゆる物事を知っており、仕事に熱心で、文字の仕事に才がある。古文書館におけるヘルモポリスの従者にして、文書館の補助者の教師、職務における経験豊かな教示者であり、天上・現世・冥府の秘密を知り、文書の形で通り過ぎるものを一つとして拒まない」

等々と、自画自賛が続き、それには相手の賞賛が続く。「自分は優れた悟性、善良な性格、卓越した理知をもった友人にして才能ある同僚、戦勝軍の国王付の命令書記の評価を尋ねる。彼に比肩するものは書記のなかには存在しない」等々。

これと対照的な例として、紀元前七〇〇年、ある書記役の兵士がイスラエルの都市ラヒッシュから出した有名な手紙が役に立とう[54]。「君の従者オシャヤウが僕の主人ヤウシュに知らせてきた。ヤーヴェが僕の主人に平和的で見通しの明るい報告を聴かせたがっている、と。さて、君が昨夜君の従者に送った手紙の意味を君の従者に説明してほしい。というのも、君が君の従者に次の知らせを送って以来、彼の心は病んでいるからだ。『お前はどんな手紙も読んではならない』、と。誓って言うが、私に手紙を読む必要などない。私宛の手紙はどれも、私には難なく読めるのだ」。書記役の兵士の手紙は、アルファベット体系の重要な特徴の一つにたいする証明を提供している。すなわち、文字の自由な使用、文字の社会的分布の測りがたい拡がりであって、これは、青銅器時代の書き手の職業的専門化ときわめて好対照をなしている。ロゴグラフ文字が書き手層の文化であったとすれば、アルファベット文字は書くことの文化なのである。

そうした対立が現実にあるということは、現代の研究の仮説であるだけでなく、古代の知覚の特徴でもある。古代の証人も、ロゴグラフ文字とアルファベット文字の内在的な断絶の意識を証明している。アッシリアの国王、ニニヴェのサンヘリブの王宮から出土した浮き彫り(紀元前八〇〇〜七〇〇年前)は、戦利品を記録した二人の書記を並べて示している。一人は、石筆で楔形文字のアッカド語で、他の一人は、筆でアルファベットのアラム語で描かれている。この二つの文字文化は、同時代のアッシリアのテキストでも同居していて、ロゴグラフとアルファベットの書き方が、二つの異なる言葉、*šatāru* 対 *sepēru* によって表現されている。[55] だから、明らかに文字形式のまったく異なる二つの文化的形態が問題となるのである。

もっと印象深いのは、エジプトの例である。紀元前一九六年のロゼッタのプトレマイオス石――この記念碑の発見は、ヒエログリフの解読に決定的な貢献をした――には、三言語で聖職者大会議の布告が記されている。[56] 同じテキストが、ヒエログリフ文字の古代エジプト語、デモティック文字の同時代エジプト語、プトレマイオス王国（紀元前三三二〜三〇年）の公用語であるギリシャ語で登場する。テキストの末尾の文は、この布告がエジプトの全寺院に掲げられ、しかも三言語ないし三文字で掲げられるという要請を内容としている。デモティック語とギリシャ語のテキストが期待通り、gemäss von *sš mdw.w-ntr sš šˁy sš wynn* ないし *tois te hierois kai enchôriois kai hellēnikois grammasin* について、つまり「聖職者、行政、ギリシャの文字」（デモティック語）ないし「文字」（ギリシャ語）について語っているのにたいして、ヒエログリフのテキストは、重要な区別をしている。すなわち、一方では、*zẖ’ mdw.w-ntr* と *zẖ’ šˁy*「ヒエログリフ文字」ないし「デモティック文字」があるのにたいして、他方では、*šˁy sẖ’ ḥ’w-nbw* 文字通り「北の海の住人の追憶」とある。後者の呼称は不思議ではないが、問題はヒエログリフ出自によるギリシャ人の伝統的な呼び方である。最古の時代からエジプトのテキストに見られる、北方の隣人にたいする神話的な古い概念が、最初の一〇〇〇年に新しい関係に適用されたからである。しかし、もっと重要なのは、*sẖ’* という語の使用であって、これは「思い出す」に基づいている。この場合 *sẖ’* と *zẖ’* の音声的な類似が「文字」に影響しているのかもしれないが、ロゴグラフ文字にたいするアルファベット文字の扱いが異なっていることは誤認しようがない。一方には「（真実の）文字」があり、他方には「記憶術的な技法」がある。文字は貫通的で、自己反照的に告示のなかに介入している。つまり、アルファベットは無菌的で、告示の再現のために後ろに退いている。

古代のメソポタミア人とエジプト人はそのように考えた。しかも彼らが両体系を体験した時ばかりでなく、書き物文化の始めからそうだったのである。すでに見たように、ファラオのエジプトでは単子音記号文が存在していたにもかかわらず、アルファベット式改革に至らなかったけれども、紀元前三〇〇〇年のピラミッド・テキストでは純粋に単子音で、つまり「アルファベット」で書かれた節に出会う。[57] その場合に重要なのは魔術的な文句、つまり、期待された魔術的な目標を達成するために、とくに正音学的な発音、正しい音声学的な運用が重要となる言語的な配列である。ヒエログリフの「音節文字」も、同様な原理に従って適用される。この文字は基本的に外来語ないし外国語の文節の再現のために用いられる。[58] すなわち、エジプト文化のスペクトルの外部にある実在に用いられ、したがって、正字の百科全書的な侵入から保護される。だから、すぐに分かるように、最初のエジプトのテキストでは、発音の明確化を目的とした語彙解説としての、デモティック語とギリシャ語のアルファベット記号が登場するが、そのテキストの場合でも魔術的なテキストが重要であり、また、完全にアルファベットで書かれた後期エジプトのテキスト（紀元二〇〇年）は、悪を防ぐ儀礼なのである。[59]

メソポタミアではすでにアラム語――これはもともとペルシャ帝国の *lingua franca*〔国際語〕として、紀元前一〇〇〇年の中葉以来、話し言葉・書き言葉としてのアッカド語を追放していた――の使用によって、ロゴグラフにたいするアルファベットの勝利が成就していた。エジプトではキリスト教化の決定的な成功があり、その結果、伝統的な書記エリートの文化的背景は、文字の役割の新しい理解のために破壊された[60]。エジプトでは、メソポタミアとは異なり、四世紀にコプト語の成立をもたらしたアルファベット式文字改革は、言語改革を伴ってはいなかった。すなわち、アルファベットの衣装をまとっていても、以前と同じエジプト語（そして、最初の一五〇〇年間はまさに並行している）がデモティック語の楔形文字のなかに再現するのである。

9　文字から形象へ

古代全体を通じて読書はきわめて稀で、はるかに頻繁なのは朗読ないし朗詠であった。プリニウス・ジュニア（ep 9, 34）は、声に出す読解を指摘して語っている、*Audio me male legere*「私は下手に読まれるのを聞く」、と[61]。四世紀末、非常に驚きながらアウグスティヌスは語っている、司教のアンブロシウスが黙読しているのを見たが、かすかな声も彼の口からはもれなかった、と。さらに中世でも、読書と複写はたいていの場合、かすかな朗読を伴っていた[62]。

音声から文字への発展における文化科学的に重要な最新の歩みは、個人の手書きから印刷された本への移行とともになされた[63]。ある手本の手書きによる複写の原理は、すでにエジプト・パピルス文書の巻物の基本であり、それは一五世紀まで、テキスト複製の唯一の可能な形態であった。一五世紀、本の印刷の登場とともに、文字媒体の位置づけが変わる[64]。アルファベット文字にも――もちろん、ロゴグラフに比べてはるかに程度は低いが――存在していた、文字の美的契機への包摂（たとえば彩飾によって）、テキストの頭部分を際立たせるための文字の芸術的な加工は、文字本体のために放棄された。このような文字の領域における節約とともに、書く文化から読む文化への移行が生じる。文字は広範囲にわたって実質的な次元を失い、ますます文字による伝達内容の梱包としてだけの役をするようになる。このことが改革者の「ただ聖書のみ」の文化的背景をなしている場合には、たしかに決して偶然ではない。聖書は、物理的実質の周辺化、まさにその言語的手段の周辺化を通じて初めて「聖なるもの」となる。聖書の近代語への翻訳が可能となって、文字の詩的次元にたいする、反照的次元の最終的勝利の時が鐘を鳴らしたのだ。

文字媒体にたいする態度の直近の発展は、それと同時に、我々固有の文化が目下立っている局面にまで進んできた。それは、文字から文字形象へという標語に括ることができるかもしれない。書物印刷の文明化がもたらした、文字の自己指示性の屈従によって、反身体、忌避反応、文字媒体の失われた文化的土壌再生の傾向が生み出されている。文字用に新たな機能的領域が予約されており、この領域は文字に中心性——アルファベットへの発展以来徐々に失われてきた——の一部を返還している。その場合文字が助けを得ているのは、文字がピクトグラフの始まり以来距離をとってきた領域、すなわち、形象的・イコン的領域である。

この場合にも、この命題の信憑性を示す二例を挙げておきたい。文字を通してテキスト的ヒエラルキーも表現することができ、しかも「ハイパー・テキスト」と呼ばれる原理の助けを借りてそうできる。文字類型の大きさ、とりわけ内容的に関連した一連のテキストの遠心的組織化は、より重要なもの、より古いもの、より普遍的なもの対第二義的なもの、より若いもの、(文化的意味を生み出す)より特有なものの編成を媒介する。タルムードのどの頁でも、[65] このようなテキスト的な構成要素（ミシュナ、ゲマラ、トザフォト等々）はヒエラルキー的に編成されているが、その場合文字類型（四角い筆記体対いわゆる草書的な筆記体）も、各々のテキスト場所の地位の差異化に役立っている。同じ原理に従って現在のコンピューター時代にあっては、編成されたテキスト素材の連続を伴うハイパー・テキストが成立する（図V―10）。

第二の例は、文字の形象的特性を再考する際の別の側面である。（神の創造の忠実で形象的な表現が、彫刻による宗教的制限を蒙っている）ユダヤやアラブのような文化は、ある特殊な芸術形態を発展させてきたが、そこでは世界と、世界を満たす対象がただ文字記号だけによって表現され、そのことを通じて、生命を持った対象自体が表現されるのではなくて、対象を暗示する文字が操作されることによって、デミウルゴスの禁止が回避される。ユダヤ教とイスラム教で宗教的に創出されたものは、西洋のポストモダン的でバーチャルな文化では、アルファベット文字における人間コミュニケーションの非―表示的な側面の周辺化にたいする反動として成立した。I love you あるいは Christmas にたいする「I❤U」あるいは「X-mas」のようなロゴグラフ的書き方は、文字の失われてしまった全体論的な次元を再復活させ、それに改めて意味創出の機能を与える。とりわけ啓発的なのは、エ・モ・テ・ィ・コ・ン・と・ス・マ・イ・リ・ー（図V―11）であって、その際重要な点は、コンピューター適合的な文字記号の結合、それもほとんどの場合元来発音符的な種類の結合である。それによって電子コミュニケーションではきわめて多彩な感情が表現できるようになった。それは喜び、皮肉、複雑さ、幻滅といった感情であり、音声から文字への移行を通じて衰退させられてきた言語的人間コミュニケーションの、まさに実用的な随伴現象なのだ。

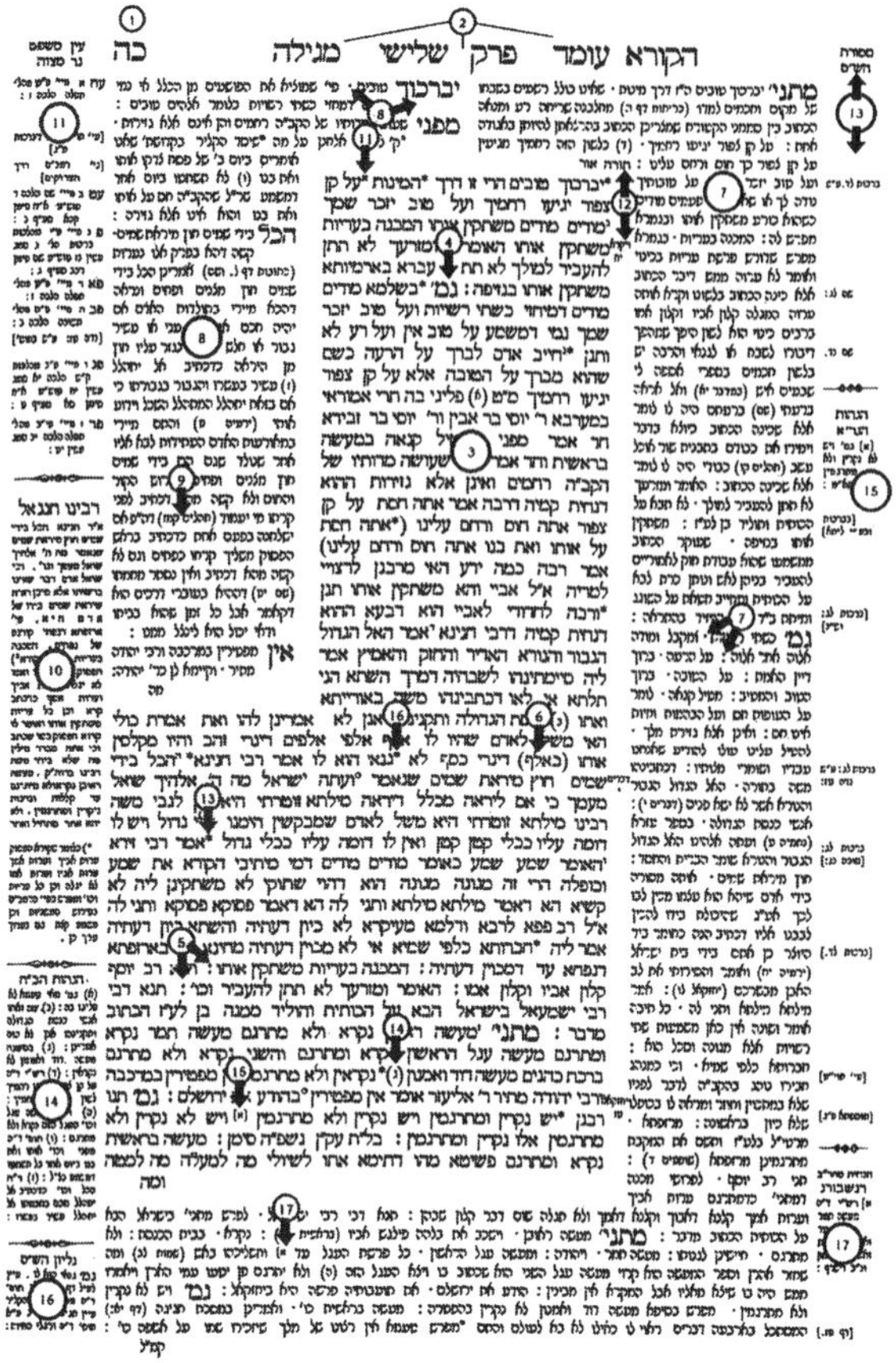

これらの数字の詳細な説明は，以下の通りである．大きな円数字は，タルムードの頁に現れる相異なるテキストを示し，矢印のついた小さな円数字は，テキストへの注を示す．
1）頁数，2）頁の見出し，3）タルムード・テキスト，4）ミシュナとゲマラの指示，5）句読点，6）タルムード・テキストの挿入語句と修正，7）ラシの注釈，8）トサフォト，9）ラシとトサフォトの注，10）ラベヌ・ハナネル，11）ミシュパト・ネル・ミツヴァ，12）トラ，13）マソレト・ハシャス，14）ハガホト・ハバ，15）ハガホト・ハグラ，16）ジリオン・ハシャス，17）ハガホト・ラヴ・ロンスブルグ

図V—10 『タルムード』．メギラ論文，第3章
（シュタインザルツ『レファレンス・ガイド』48頁）

幸せ，微笑む，笑う
:-)　微笑む，同意する
:-D　笑う
|-)　ホー
|-D　ほほう
:->　ハーイ
;-)　幸せで泣く
:'-)　嬉しくて泣く
\~/　満足

ひやかす，ふざける
;-)　ウィンクする，からかう
'-)　ウィンクする，からかう
;->　ひどいウィンク
:*)　ふざける
:-T　真面目な顔をする

肯定する，支持する
:^D　「すごい！，好き！」
8-]　「うわー，すごい」
:-o　「うわー！」
^5　オーケー
^　よろしい
:]　君を助けたがってる優しいおちびさん
(::()::)　バンドエイド，手助け・支持を提供する

図Ｖ—11　エモティコン：http://www.windweaver.com/emoticon.htm

10　展望

プラトンは対話『ティマイオス』の有名な一節で、高齢のエジプトの司教とアテネの立法者ソロンを比較して、こう語っている。ギリシャ人は魂の点ではいつまでも子供にとどまっている。「というのも、彼らのなかでは古代の伝承に基づく古い意見のどれ一つとして、時を経て古くさくなった知を保護しないからだ」。これにたいして、「我々の下で聖化された文字のなかでは」、年数はエジプト国家の創設以来八〇〇〇年を数えている。「だが、諸君の下であろうと当地であろうと、あるいはまた伝聞で知っている他の地域であろうと、美、偉大さ、（他と比べて）特別なもの、これらすべては古の時代から寺院のなかに記録され保存されている。これに対して、諸君や他の人間のところではい

つでも文字その他、国家が必要とするものすべてによって初めて与えられる。ついで、通常の期間が過ぎると、病気のように天上からの流れが浸入してきて、文字によって告知・形象化されなかったものだけが諸君によって残される。そうして諸君は最初からある程度青年に回帰し、当地でも諸君の下でも古の時代に存在していたものについて何かを知るということもないのだ。」[66]

したがって、すでに古代において、口承と文字伝達が、文化的知を組織する二つの異なるモデルに対応していることは明白であった。しかしながら、文字の登場で始まった人間コミュニケーションの両形態間の機能的裂け目は、多メディア時代にあっては事によったら相殺される[67]。だから、音声から文字へという目的論的な進化について語ることは不可能であって、たかだか社会的複雑さの下で知を蓄蔵する形態の産出という歴史的発展について語ることができるだけであろう。この蓄蔵の基準、データの文字化のやり方はきわめて異なっているけれども、驚くべき類型論的な連続性を示している。ロゴグラフで始まった諸文化は、ロゴグラフで死滅し、アルファベットを通じて文字伝達に到達した諸文化は、アルファベットにたいするロゴグラフの利点を取り戻そうと努めることによって、現実性の書物をアルファベット文字のメディアのなかに統合する傾向を示している。というのは、アルファベット文化の歴史的成果にもかかわらず、近代およびポスト近代の文芸的文明化のなかでもしばしば、文字における一定の形象性への憧憬が残っているからである。もしヒエログリフがエジプト世界を直接表現しているとすれば、アルファベットに包み込まれたユダヤ教の「持ち運びできる祖国」（ハイネがそう名づけたように）[68]も、すでにコミュニケーションの物質性[69]を通じて百科全書的なヒエラルキーを媒介することができる。メソポタミアやエジプトのようにロゴグラフで文字化された文化が、アルファベット文字は音声再現の記憶にはよりよく役立つとかつて考えたのだとしたら、〔現代の〕アルファベットに囚われた高度文化は、自らの文字媒体の限界を情緒的ないし詩的に打破しようと努めている。文字記号は常に、歴史に結びつけられた文化的な記号なのである。

VI　形象、媒体、仮面
——形象作成の人類学的両義性

クリスティアーネ・クルーゼ

1　世界の二重化と世界の創造

形象の人類学的意味は、何のために人間は一般に形象をつくるのかを問うことにある。(1) 本章ではこの点を論じつくすことはできないので、二つの文化的技法である形象形成と仮面偽装を関連づけることで、実例を挙げながら答えることにしたい。西洋文化の絵画、写真、ポスト写真による全般的なメディア批判に専念してきた近年の芸術‐写真は、ここで掲げる命題、すなわち、人間が形象をつくる目的は、どれほど定義がいろいろあるにせよ、「現実」というものに仮面をかぶせ、そうすることで初めて現実をつくりだすという命題を拠り所にしている。ここで重要なのは、アナログ写真がつくりだしたデリケートな、現実に関する形象‐概念だが、この概念は、ポスト写真の発明とともに、今では決定的に神話の王国に追いやられてしまった。絵画、写真、ポスト写真という三つのメディアは、仮面という太古からの伝統に取って代わるとともに、それを生き永らえさせている。西洋の形象の歴史――ここではこれについてしか語ることはできない――は、形象の形成を二分法に従って、世界の二重化と世界の創造に分けてきた。人間による形象創造を基礎づけている、形象の起源に関する神話では、世界の喪失に脅かされ怯える場合にはいつでも、形象における世界の二重化について語られる。簡単に言えば、眼前の「現実」世界にたいする不満あるいは飽きが、世界創造のユートピア、あるいは、形象のかたちで先取りされた「第二の創造」のユートピアの動機なのだ。[2] ここで今日的な美術史から選んだ実例は、形象の形成、世界の二重化、世界の創造に関わる太古の両神話を熟考させるものである。形象のなかでユートピア的世界は不断に現実となっていく。問題は、形象形成において仮面としてのメディアが演ずる役割を理解することである。

2　仮面をかぶる

シャルル・ボードレール（図VI―1）から始めよう。彼は、芸術にとっての第二の創造という課題を引き受け、世界の二重化を写真に割り当てた。当時まだ歴史の浅かった写真は、現実を鏡のように模写するという評判をとっていた。だから、彼が『サロン　一八五九年』で書いているように、もしかすると写真には、「文芸を創造もしなければ文芸に取って代わりもしない印刷術ないし速記術のように」、学問と芸術の「きわめて慎ましい下女」の役割があるのかもしれない。[3] 彼は化粧賛辞も書いているが、そ

図VI—1　ナダール，シャルル・ボードレール

れは元々芸術の作為性にたいする賛辞であり、自然的なもの、現実的なもの、要するに、文芸のシャンフルーリや絵画のクールベに代表される当時の写実主義にたいする誹謗文書であった。

「女性が魅惑的かつ超自然的に登場するのを目指すとき、彼女はまったく正しい、まさに一種の義務を果たしている。彼女は驚嘆させ魅了すべきなのだ。（……）だから、あらゆる芸術は女性にとって、心をよりよく押さえつけ精神を魅惑するために、自然を超えて高揚する手段として役立たねばならない。成果が確かで影響が抗しがたい場合、策略と手練手管が誰にとってもよく知られているかどうかは問題にならない。そのような考慮に際しては、哲学的芸術家は容易にあらゆる手段の正当化を見つけるだろう。女性たちは、自らの壊れやすい美を強固なものにし、言わば神化するために、いつの世もそのような手段を用いてきた。(4)」

彼の話は確かに、「自然が卑劣にも皮膚に散りばめたしみ汚れをすっかり消し去」るためにか、あるいは、人工色、とくに赤と黒を使って自然を凌駕するために、女性が利用する人為的手段としての化粧についてのものである。だが、「女性」という言葉を「絵画」ないしは一般的に「芸術」で置き換えるなら、先のエッセイが成立した文脈をより正確に捉えることになり、ボードレールの芸術論の核心に迫ることになる。

化粧の技能を身につけた女性とは、本来自分の肖像画の画家である。彼が言っているように、真実の肖像画は、裸で化粧していない鏡のなかとは異なるモデルを示している。(5)本当の肖像画は、モデルを歪曲することなく、内面的な美と隠されたモデルの特性を認識し表現できる画家の詩と想像力を必要とする。だから、化粧する女性の美と真の肖像画を描く画家の美は発見され、一般に芸術によって初めて生み出される。そこでボードレールによれば、モデルと美の関係は次のようになる。

「美的なものは、永遠普遍の要素からなり、その関与を規定するのはきわめて難しい。しかもその要素は、状況に依存する相対的なものであって、そう言いたければ、全体として時代、モード、道徳、情熱となるものである。この第二の要素、つまり素晴らしいクーヘンの、楽しくて、味覚を満足させ、食の喜びをかきたてる衣がなければ、第一の要素は消化されず、規定もできず、人間本性に適合しないであろう。(6)」

化粧と肖像画、彩色されたり色を塗られた顔、美的なものの糖衣は二次元的なものであり、その背後に推測されるもの・何かより深いもの・三次元的なものに覆いかぶさっている表面的なものであって、それらは直接示されるものでもないし、またそれは不可能である。化粧されたものと色を塗られた顔は、仮面のようなものであり、何かを隠し、隠されたものの代わりに何か別のものを提出し提示しようとする。言い換えると、隠されたものあるいは現存しないものを、初めて見せる、つまり初めて本当に生み出す。仮面のこの二重の意味は、ボードレールによる化粧した顔の賞賛にも、彼の真の肖像画と美の把握にも表現されているが、その二重の意味は、人間による形象の創造一般と密接に関連している。すなわち、形象という表面は、何かを隠蔽すると同時に提示することによって、仮面の属性をもっているのだ。

仮面の太古の歴史は、現代文化ではフォルクローレ的伝統の地域的なカーニバル習慣に生き残っているが、それは近年再びさまざまな分野の精神科学の関心を高めている。(7)文化科学者のトーマス・マコは、マスメディアが作り出し、マスメディアによって「美顔的」とされる現代社会を仮面の文化史と関連させた最初の科学者の一人である。(8)彼は、新石器時代に遡るエリコの祖先頭蓋を、人間がいかに死者の頭蓋骨から生前の顔形を石膏で再現しようとしたか、その最古の証拠の一つと考えている。死者のはかない肉体は、長持ちする顔の仮面と取り替えられ、生命を死後まで装うために彩色をした。おそらくこれらの頭部は家族の家々に据えられ、そのことで個性、伝統、世代の存続が表現されるとされた。現在では親族や祖先の（場合によっては自分の）「顔の仮面」を、枠に入った写真の形で居間の本棚や整理箪笥に置いておく。ロラン・バルトは、自分の人格を写真で形象化すること、写真が形象化するモノの形でなされる客観化、凝固化、防腐措置を小規模の死の体験と呼んだ。[9] 同じように時間と空間のなかに静かに置かれ、表面に現われ、写真に撮られた顔も、感覚的に強調された、生命を思わせる仮面である。

メディアは、ある文化の仮面の歴史を生み出す。このことは、最新の美術史の二つの例——本研究はそれを対象としている——に即して証明される。ニューヨークで活動しているサンディ・シャーマンと、ロサンゼルスでデジタル画をつくっているキース・コッティンガムは自分たちの各々の形象メディアについて、完全に違った形で顔面化であると、もっと正確に言うと、グローバルな文化となった西洋文化の仮面化であると解説している。彼らは仮面を分析して、二つの可能性を、つまり隠蔽と提示、厳密に言うと「顔」の生産を指摘している。これは私が第一に示したいことだが、彼らはメディアの戦略を、現代の形象の歴史である仮面の文化の代理人として、その正体を暴く。ここで選んだ例は、各々のメディアに特有の仕方でメディア的な技法の仮面を剝ぎ、メディアを基本的に仮面と規定する。第二に、ここで登場する三つのメディア——絵画、アナログ写真、デジタル画像——は、形象作成の人類学的意味を主題とする。したがって、人間による形象創造は基本的に二分される。すなわち、人間は世界を二重化する、あるいは新しい世界を創造するために、形象をつくりメディアを発明するのである。

図VI—2　サンディ・シャーマン「肖像画の歴史」（ニューヨーク展覧会の光景）

3　脱仮面化

一九九〇年、シャーマンはニューヨーク・ギャラリーで、三五枚の大型コダック・Cプリントの連作を展示した。それは一見して、美術史における手本を暗示すると分かるものだった（図VI—2）[10]。「肖像画の歴史」として知られているこの連作は、かつての巨匠の肖像画を示唆するだけでなく、部分的には神話ないしキリスト教に画題をとった絵画に手を加えたものであった。彼女の連作に描かれた美術史がたとえ印象深く記憶されるとしても、かつての巨匠たちとの関わり方は、精通した観客、とくに美術史家には礼を失したものと映った。ボッティチェリ、ラファエロ、レンブラント然り。荘重な厳粛さ、貴重さ、神聖不可侵の尊厳——我々の文化的な形象の遺産は、これらを伴ってヨーロッパと北アメリカの大美術館で演出されている——は、「肖像画の歴史」を前にすると絶え間なく撹乱される。

　西洋文化が芸術と宣言した対象に与える高い地位には、シャーマンの写真を囲む金色の額縁も、画像に厚かましい存在感を与える巨大なサイズも関連している。このような写真の形式的な質がすでに示しているように、彼女の美術史に向ける視線は皮肉に満ちている。たとえば若い女性の上半身写真を含む「無題＃２１２」を取り上げると、横顔の位置・服装・背景にある古代の円柱にはイタリアのルネッサンスの日常的な肖像画の形式が暗示されている〔図VI—3〕。横顔の女性の鼻は強調され、突き出て頂点で醜い塊となり、しかもプラスチックないし張子でできた模造品であることがはっきり見てとれる。疲れ果てた目は、暗い輪で縁取りがなされ、口は、赤く化粧されているにもかかわらず、あるいはそれゆえに尖りすぎて、デイジー・ダック〔ディズニーアニメのキャラクター。ドナルドダックのガールフレンド〕を思い出させる。体の位置と胸の前で慎み深く組まれた手は、素晴らしい夜会服に衣替えされたディルンドル〔南独女性の民族衣装〕と相俟って、しっかりとした姿勢になっている。「無題＃２１２」の手本として、レオナルド派の無名の画家による、いわゆる「真珠のヘアネットをした女性の肖像画」が確認された〔図VI—4〕。しかし、シャーマンがルネッサンスとバロックの絵画に即して取り上げた変化を知るために、美術史のなかで先例を厳密に確定するのは、無条件に必要というわけでもないし、しばしばまったく不可能である。美と賢明さ、高貴と徳の表現は、ルネッサンスの女性たちが肖像画のなかで誇示しようとしたり、あるいは誇示することになる物質的な富と対になっているが、それらは皮肉

図VI—3　サンディ・シャーマン「無題＃212」

に打破される。今日でもなお理解できる美の規範に表現された女性の倫理的理想——これは、たいていのルネッサンスの肖像画で伝えられている——は、シャーマンの加工では別の方向に揺れている。彼女が「肖像画の歴史」で取り上げた、グロテスクなまでに誇張された美術史の歪曲は、理想像を反対物にひっくり返す。そうすることで彼女は、メディア的な作品のなかでだけ我々が知っている歴史的な時代の自己描写の戦略を解体する。「肖像画の歴史」を前にすると、ルネッサンスの女性の美しさと慎み深さにたいする我々の視線は変わり、それらは完璧な芸術の助けを借りて、もはや自然に美的な存在ではなく、人工的なものであり、

図VI—4　レオナルド（派）「真珠のヘアネットをした女性の肖像画」ミラノ，ピナコテカ，アンブロシアナ

図Ⅵ—5　サンディ・シャーマン「無題＃205」

高度に演出されたものとして現われる。自分の肖像画を画家に注文した、あるいは注文させた歴史的個人の「現実」は、描かれた絵が伝える女性の理想像と、そのポスト近代的な脱構築の間のいずれかにあるという結論に達すると言ってよいかもしれない。

「肖像画の歴史」のシリーズを精査すると、シャーマンが、先例に倣った理想化を旨としたかつての巨匠たちの形象世界を解体するという把握に達する。「無題＃２０５」ではラファエロのかの有名な恋人、フォルナリナの肖像画が取り上げられる。手本ではモデルのエロチックな魅力が、裸の上半身の若々しい純粋無垢な姿で提示されているのだが、この絵のほとんどすべての細部が加工されることで、下品では

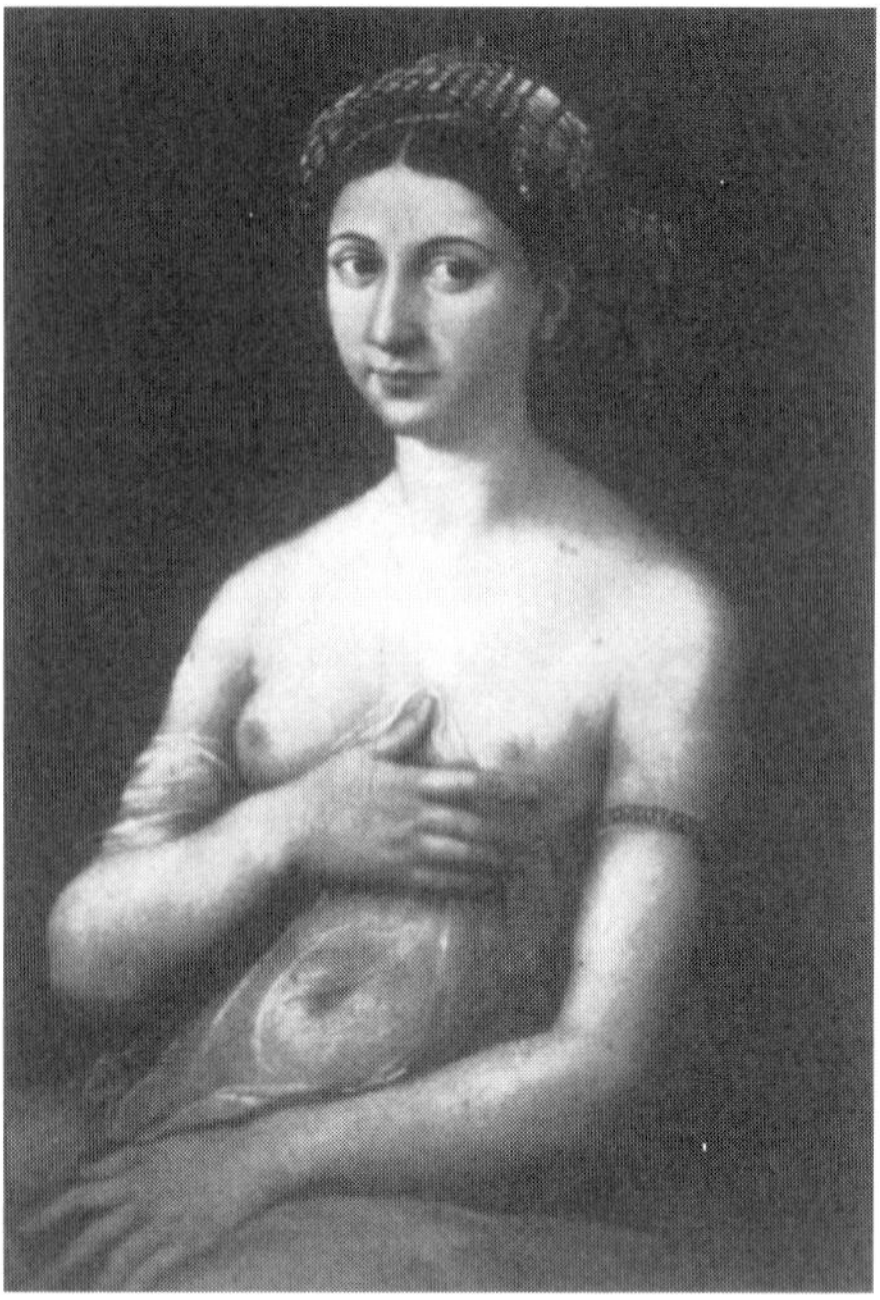

図VI—6　ラファエロ「ラ・フォルナリナ」
ローマ，ボルゲーゼ美術館

かばかしいものに転倒される(図VI—5、6)。ここでシャーマンは、イタリア・ルネッサンスの巨匠の一人と直接対比することを狙っている。彼女の加工はモデルを、困惑の目つきをした無愛想な女性——彼女は、カーテンの下に図らずも妊娠した腹部を見せているように思われる——として演出することで、少女の体の肉感的な表現を壊しているだけではない。手本を内容的に解体することで、絵画が喚起する美的作用の破壊が必然的に姿を現わす。ラファエロが自然を凌いで、滑らかな肌を演出している、滑らかな表面と金色に光る肉色の色彩は、シャーマンの加工では捏造となる。すなわち、呈示された仮面と、明瞭に見て取れるように、胸と腹部の前で結ばれた不恰好な義手がそれである。

シャーマンの芸術史との関わりは、決して侮蔑的でしかないようなものでもなければ、粗雑なものなどでもなく、反対に古い絵画の非常に正確な知識を示している[11]。傑作にたいする皮肉な視線が効果を挙げているのは、彼女が古い巨匠の絵の表面、演出技法、ポーズ、相貌を明暗法の細部に至るまで研究し、それらを自分の写真のなかで自家薬籠中のものにしているからである。自らの技法の秘密を手元にとっておいた古い巨匠たちと違って、彼女は自分の一連の技法をすべて公然と我々に明かしている。衣服、小道具、人工補装具の、まさに尽きることのない宝庫から、手本の役をうまくこなしている。あらゆる種類のパウダーや色鉛筆、棒紅、そして刷毛や筆を使って、顔や体に化粧を施し、皮膚を生きた画布のように処理し、古い巨匠たちのスタイルで彩色する[12]。厳密に仕上げられた光の演出と、被写体用フィルターの適切な選択によって、写真のなかで望んだとおりの絵画のような効果を呼び覚ましている。その場合、狙った絵の効果にとっては、次のことは少しも問題にはならない。すなわち、衣服をまとい化粧し、写真のなかでいつも新しい仮面をつけ、巨匠の絵画のやり方を分析して、彼女独特のやり方で仮面を剥いでいるのは、シャーマン自身なのである。

彼女は時折、手本の物語を神話の読み替えに利用する。ボッティチェリの絵のなかでユーディットがホロフェルネス〔ユダヤ攻撃軍の司令官〕の頭を天幕からもってくる勝ち誇った表現は、シャーマンの解釈では嫌悪のポーズになっている（図VI—7、8）。カーニバル風のユーディットは、白髪の恐怖に囚われたプラスチックの頭としてホロフェルネスを我々に差し出している。敵から民族を解放する英雄的

図VI—7　サンディ・シャーマン「無題＃228」

図VI—8　ボッティチェリ「ユーディット」
アムステルダム，リューク美術館

な女性の理想型は、首をはねる残酷な行為に直面して、戦勝記念品から身を背ける点に認めることができる。だがここでも、とりわけ皮肉が効果的である。というのも、彼女にとってテーマの現実に合わせた目標設定はひとつの発展段階に過ぎず、ユーディットの不恰好で太鼓腹のカリカチュアでは打破されているからである。ユーディットは、片方の手には血まみれのナイフを、もう片方の手には頭髪をつかまれたプラスチックの首をもって、大きすぎる偏平足でじっと立っている——あたかも彼女が化け物めぐりコースターの恐るべき化け物として演じているかのように。シャーマンはここで、聖書の神話を通じて伝承されてきたヒロインとしての、女性の理想像を暴いている。男性支配の世界はユーディットに、ヒロインを演じることの許される絵画の舞台を提供してきたのである。シャーマンも、自分のユーディットを舞台に立たせ、ルネッサンス・ユーディットのカリカチュアのなかで、グロテスクに描かれたアンチ・ヒロインという新たな役を彼女に割り当てている。

4　仮面をつけたメディア

「肖像画の歴史」においてはただ表面的にだけ、歴史的絵画とその理想的人間像にたいする批判的距離をとることが問題であった。写真シリーズの中心には普遍的なメディア批判、もっと細かく言えば、メディアの意図とやり方の解明がある。その際シャーマンは、二重の戦略をとる。一方では、実例が示しているように、古い巨匠たちの絵の内容が解体される。彼女が目をつけたグロテスクな人工装具と仮面は、アンチテーゼの提示によって、過去の文化の理想像の仮面を剝ぐのに役立つ。第二の戦略は、メディア批判に向けられる。その場合、現実模写を繰り返し拒絶される絵画は、写真批判の的になる。彼女の絵では、写真は仮面の提示によって、まず指標的メディアとして、つまり、物理・化学的になされる写真技術のために、現実の痕跡が付着したメディアとして証明されることになる[13]。

シャーマンが仮面による写真で語っているように、古い巨匠の絵画は、そこに登場する人間のアイデンティティを歴史的個人としてもはや推測できないほどに仮装させている。古い巨匠たちが絵画を通じて呈示しているものは、たとえばある文化の集合的理想に統一的な美貌を付与しているラファエロの恋人のように、アイデンティティの形象ないし人格の、捏造されたアイデンティティであることが分かる。絵画の形で我々に伝えられている、したがってメディアを通じて伝えられている人間の理想的な顔貌は、シャーマンが示しているように、一つの仮面であり、これが異なる性格をもった現実を形象的現実と取り替えている。歴史的絵画の美的世界は、それが後世に伝えたメディア以外のどこにも存在しないのだ。

ところが、彼女は古い巨匠たちの形象世界に、現実との関連のない純粋にメディア的な実存を割り当てる一方で、仮面を剝ぐという自分の戦略をきわめて意識的に深い矛盾に巻き込む。古い絵画に現実の仮装をさせるためには、ある個人、つまり女性芸術家自身の仮装を必要とし、彼女が常に新たな役割のなかで、芸術史から取った形象にたいして、たとえ正反対であろうとも新たな、しかし同様に人為的につくりあげられたアイデンティティを付与する。こうして両者とも、古い巨匠たちはその絵画によって、シャーマンはその写真によって、現実を覆い隠し、その代わりに何か別のものを呈示する仮面の原理に従って行動する。それぞれの形象化、絵画と写真はこの比較という水準では、それぞれの形象技術に起因する仮装化に関してのみ区別される。絵画が現実、神話、伝説から取られたモデルを絵画の表面で仮装し、それによって一般に初めて考案するのにたいして、写真を指標的メディアとして利用するシャーマンは、望み通りの映像効果を達成するために、被写体の前にある現実を仮装しなければならない。彼女は、仮装による画像メディア的脱仮装化という自分の戦略が循環論法に陥り、メディアと仮面がそれぞれの形象化過程で相互に確証しあうことをはっきり自覚している。

この循環から逃れ、形象メディアの根本的批判を明確にするために、彼女は写真シリーズ「肖像画の歴史」で、この循環から脱する道を空けている。すなわち、自分のメディアのなかで仮面を隠すのではなく、眼前に呈示する。そのことによって、ロラン・バルトが気づいた写真の意味内容に即して、写真の生み出す形象のなかに報告者が記録することは、ことは－そうで－あった－という箴言のなかに明示されうることを確認する。[14] このような写真の存在論的な定礎は、どんな反論の試みにもかかわらず、紛うことなきものと証明され、究極的にはパースを引証したフィリップ・デュボワによる記号論的な写真画像の定義がなされた。

すでに一八九三年に写真記号の理論的位置づけを分析したという少なからぬ功績がパースにはある。彼は模倣としての写真という単純素朴で錯視的な概念を克服し、形象とその指示対象の類似性という認識論的な障害を片付けた。そして、彼がこの障害を取り除きえたのはひとえに、メッセージそのものを考慮に入れただけでなく、とりわけ記号が生産される様式も考慮したからである。[15]

写真は、物理・化学的な形象の過程に基づいて、必然的に証言することとなり、バルトを範としてデユボワも強調しているように、被写体の前に存在し、光線を感光性の表面に、感光紙に投影したものの実存を存在論的に証明する。だが、写真が被写体の前に必ず物理的に現存する報告者との類似性をもっているかどうか、それは完全に取るに足りないことである。写真の過程が引き起こしうる多数の障害は、写真から生み出された形象にたいして、表出された現実に基づく意味を帰することを少しも正当化するものではない[16]。

シャーマンの「肖像画の歴史」では、写真記号、つまりすべての写真に共通する指示対象とは仮面である。画像は一定の浸透度をもって相異なる仮面を指示し、その仮面の背後には人間個人が隠れている。最後に、写真シリーズの35C- Print の過程ではかなり確実にこう言える、この仮面の背後の個人とはいつでも同一の女性、すなわち女性芸術家自身である、と。彼女が仮定する多面的なアイデンティティは作品の一部となり、芸術史と突き合わせているためにその根本的なメディア批判は先鋭化している。彼女自身がさまざまな役割を引き受け、仮面をかぶるにもかかわらず、同定されることによって、歴史的肖像画のなかで捏造された個人のアイデンティティを笑いものにすることに成功している。仮面の背後には、画像に示されたものとは何か根本的に違うものが隠れているのだ。このような表現によれば、写真とは絵画とまったく同様に、現実の仮装化というメディア的な戦略であり、したがって、写真記号と絵画的記号の差異は破棄されているように見える。

さて、「肖像画の歴史」が、歴史的な絵画をルネッサンスのようなある時代の理想的人間像のフィクションとして、その仮面を剝ぐ――それは結局のところ些細なことだろう――ためにつくられたのではないという疑念は当然のことで、むしろ問題は、仮面の助けを借りて写真の指標的記号を笑いものにし、メディア的現実が最終的には常につくられ、人為的に調整され、したがって仮装された現実であることの証拠を挙げることなのである。

5　デジタル絵画

まさにこのようなメディア批判的な根拠によって、シャーマンの「肖像画の歴史」は、一九二二年に誕生したキース・コッティンガムの「フィクションとしての肖像画」と結びついている（図VI—9〜11）[17]。一見するとこの作品は、1.2m×1mの版型をした三部構成の写真シリーズに見える。シングルと題された最初の写真は、南欧出身の一五歳位の少年が上半身裸になっている半身像である。ダブルと副題のついた二番目の写真は、双子の兄弟のものであり、トリプルと題された三番目の写真は、三つ子の兄弟のものである。少年の倍化と三倍化は必然的に、この写真の背後に隠されている現実への問いを投げかける。この写真メディアが執拗に主張しているように見える少年のアイデンティティは、形象的な多重化に直面して混乱を引き起こすが、それをコッティンガムは小さな示唆で惹起する。まず目につくのは、モデルが明るく照らされているにもかかわらず、黒いフィルムのなかにいるかのように現れ出る演出であり、そのフィルムは、陰影のない硬調の輪郭線で体を囲っている（図VI—9）。少年のズボンのベルトは、視覚的にこのフィルムの一部となり、そのために上半身は、画面上に浮かんでいるように見える。この効果は二作目でも繰り返され、少年は双子と一緒に登場している（図VI—10）。ここでも黒いフィルムが、空間に広がる体の印象を妨げ、とくに左側の人物の陰になった肩の部分がそうであり、黒いフ

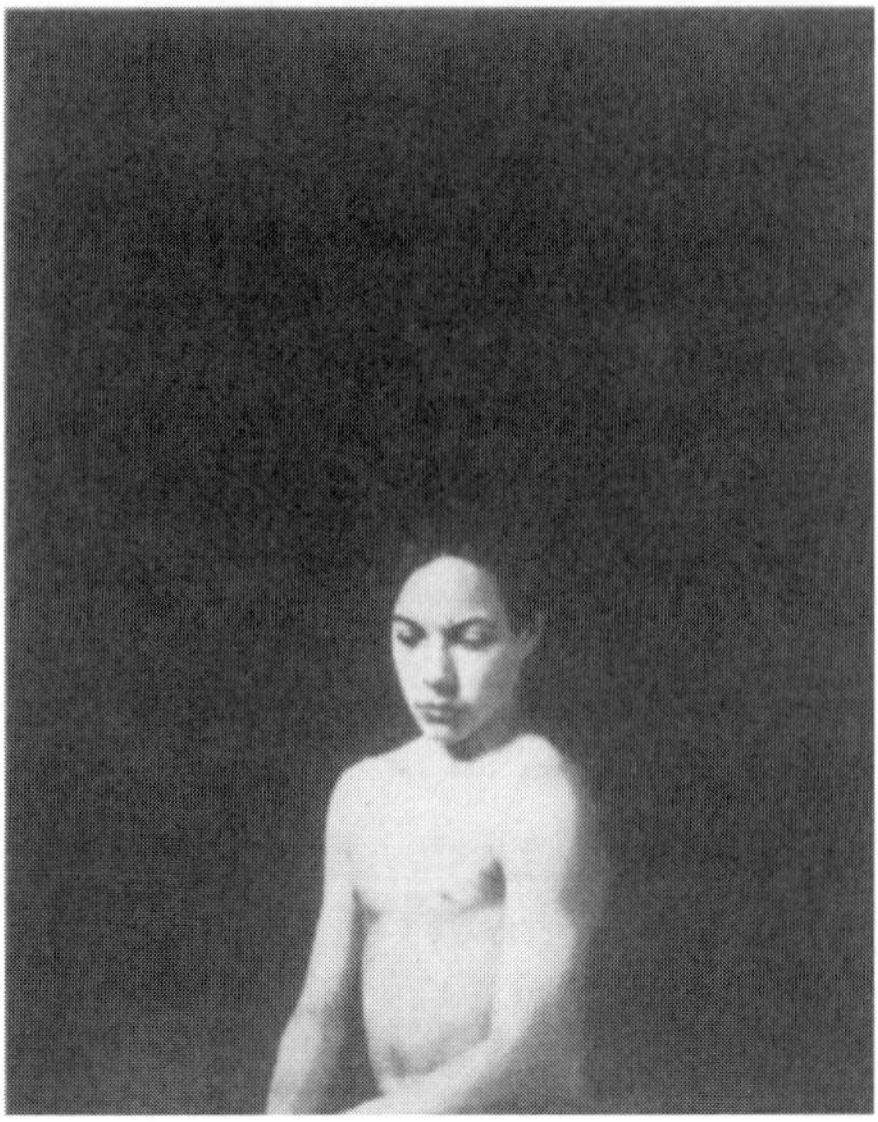

図VI—9　コッティンガム「フィクションとしての肖像画（シングル）」

ィルムと融合している。三作目の光と陰の効果を追っていくと、人物が光と陰——一つの体がもう一つに投げかけている——の人工的な調整のなかでだけ存在する、という印象が強まる（図VI—11）。写真スタジオでの状況を思い浮かべ、人物を左から上へ照らし出す光を無視すると、そこにはもはや黒くて乳白色のフィルム、すなわち画面以外には何もないことを確認することになる。

コッティンガムの「フィクションとしての肖像画」は、表題から分かるように、コンピューターから生まれた画像であり、そこに見られる人物は人工的につくられている。それは世界に現実的な人間として存在しているのではなく、バーチャルな身体として、無限に等しく再生産可能なデジタル・データ命題として存在している。彼は

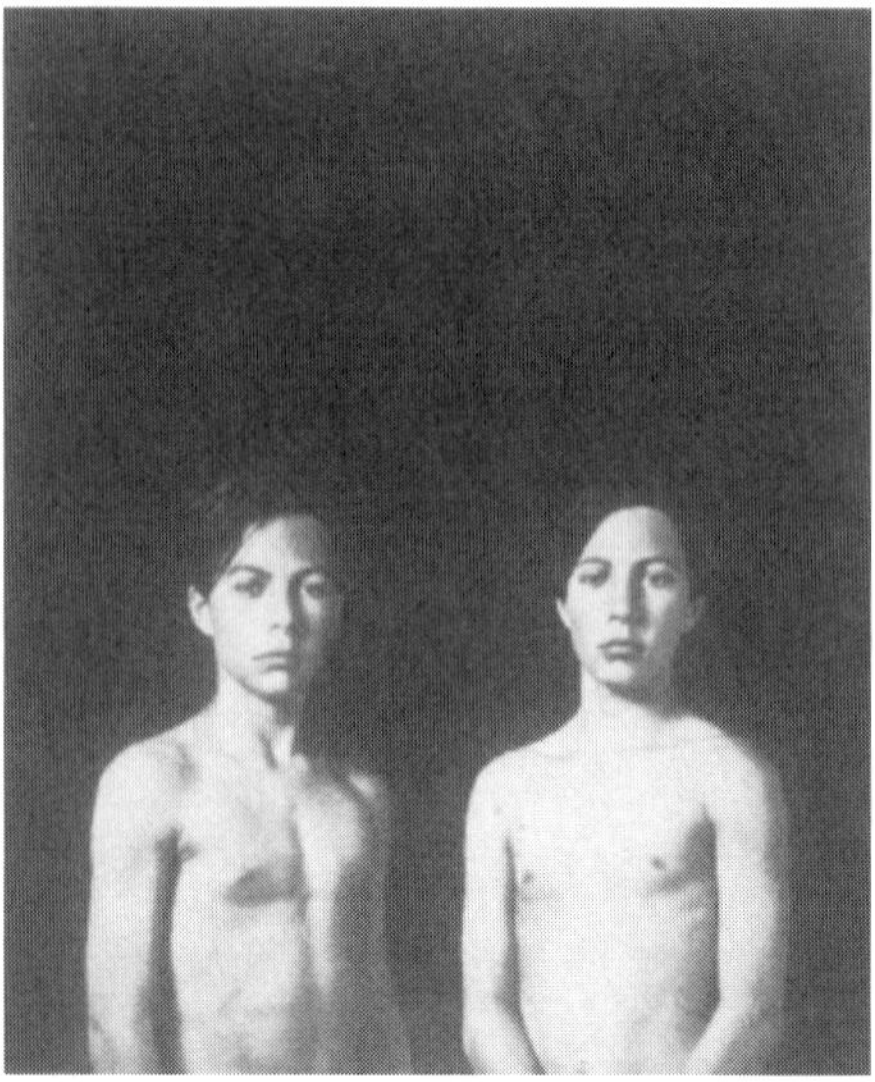

図VI—10　コッティンガム「フィクションとしての肖像画（ダブル）」

自分の仕事場をいくらか公開しているので、これらの画像の誕生をほぼ追体験し理解することができる[18]。実際、芸術家の仕事場についで語るのは決してアナクロニズムではない。というのは、彼はパソコンの前に座っているだけではないからだ。まず最初に、実際の人間のアナログ写真があり、石膏の仮面がある（図VI—12）。その仮面によって、写真にある少年の二次元の顔が三次元の立体像に移し変えられるが、その際原物の美的欠陥が、完全に均整のとれた容貌のために、引き延ばされた卵形の顔、とりわけ鼻と額から見てとれるように、完全に滑らかな肉色調によって修正される。彼は彫刻家のように仮面と取り組む。彫刻家は生きたモデルを、理想値に従って美的に規範化された形態としてつくりあげるが、当の個人の表情を壊すことはしない。次の一歩

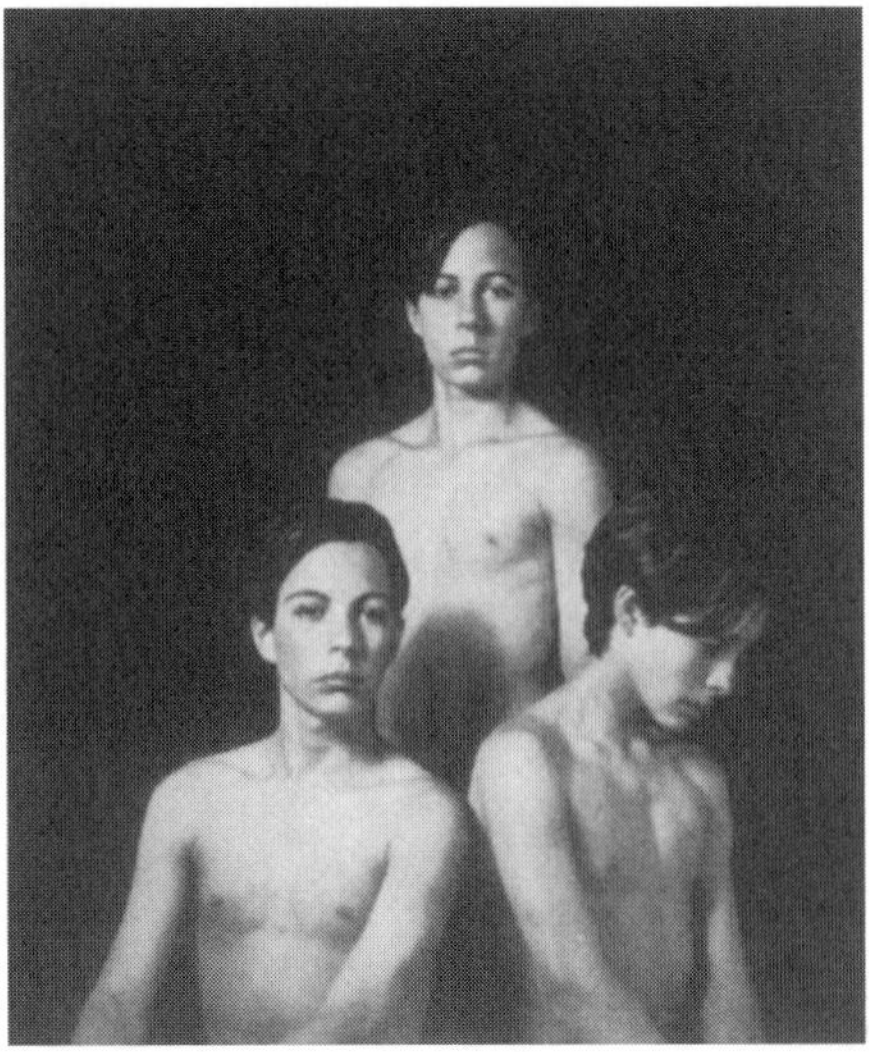

図VI—11　コッティンガム「フィクションとしての肖像画（トリプル）」

として、彼の作品は現実の仕事場の空間を離れ、隠喩的に語れば、パソコンのバーチャル空間に入り込む。この目的で、写真と仮面はスキャンされ、スクリーン上で更なるデジタル処理のために自在に扱われるが、そこで両方ともデータ命題へと計算処理される（図VI—13）。したがって、写真と仮面のデータ集合は、一つの画像データ集合へと統合されるが、そこではまず、スキャンされた像の表面が互いに調和させられねばならない。次に彼は、スクリーン上で容貌の可能性を試してみて、最終的に確定する（図VI—14）。これらすべてが画像の s/w モードで行なわれる。さて、次のステップは肉色調、目、髪のシミュレーションである。灰色をした顔の被覆における肉色調のデジタル化は、画素単位で行われるから、絵描きの数字による電子形態のようなものとなる（図VI—15）。デジタル画像

図VI—12　コッティンガム「試作品（a）」

作成に続いて、画像はレーザープリンターで印刷され、ついでカメラでスライド・フィルムに露光され、最後に版型 1.2m × 1m の印画紙に陽画が現像される（図VI—9〜11）。この画像制作の最後の部分で、デジタル画像からアナログ・スライド陽画がつくられるが、後者はこれ以降皮肉にも、デジタル画像の単一種となる。さて、写真メディアでは、画像上の少年は、バルトの箴言によれば、「そこに・いる」、少なくとも「そこに・いた」と証明されることになる。

複雑な作品制作の最後に写真メディアを取り上げてみると、少年の画像がある人間を模写しているということについて欺かれていることが分かる。写真、手作業、デジタル、最後にもう

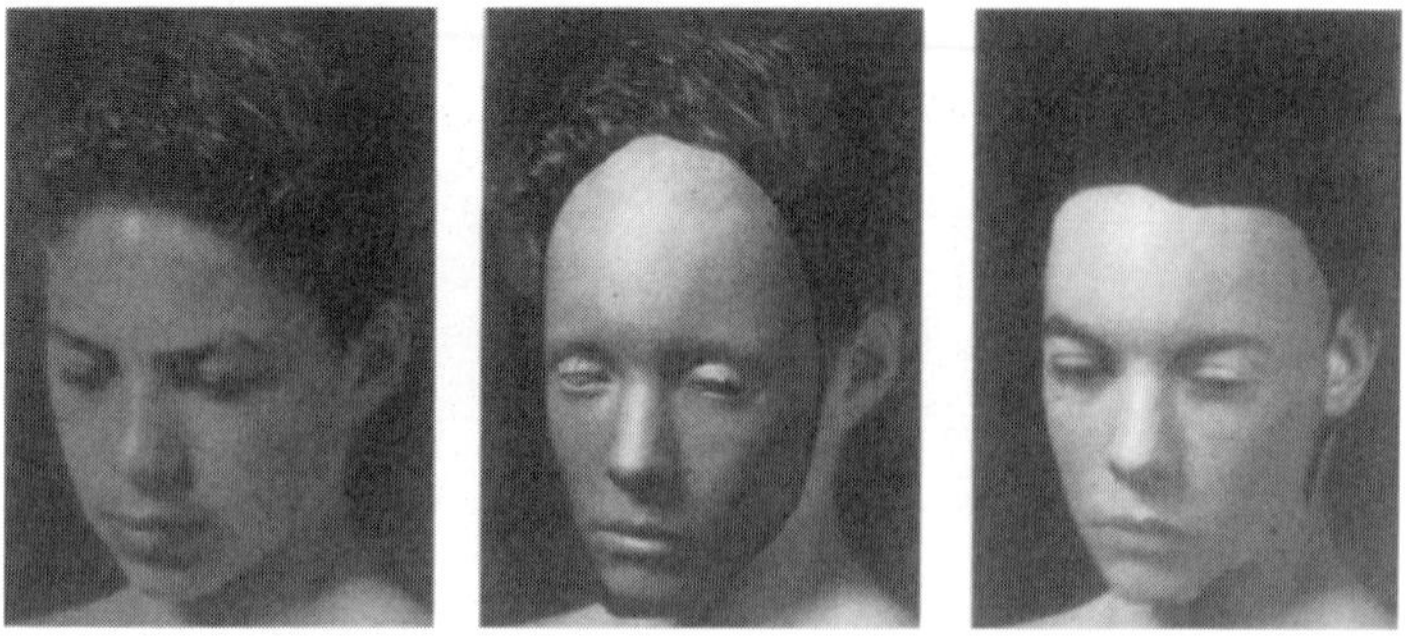

図VI—13　コッティンガム「試作品（b）」

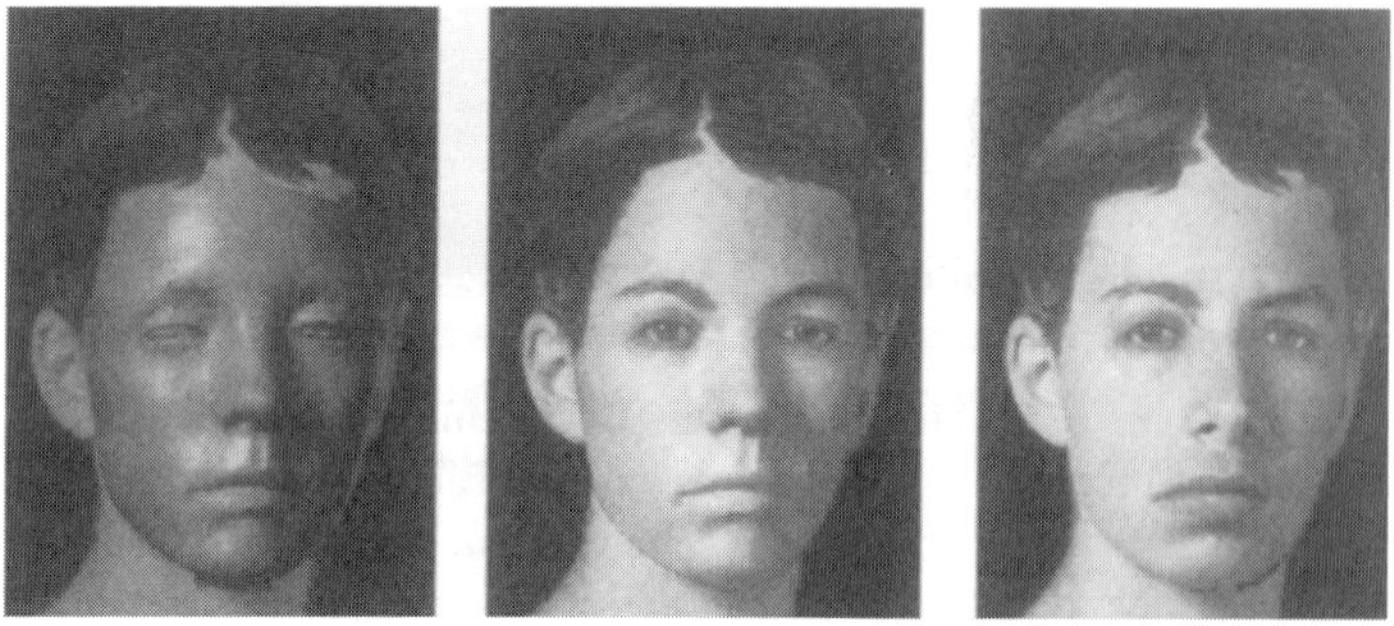

図VI—14　コッティンガム「試作品（c）」

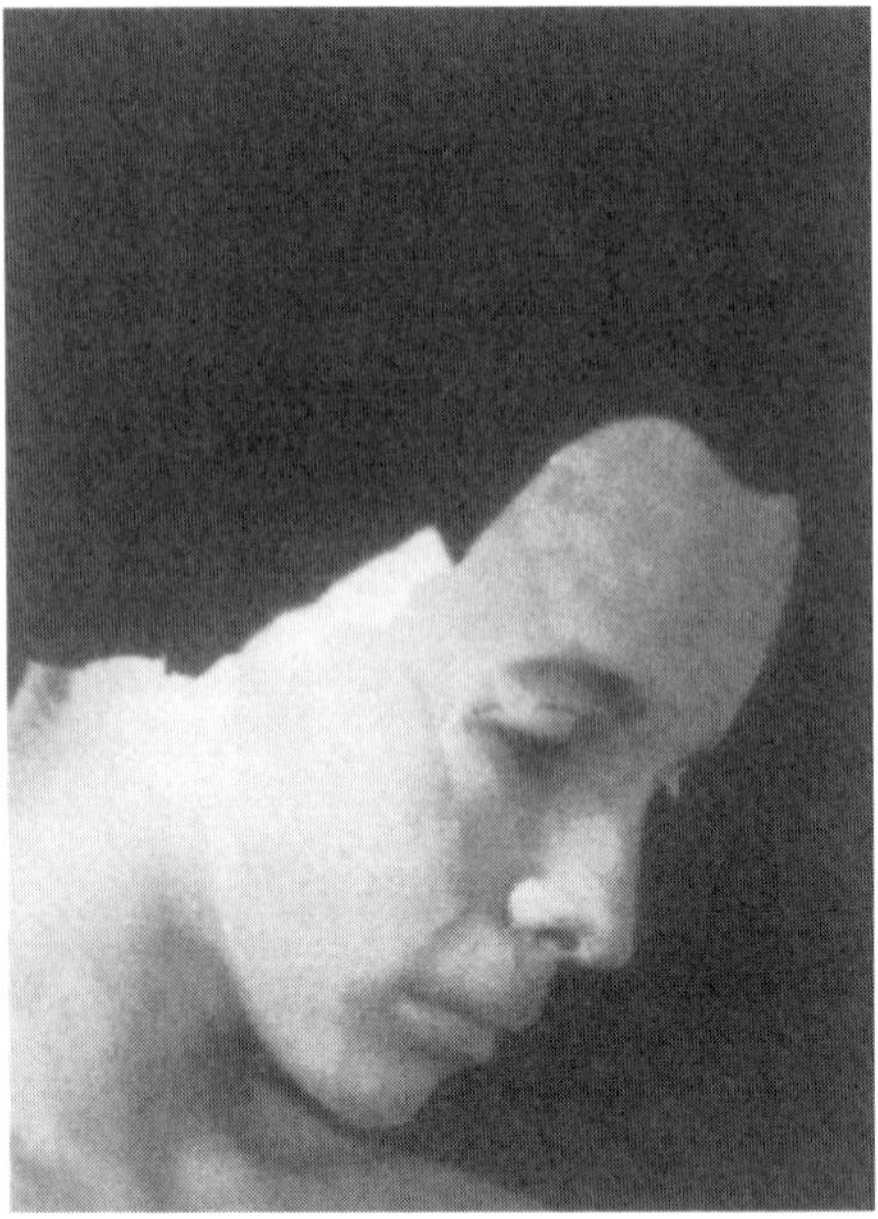

図VI—15　コッティンガム「試作品（d）」

一度写真といった技術によってなされる画像のメディアとしての存在は、ハイブリッドな画像過程に支えられており、そのハイブリッド性は、デジタル技術とアナログ写真技術の統合というパラドックスを生み出す。デジタル技術が、無限に等しく反復されるクローンのようなものであるのに対して、写真技術は、露光されたフィルム上の、多かれ少なかれ等しく再生産可能な単一種なのである。

6　人間以後の人間像

コッティンガムの言によれば、「フィクションとしての肖像画」が批判しているのは、近代のもっとも重要な発明の一つ、すなわち主体および人格性の概念である(19)。シャーマンが「肖像画の歴史」で歴史的な肖像画を、美と徳の基準に従って描かれた理想的な人間像のメディア的な構築として暴いたように、彼は写真の仮面の下に、デジタル的クローンを創造するが、これは現実の人間を模写するのではなく、人間の個性と人格性のバーチャルな特質をすべてもっている。それは純粋に画像メディア的な存在だから、これからは画像人格と呼ぶことにする。コッティンガムのシリーズの第一部では、画像人格は、小児性愛と称すべき観察者の渇望の視線にとって、少年の裸の上半身を呈示しているが（図VI—9）、伏せられた目には恥じらいというより、自らの身体美の自己意識が表現されており、少年の拒絶された視線は、観察に晒された身体の対象としての性格を露骨に示している。二番目の画像は、双子のように似ている画像人格の次の類型を示しているが（図VI—10）、左の画像人格は直立姿勢を保持し、冷静な目つきで冷ややかな不遜さを表し、右の画像人格は、高慢さと両性具有性を見せつけている。三重の画像人格の構成は、権力、優越、最高位の形象としてピラミッド型を利用しているが、それは右の人物のメランコリックな態度によって打ち壊されている（図VI—11）。

コッティンガムが個性と精神・心理状態の表出を隠れ蓑にしてコンピューターで創造したのは、彼が画像技術を使って具現している、前から導入していた画像表現に他ならない。ルネッサンスの彫刻と絵画の暗示——ドナテーロやミケランジェロのダビデ像や、聖セバスティアンやヨハネの無数の描写が脳裏に浮かぶ——は、明らかに「フィクションとしての肖像画」の画像プログラムを表わしている（図VI—16）。細身の筋骨たくましい若い盛りの体は、ルネッサンス期に政治的アイデンティティ、キリスト教的・古典古代的アイデンティティの模範とされたが、その体はここでは依然として妥当する人間の理

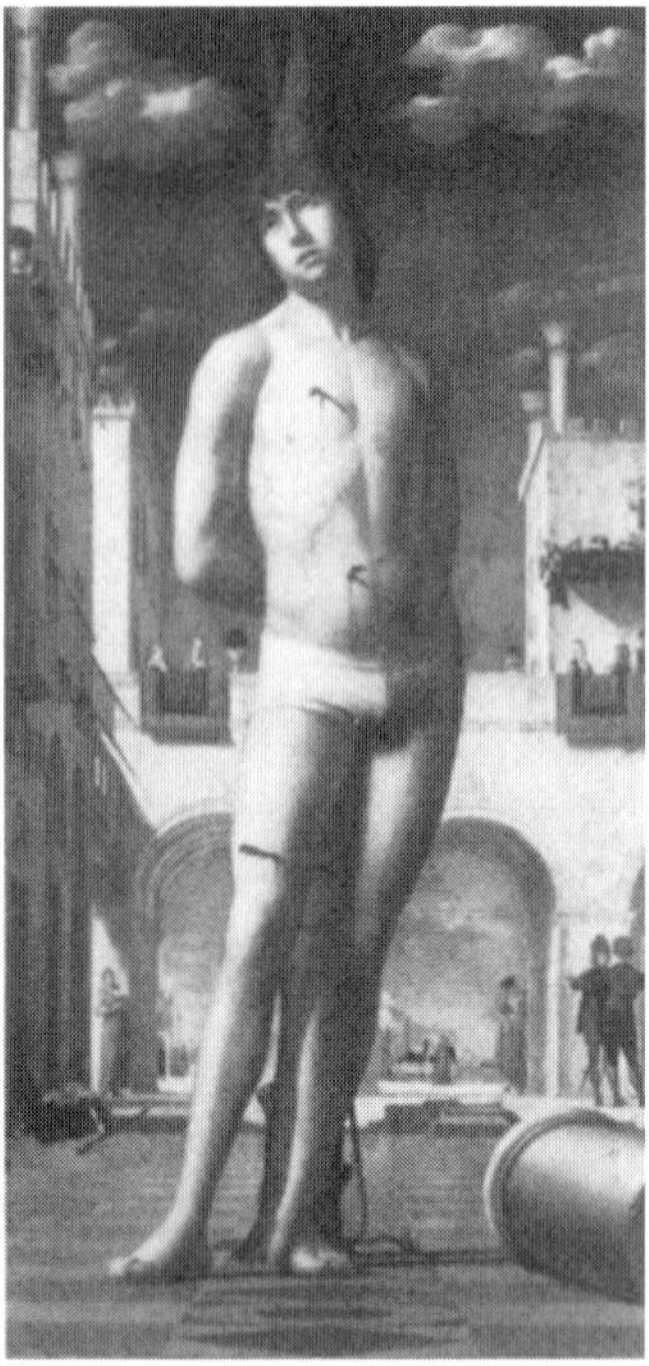

図VI—16　アントニオ・デ・メシナ「聖セバスティアン」
ドレスデン，国立絵画美術館

想像として具現されている。視覚的な評価からすれば、コッティンガムが考案した画像人格は、ルネッサンス芸術の英雄に似ている。その英雄と同じく、画像は身体美、若者の力、精神的優越、心的感受性を個人的実存の仮面へと移している。だが、あの先例とは対立して、「フィクションとしての肖像画」はもはや歴史を語ることはない。先例は、美や特性、優越の形象を内容と意味で満たしていたのであろうし、形象に象徴的な紛うことなきアイデンティティを付与していた。「フィクションとしての肖像画」は、反照なき形象であり、だから、ボードリヤールのメディア批判の意味で虚像なのだ。[20] それは親密な形象型を再活性化し、我々が自分固有の考案した歴史で満たすことのできる雛形にする。固有の形象以外のものとは同一ではない画像人格は、我々がそれに関与する時、我々がそれに割り当てることのできるフィクションとしてのアイデンティティ、想像によるアイデンティティにとっての空間を提供する。こうして、それはバーチャルな鏡像へと、最終的には、脱個性化された個人しか存在しない（ポスト・ヒューマニズムの）文化のナルシシズムへと導いていく。[21] このような人間は、永遠の青年、美、優越、不死性を約束する理想像に従って自分自身を創造する。コッティンガムの「フィクションとしての肖像画」は、このような形象的夢想を真理にしようとしている遺伝子工学の最新の成果にたいする回答であり、彼の仕事のハイブリッドな任意性は、青年の狂気に感染した社会の集団的精神分裂症としての、バーチャルな身体の実在性にたいする憧憬を宣言しているのである。デジタル映像技術が、遺伝子工学によって真理とされようとしている、理想的に美しく、バーチャルで不死の身体への願望を保証するのにたいして、写真技術は、あらゆる人間存在の個性的なもの、無比のもの——現実準拠——を促進する。アナログ文化技術とデジタル文化技術の統合とは、人間を画像として生み出す、現代の仮面文化の徴候なのである。

最初単数で導入された画像人格の二重化・三重化において、僭称されていた個性はますます疑わしくなる。画像人格は誰なのかという問いにたいする答えは、継起的な多重化（最初一人、次に二人、さらには三人）、無人の環境、人物の人工的なピラミッド構築によって当惑させられる。一連の画像が継起するなかで、青年の純粋に画像としてのあり方が判明する。それは生物学的な道を通って生み出されたのではなく、電子工学的な条件の下で生み出されたのだ。画像人格にたいする存在論的疑念が生まれた瞬間に、画像の発生とメディア性にたいする問いが姿を現わす。

アナログ写真の仮面をかぶった「フィクションとしての肖像画」は、シャーマンが「肖像画の歴史」で描いていたのと同じメディア批判的論拠に結びつく。コッティンガムも、自分の作品を「デジタル絵画」と特徴づける時、絵画を準拠メディアとするが、そのデジタル絵画は、コンピューター化されたモンタージュ技術の助けを借りて、ただたんに主体を模写するだけでなく、ルネッサンス芸術が聖者や古典古代の英雄を伴っているように、普遍的で個性的な本性の理想的な人間身体を案出してもいる[22]。ポスト写真の特徴をもつ画像は、新種の画布としてのスクリーン上で成立し、データの流れのなかで無限に多くの画像の可能性を準備する。ソフトウェア産業はつねに、現実と両立する画像の質を達成するために、より効率的なプログラムの開発に取り組んでおり、もはや芸術家にとってだけでなく、ある新しい世界を創造することを可能にする。このデジタル世界の画像の質に関して言えば、デジタル世界は好んで写真を志向する。だから、写真は多くのコンピューター芸術家にとって、美的にも画像論的にも適合的な準拠メディアとなる。写真には「現実的なものの痕跡」が固着しているからだ。コッティンガムのデジタル・クローンは写真のような様相を呈し、この仮面のなかで、指標のように現実を指示することを要求する。

7 画像的現実

ここでもメディア批判が、究極的には写真の仮面剝奪に当てはまる。写真は他のどんなメディア以上に、いわゆる「写実主義」の概念をつくりあげているからである。このような観点から写真の歴史を簡単に描いてみよう[23]。一九世紀の半ば頃、ボードレールのような何人かの数少ない芸術家かつ文化批判家は、写真によって生み出された新しい画像に衝撃を受けた。そして、写真についてすぐにこう噂した、それは現実を初めて完璧に模写した、というのも、それは自動的に、客観的に、言わば自然科学的な方法で勝利したからだ、と。すでに世紀末にはパースが写真記号を指標として分類し、写真画像のミメーシス〔模倣〕的概念を神話の王国に割り当てるという反論を提起した。二〇世紀になると、写真画像の客観性は多方面から、また一連の論拠に立って解体され、文化的ないし技術的に制約されたコード化の仕方が、とくにフルッサーによってはっきりと明らかにされた[24]。その間に写真という実践は、ますます成功を収めていく芸術写真と、たとえば印刷メディアを利用する実用写真に分裂していった。芸術写真は写実主義論争には関心を示さなかったが、それは、芸術写真がどのみち現実のメディア的構築を推進し、自らのメディアをつねに自己反照的かつ批判的に扱ったからである。他方、印刷メディアのなかにいる実用写真の方は時折は頑固に、かつしばしばかなり不純な意図から、写真が世界への視線を、窓を通してのように示すと主張した。歪曲を伴う娯楽週刊誌の一面を考えてみるだけでよい。それは、デジタル画像技術のお陰でますます説得力をもつようになっているのである。
驚くべきことに、デジタル画像の時代において写実主義論争が改めて再び巻き起こっている。フォン・アメルンクセンは一九九六年、「写真以後の写真」の展覧会への寄稿文で、写真記号の現実準拠にたいする決定的な疑問を、次のように解説した。

もちろん我々は依然として、実在にたいする、つまりカメラの前にある物体の事実上「存在したもの」にたいする指標的な関連を［写真の］画像と結びつけるが、この画像の表象のなかにはある疑念、ある心配、ある不安が忍び込んでいた。そして、この不安は表現行為・表象行為の自己理解のなかに潜んでいる。……「ひょっとしたらそれは存在しなかったのではないか」、画像面――物質的な担い手――上には、光子によっては決して黒くされない点が存在するのかもしれないという疑念、この実存的な疑念は、さらには恐怖の念を引き起こす。表現されなかったものが恐怖を制約するのではなくて、デジタル世界の表現の可能性、潜在的能力――これは、実在的印象（光が層のなかに「押し付ける」のだが、移す過程で心理的な像も刻印するように）と、計算機の闇のなかで生み出される「表現」の区別を、たとえ区別が存在するとしても、許容しない――が制約するのだ。(25)

写真画像が我々の現実性概念を、あたかも写真がいつでも存在していたかのように、どれほど刻印してきたか、これは驚くべきことである。長い何千年もの画像の歴史から見れば、写真は指標的な記号と

図VI—17　ナダール，シャルル・ボードレール

して（たとえば、伝説的な聖女ベロニカの汗拭き布、トリノのキリストの聖骸布、最初の神話像、壁にかけられたディブタデスの娘の恋人の影絵のような）、絵画の神と始まったばかりのデジタル画像の時代に挟まれたきわめて短いエピソードにすぎない。画像史の奇妙な間奏曲としての写真メディアにおける、疑いえない実在的なものにたいする信仰と手を切る秋《とき》なのだ。現実的なものの画像的実存――世界の画像的二重化の神話は、これに基づいている――にたいする存在論的証拠物としての指標的画像は、写真のメディアのなかで壮大であると同時にエピソード的な歩みを進めてきた。神話と同様に古いユートピアは再び未来に属する。現在、デジタル画像メディアが、完璧な人間の「第二の創造」の夢を満たしている。

ボードレール（図VI―17）は、写真が自然を少しも飾ることなく模写するという理由で憎んでいたが、「想像力は世界を創造したように、世界を支配する」という箴言で、世界の新たな創造を、芸術によって実現される画像化の本来の意味と解した。(26) 想像力の権威にたいする無条件の弁論には、画像における世界の二重化を扱う、画像化の別の意味が対立している。仮面としてのメディアは、このような人間学的な画像創造の二重の意味を引き合いに出すのである。

Ⅶ　発生・誕生・死――人間の生における心的精神性の諸段階

クラウス・ベルガー

私は、日常生活の外面的および内面的ゲシュタルトを「心的精神性（スピリチュアリテート）」と名づけている。外面的ゲシュタルトの特徴は、たとえば（カトリックの）聖務日課のような宗教的・典礼によって刻印され、内面的ゲシュタルトは、頻繁な「思索」、回想、希望（将来についての意識）として表出する、特定の心性を意味する。だから、心的精神性は、時間の限界点の間に張り巡らされた、時間の問題である。したがって、どこから・どこへの問いを、つまり、宗教の根本問題を心的精神性の問いと結びつける誘因が存在する。

死への歩み（ハイデッガー）から、死の後には何が、という問いも生まれる。こうして、有限性の意識はつねに、拡張する地平（ラーナー）も伴っている。有限性の知覚と同時に、いったいなぜ・その前には・その後には何が、という問いも生じるからである。だが、この二つは同時に答えを免れている。深刻な無・知が「前から」も「後から」も人間を取り巻いており、近代科学もこの闇を照らし出すことはできない。臨死体験は疑わしい。それは、実際に死の体験が問題なのかどうか、また「残存身体内の」知覚だけが問題なのかどうかについて、少しも確定しないからである。

それだけに、ほとんどすべての宗教が「その後には」の問いに肯定的に答え、しかもずっと昔からそうなのは、いっそう驚くべきことである。人は死者の霊との遭遇について、また死者の再生について語るが、そのようなことは経験的には確証できていない。

「その前は」の問いも、プラトンの神話やさまざまな輪廻説・業（カルマ）の教えでは肯定的に答えられている。それに従えば、人間の魂は誕生以前に、どの肉体に向かうのか（プラトン）の選択をするか、あるいは、この選択をしないで、行為の善悪に応じて特定の肉体に入り込むかしている。ユダヤ教およびキリスト教の見解では、神は個々の人間をつくる際それぞれ個別的な魂を創造する（霊魂創造説）。これに対して、中世初期の別の著者によれば、魂は両親によって成就され（生殖説）、そして、輪廻を説明するために不断に持ち出される、一定の思い出ないし再・想によって説明できるとされる。つまり、特定の回想や印象が遺伝素質に至る道を見出すのかもしれない。これも生殖説の教えだが、遺伝素質が、個々の魂の個別的な発生の邪魔になることは決して必然的ではない、とされるのだろう。

魂の再・現に関するたいていの教えにとって結節点となるのは、もちろん回想（これは、「エジプト」に由来するという奇妙な傾向を持っているが、疑いもなく一九世紀のイデオロギーである）ではなく、神義論の問題である。それでは悪しき状態（奇形、宿命）は、以前の生活における行為の結果なのか。これに照応した教えはここで、奇妙な報復の自動性を計算に入れる。キリスト教はそのような見解を拒否するが、その理由は、一方では赦しの次元を知っており、他方では人間の厳格な一回性と唯一性に固執し、我々の人間像がそれによって刻印されていると知っているからである。

さて、誕生における人間世界への参入は、死における出立といつでも比較される。誕生と死は、閾の経験として相互に比較される。このような考察は、ラビの場合とまったく同じくルターにも見出される。彼は言っている。「……死の道は……我々をどこへ導いていくのか。ここに狭き門が、生への狭き道が始まる。……その道は確かに狭いけれども長くはない。然り、子供は母親の身体の小さな住処から危難と不安を抱きながら、この広い天地に誕生するとしても、それが現世なのだ。それと同じく、人間は死という狭き門を通って現世の生から出て行く……。そして、未来の天国に比べれば、一切ははるかに狭く小さい、この天国に比べれば母親の身体がそうであるように。」(「死への準備についての説教」、一五一九年)。

ラビは宣言する。「もし母胎が喜びとともに受精し、苦痛とともに分娩するとすれば、それだけになおさら、苦痛とともに受精し、喜びとともに分娩する現世は存在しない」。こうして復活が証明されたことになる！　それによれば、受精と分娩は二回問題となる。この順番は継続し、ひっくり返すことはできない。同様に、喜びと苦痛も二回問題となるが、この順番はひっくり返せる。

すでにユダヤ教のマカベア書は、個人が天国に達すれば、彼は「父たちの聖歌隊」に受容されるということを計算に入れている。それ以前は父との合一に際して墓所が考えられていたとすれば、今や父との共同体は、生命力に満ちた天国の家族内祝祭となる。

ルターもラビもこの閾の経験に、溢れんばかりの前史と後史を記してはいない。両史とも、決定的な危機の出来事の直前・直後の時点に制限されている。

もちろん幾多の人々の見解によれば、それ以前とそれ以後に関する言明の典拠がさらに存在する。通例この典拠は、未来像と啓示である。

このような伝統は、決してキリスト教だけのものではなく、キリスト教以前の時代にまで遡り、ユダヤ教とキリスト教は、それらの文献の継続にすぎない。我々にはキリスト教以前の時代から、ヴェルギリウスのオデュッセイやアエネイス第六書の冥界の旅がある。故人となり今では神となった人間の運命に関する天国の未来像は、紀元一世紀のローマの銘文（CIL 6.3, p. 2244, Nr. 21521）やローマの元老院議員ユリウス・プロクルスの眼前にロムルスが登場するという報告がある（リヴィウス、プルタルコス等々のさまざまな典拠）。死者の未来の運命にまつわる道しるべについては、使徒パウロがコロサイ書1の15で「神秘」の啓示を引き合いに出している。

その場合次のことが見てとれる。描写された状態の超越には、認識根拠の超越が対応し、認識様式は対象の性質に対応している。

通例、自らの経験を自伝風に告白するのは個人である。オデュッセイとアエネイスを除くと、ユダヤ教ではヘーノホとラビのイスマエルとイザヤの「イザヤの昇天」が挙げられるし、初期キリスト教ではパウロとペテロの、両者に帰せられる聖書外典の黙示録が挙げられよう。

内容的にはいつでも審判が問題であり、しかもエジプトの死者の書から、ユダヤ教のアブラハムの書やペルシャの「ゾロアスター教の書」ブンデヘシュに至るまでそうである。それによれば、「未来」は現在の直線的な継続に過ぎないのではなく、預言者ヨハネの啓示にある天国の舞台に関する報告が挿入されているのに似て、天上世界における地上および現世の鏡、それも批判的で明澄的な、仮面を剝ぐような鏡なのである。

審判における分別は、現世の最終的な明澄化に他ならない。そのかぎりで審判はなんら新たなものをもたらすのではなく、行為と効験の関連を後から実行するか、あるいは、「栄誉が現実にたいして付与される」、つまり、世界が真理との和平を結ばなければならないという意味で、現存するものの解明に役立つかである。

したがって、死の幕の背後にあるものの無・知にもかかわらず、存在するのは、〈その後に〉の叙述を通して、目に見える現存の世界に働きかけるという明示的な意図である。この作用を可能にするために、〈その後に〉と〈その前に〉に視線をやる人々は、〈今現在〉においては充分解けない問題と取り組むことになる。

この問題を解くために、問題は言わば超越のなかに移されるか、〈向こう〉へ押し込められる。この方法でとくに三つの問題が解かれる。なぜ悪が善へ、善が悪へと公然と転ずるのか（神義論）、未成就の人間の憧憬は達成されるのか、それとも無益なままなのか、すべての人間の有限性は決定的で、かつそれは最後の言葉なのか。

行為と効験の関連については昔から、両者の距離はしばしば長いとされている。審判の証言によれば、この距離はきわめて長いので、効験は超越のなかにあるのだが、この効験は確実なので、そのかぎり審判の証言は〈今現在〉に影響を及ぼす。

さて、今日地獄の業火について語られるのはそれほど好まれない。だから、地獄のイメージ自身も、嫌いな学科目同様好んで選択されることはない。結局のところ、宗教は幸福感のために存在していると いうことだ。地獄の証言は根本的に、快適さゆえにそこにあるのではなく、鏡として眼前にある。その場合、地獄の証言は形象なのだが、ただそれだけにはとどまらない。それは、強く誘い訴えかける性格を持っているのだが、我々はこの機能に制限してはならない。地獄についての証言は、「パラドックスに満ちた干渉」の表われであり、発言しない何かを描いている。だが、それは空疎な証言ではないし、脅かしであるばかりではない。イエスの福音は、もしそれが福音の受容という目的のためにだけ地獄を壁に描いたのだとしたら、公平とは言えないだろう。――多くのキリスト教徒は、喜びの知らせが脅かしの知らせとして告知されたのでは断じてないということを歓んでいる。だが、神がそのように規定されていないことを、どこからそれほど厳密に知ることができるのか。ユダヤ・キリスト教のなかに実際に神の前の正当な不安（その根拠は、神がひょっとしたら実際にも不安を抱く存在かもしれないという点にある）があるとしても、それがどうしたというのか。不安に陥らないために、我々が好んで地獄を持っているかのように、神は存在していなければならないのだろうか――。そうではなくて我々自身は、地獄のテーマが、原爆の火の玉から恐るべき〔ユダヤ人の大量虐殺という〕最終的解決に至るまで、無数の新たな変異を手にしたことを憂慮してきた。「地獄」と言う場合、神の個人的な復讐が問題なのではなくて、いつでも人間の行為の対応物が問題なのだ。再言すると、このような証言は我が身を映す鏡を望んでいるのである。考えてもみよう。君が今他人と一緒に眼前に見ていることは、君自身に関係しているのではないか。君が行為者でなく犠牲者だとしても、君はその場でその行為から目を転じないだろうか。君の行為は「容赦なく」君につきまとうだろう。それは神とは何の関係もない。さらに、地獄ほど神からほど遠いものはない。もちろん、ある意味で神は、行為に確実に効験をもたらすという正義の保証人である。しかし、神が保証人なのは、効験を慈しんで手にする可能性、この神の命による可能性に従おうとせず、罪を赦すという神の申し出を「読まないままに」突き返す場合だけなのだ。その場合に、その場合にだけ、いっさいはあるがままに存在する。我々自身がそう望んだからだ。我々は、そのことを探偵小説から知っている。どの犯罪者も最後には自分で仕掛けた罠に落ち、自分で捕らえられ、自分自身で破滅する。福音は、我々の行為がもたざるをえないかもしれない効験の保持と中断を命じている。我々は実際に、すべてがあるがままにあり、癒しのない道を進むことを望んでいるのだろうか。

人間の憧憬が満たされることはない。アウレリウス・アウグスティヌスは『告白』（第1書、1）で、こう語っている。人間の魂は、神のなかで安らぐまでは、不安である、と。どんな生物であっても渇きが水の存在に注意を向けさせるのと同様に、人間のほとんど際限のない憧憬も、それを満たすことのできる何ものか――その憧憬が無意味でないなら――に注意を向けさせるのかもしれない。

人間の有限性は絶対的かどうかの問いについてだが、人間は死を超えて「実存」し、生命力をもつという把握は、ユダヤ教の神把握に由来する。それによれば、どの人間も人格として神によって実存に召されたのであり、もはや神にたいする所有ないし帰属の関係から逃れることはできない。人間は死を超えてまで生きる権利をもってはいないが、神は人間にたいする権利を放棄することはなく、神が死の権利を奪われることはない。まさに死が神（と人間）の最大かつ最後の敵だからである。

さて、宗教間の横のつながりは、死後の「審判」（危機、離別）に関して言えば、きわめて強い。たとえばヴェルギリウスやオデュッセイにおける刑場の叙述と、ペテロとパウロの黙示録の話を比較してみればよい。あるいは、（ギリシャ、ユダヤの）アブラハムの聖書における、魂を量る死者の審判の叙述を、エジプトの死者の書を念頭に置きながら読んでみればよい。さらにたとえば、ルカ16節の〔乞食の〕ラザロ物語では、コプト語のエジプト出自のいわゆるセトナ物語との、きわめて近い同時的な並行関係がある。

したがって、これらの要素を——どんな論拠からであろうと——キリスト教から取り除こうとする者は、キリスト教を宗教的文脈から剝がし取り、最善の意味で「止揚する」機能を破壊することになる。一つの麗しい例は——そうこうするうちに公会議後の廃絶熱の犠牲となった——死者ミサの奉献文（鎮魂歌）である。「神の栄光の王たる主イエス・キリストは、すべての死せるキリスト教徒を地獄の罰と深遠の海から救う。獅子の復讐から救うことで、冥府が彼らを飲み込まず、彼らが闇に陥らないようにする。そして、旗手たる聖ミカエルが、彼らを聖なる光のなかへと導き、汝はいつかアブラハムとその子孫に〔カナンの地を〕約束しよう」。このテキストには、何千年もの伝統、つまり、冥界入口の川アケロン、冥府を守る怪犬ケルベロス（現在ではライオン）、地下の洞窟タルタロスと暗闇、賞賛の地（現在では光）と天使群（これは、死の瞬間に暗闇軍と魂をめぐって争う）の魂の量り人にして引率者のミカエル、が生命力を保っている。

これらの問いに関して、キリスト教は決して特殊な道を歩んでいるのではなく、普遍的な宗教史のなかに織り込まれている。真理問題を取り上げると、一面では次のように言える。啓示は、必ずしも新しいものである必要はなくて、確証されたものの受容のなかにもありうる。そして他面では、キリスト教の特別な貢献は、人格と名付けられたものの領域における影響力にある。冷たいメカニズムではなく恩寵と慈悲について語られるのであれ、死にゆく者のために保護の聖人たるイエス・キリストの代願を思い浮かべるのであれ、とりわけマリアに呼びかけて、「今現在そして我々の死の瞬間」人間を追憶するのであれ、このいずれの場合でも、不安と暗闇の領分は、信仰する人間として結びついていた、もしくは結びつくのを許されていた親密な関係を通して人間化される。

同じことが、全体的なものの意味への問いにたいするキリスト教の回答にも当てはまる。意味とは歓びなのだ。もし一人の人間の産出がこれほど多くの歓びをもたらすとすれば、神による全世界の創造は、どれほど多くの歓びをもたらしたことか。しかも、この歓びは伝染しないであろうか。個別的なものでも全体的なものでも、キリスト教の心的精神性は歓びを宿しているのである。

したがって、双子の兄弟を母胎が身ごもったという出来事、この歴史とともに終点が定められていることになる。何週かが過ぎ、童は成長した。彼らの意識が成長するにつれ、歓びが湧いてきた。「我々を身ごもったという事実は素晴らしいことではないのか。我々が生きているという事実は驚くべきことではないのか。」双子の兄弟は、彼らの世界を発見し始めた。だが、彼らが、自分たちを母親と結びつけ、彼らに栄養を与えるへその緒を見つけた時、二人は歓びに満ちて歌うのだ。「母親の愛はなんと偉大なことか。彼女は自分の生命を我々と共有しているのだ。」しかし、数週が過ぎて、ついに数ヶ月になった時、彼らは突然気づく、自分たちがどれほど変わってしまったかということに。「これは何というべきか」と一人が問うと、もう一人が、「それは、我々の現世における寄留がやがて終末を迎えるということだ」、と答える。「だが、私は絶対往きたくない」、「私はいつまでここにいたいのだ」、一人がこう返事をすると、もう一人が言い返す。「我々にはこれより他の選択はないのだ」、「が、もしかすると誕生後の生がある！」。すると、最初の男が疑わしそうにこう問う、「それはどんなものなのだろうか」、「我々は生命の絆を無くすだろう。だけど、それなしにどうやって生きていけるのだろうか。しかも、他の人々もこの母胎を見捨て、誰一人として帰ってこず、我々に語った、誕生後の生が存在する、と。違う、誕生は終焉なのだ」。すると、その一人は深い悲しみのなかで言う、「受胎が誕生とともに終わるとしたら、母胎のなかの生はいったいどんな意味をもっているのか。それは無意味だ。もしかすると母親などいないのでは」。もう一人が抗議する、「だが、母親は存在しなければならない」、「そうでなければ、我々はどうやってここに来たのか。そして、我々はどうやって生きていられるのか」。一人が尋ねた、「君は母親を見たのか。ひょっとしたら、彼女は我々の観念のなかでだけ生きているんじゃないのか。我々が彼女をつくりだしたんだ。それによって我々は自分の生をよりよく理解できるからなんだ」。こうして、母胎のなかの最後の日々は、幾多の問いと大きな不安で満たされる。ついに誕生の瞬間がやってきた。双子の兄弟が自分たちの世界を捨てた時、眼を開ける。泣き叫ぶ。二人が見たものは、彼らの大胆極まりない夢想を凌駕したのだった。

Ⅷ　人工知能とサイバースペースの時代における自我像と人間像

オラフ・カルテンボルン

1　人格観念と理想的自我の引き立て役としてのコンピューター

いわゆる人工知能は、その力強い形態では一つの約束を果たすことができるように見える。すなわち、実存的偶然性の下で苦しむ「欠陥ある存在」たる人間の此岸における究極的完成という約束である。その約束は、ほとんどキリスト教的な救済神学の調子で続ける。人間は、もはや彼岸における生の完成を待つ必要はない、と。この理想主義的なモチーフの帯は、プラトンに始まり、ハンス・モラヴェッツやマルヴィン・ミンスキーのような救済技術まで続いている。二人は、肉体と精神の緊張関係のなかで休息することのできない身体的実存の苦労から人類を最終的に解放しようとする。人間がそのような雑種たるよう永遠に有罪判決を受けていることに我慢ならないのだ。だから、彼らは言う。純粋な精神は技術的に実現可能だ、と。実存的疑念の彼岸にある究極的な確信のなかに事実上実存することは可能なのだ。このような視点からすれば、人工知能は、偶然的な自己という重荷から救済する賞賛すべき技術であるかのように見える。

究極的な自己発見と自己解放の欲求はこれほど重荷となり、普通のパソコンが理想的自我の模範となりうる、あるいはさまざまの自我を投影するフィルムであるということは、すでに日常意識のなかに深く根を下ろしている。このように自発的に帰属する状況の下で、脱社会化する社会――多くの巨大都市ではすでに全所帯の四〇パーセントが単身者である――のパトスも語り始めていないかどうか、これについてよく議論されている。この間、とりわけメディア社会のなかでは孤独が「実存的な根本的体験」となっている(Meibom 1994/1996)。とくに人間が「私的日常の情報化」(Meibom. In: Kaiseru.a.1993:54～61)と自己の情報化に関連して受けている標準化圧力は、孤独化の程度とともに明らかに上昇している。増大する孤独と上昇するコンピューター利用の強度ないし拡大するテレビ消費の、経験的に証明できるいくつもの関連が存在する。だから、一九九八年アメリカのコンピューター産業の資金でなされた・・・・・・カーネギー・メロン大学、ピッツバーグ、の研究ではこう表明されている。

「ウェブ利用者は、インターネットの社会的利用によるあらゆる利便にもかかわらず、孤独に感じ抑うつに感じれば感じるほど、それだけ長いことオンライン状態にある。」そしてこう続く、「その場合、彼らがネットで情報を求めているか、他のメンバーと意見交換しているかどうか、そこには何の区別もない。」研究者たちはその成果を次のように評価している。「週にインターネットに費やす時間毎に、利用者は平均して一パーセント抑うつ的になり、およそ〇・五パーセント孤独になる。これに加えて、検索当初六六人いた面識者は、平均して各ネット利用時間毎に二・七人減る。結果で目立つのは、最初の質問用紙で各人がどれほど社交的で満足に感じているか、それが何の役割も演じていないことだ。サーフィンし始めると、誰もがその後でより気持ち悪く感じることだ。」(SZ Nr. 201/98: 12 参照)

いずれにしろ確かなことは、帰属はまず人工知能の領域ではなく、すでにコンピューター技術との日常的な関わりのなかで現実に成立しており、したがって、標準化過程の表現でもあるということだ。利用者はこの過程ゆえにコンピューターのなかに実在の社会的パートナーを見てとる用意ができているのである。この過程は十中八九、生体情報計測法の手続きの急速な導入とともにさらに加速される。

そのような帰属形態を心理学者のティーテルが研究した。彼はコンピューターのなかに、相異なる自我‐投影のフィルムを認める。この反‐射的な帰属の出発点は、迷宮のようなコンピューターの構造であり、そのなかで人間は、自分自身にとってもしばしば謎に満ちた未解明さと脆弱さを再発見する。それについて彼はこう書いている。

「牛頭人身のミノタウルスは、コンピューターの迷宮的な複雑さと不可視性のなかでの自己‐喪失という形をとりながら……、コンピューター利用者に日常的な大小の失敗の体験ないし挫折の経験(理由不明の無防備なコンピューターのダウン――引用者)のなかで、不断に無意識のうちに自分自身に立ち戻るようにさせる。すなわち、しばしば輝くばかりの覆いの下の人間身体の脆弱さ、これ見よがしの輝く仮面の下の、しばしば苦労して統合している自我の崩壊、がそれである……。」(Tietel.In:Informatik-Forum, Bd.6, Heft 2, Juni 1992:68)

他面ではコンピューターは、固有の自我の謎に満ちた性格にとってのフィルムであるばかりか、その複雑な機能、不断の自由な使用、厳密な規則的構造のゆえによりよき自我の投影面、絶対的に機能し、いつでも統御し管理できる自己の自由使用という望ましい自我の投影面でもある。(1)

「このパースペクティブでは人間は、不完全で欠陥のある信頼できない機械として現われる――それをギュンター・アンダースは、自分固有の仕事の完成に直面した現代のプロメテウスの『プロメテウス的恥じらい』という厳しい概念で呼んだ――。この機械が、認知革命の無敵の進軍において先頭騎行者の役割を引き受けるのだ。」(Tietel)

ティーテルにとっては、人間の超‐自我‐機械にたいする多面的な投影関係の原因は、「思考する存在としての近代人の自己像に根ざしていることから、自らのナルシシズム的で想像上の起源を覆い隠すことのできないアイデンティティにある。」そして、「それゆえに、人間が自分と自分の身体にたいしてもっている関連を示し、さらに、この想像上の秩序においてどのような機能

が技術に属するのかも示す。」(Tietel)

アメリカの社会科学者ナス等は別のパースペクティブから、帰属の現象に接近する。彼女はコンピューターを、我々の欲求に「答える」ことが期待されている社会的パートナーとして描く。その根本問題は、「コンピューター的人格性が人間的人格性でありうるか」どうかであり、したがって、彼女の出発点は、コンピューター的人格性の実在性ということになる。もちろんこの「コンピューター的人格性」[2]は、すでにエリザ〔コンピューターによる心理プログラム。二七〇頁参照〕が例証しているように、全体として利用者の帰属の産物として構成されるが、それはナスが強調している通りである。彼女たちは、人間がコンピューターとの関わりにおいてしばしば、人間にたいするのと同じやり方でコンピューターに「関係」しようとすることを示した。

「技術を人間として取り扱うように見える反応は、実際にきわめて普通であり、しばしば『擬人論』のレッテルを貼られる。コンピューターとの関わりに慣れてくると、『擬人論』は、それが人間であるかのように信じる傾向となる。」(Nass. 224)

ナス等はコンピューターの擬人論の現象形態と取り組んでいるが、その例として次の点を挙げる。

(1) 利用者はコンピューターと関わるとき、人間にたいするのと同様の儀礼的規範を期待する。だから、生物医学的言語のモデル化は、そのような心理学的研究成果に基づいて、近年とりわけコンピューター上で音声デザインを変えた。現在のコンピューターでは指示はもはや命令としてではなく、お願いないし好意的な要請としてつくられている。

(2)「信頼性」の書き換えでは性別要因も考慮されている。コンピューターの男性の音声は、テストでより高い確信ないし信用という価値を示すのにたいして、女性の音声はとくに情緒的調停をよりよく遂行する。

(3) 故障の場合に自己‐批判のシミュレーションのできるコンピューターは、他のコンピューターや利用者を批判するものより「親切だ」と等級付けされる。

(4) 最後に、コンピューターの「チーム能力」も仕事の関連では、しばしば同僚の能力と同じく高い価値が置かれる。この点で興味深いのは、ハンス・モラヴェッツの言葉である。彼は明らかに、機械とコミュニケーションする方が好きなのだ。

すでに言及した、社会的関わりにおける人間の「信じやすさ」と並んで、コンピューターに人間的属性を帰するというのは、どこに由来するのだろうか。ナス等はそれにも取り組んでいる。心理的・社会的発育不全[3]、無知、あるいは、(コンピューターで仕事するとき、プログラムの創造者たる人間とコミュニケーションしているという)信念、これらがその主たる動機なのではないだろうか。

2 「プロテウス」的自己

プロテウスはギリシャ神話で、どこにも自分を見出さなかった流転の達人である。「現代マネジメン・

トのトレンド研究者（*Gerd Gerken, Mattias Horks, Michael A. Konitzer*）と彼らを思想的に直接手伝っている哲学者（*Norbert Bolz, Wolfgang Welsch*）」は、「プロテウス的自己」——空疎な自己——を次世紀の理想的な人間のアイデンティティとして宣伝している（Keupp. In SZ 282/1997: 13 参照）。彼らは、あの「描き損ねた」思弁的で反省哲学的な自我–形態から離反し、それをもはや時代にそぐわないものと見なす。だが、彼らは誤って理解されたポスト・モダン論（何でもあり）を特徴とする否定的な理想主義者として、そこから直接他の極端に走る。誇張された伝統的なフィヒテ的自我形態を死せるものとして即座に宣言し、同じく誇張されて登場する全面的開放性という自我の理想にすぐさま同調する。その特徴をスイスのトレンド哲学者ダフィート・ボスハルトは、含蓄のある表題『人間の新たな発明』で、次のように表現している。

「自分を人格的に健全にするというのは、もはや強い自我を発達させることを意味せず、バーチャルな関連のなかで生き、多元的なアイデンティティを大切にすることだ。すなわち、自我はもはや人格的な核心に定位せず、それを求めない。むしろ私を一義的に何ものかに固定する能力を私から剝奪する。こうして私は新しい道に適応するのだ……。」（Keupp 1997: 13）

残念だが、彼は次の言明に責任がある。すなわち、彼は、いかなるものであろうと自我という土台を離れて、もはや自分を一義的に固定したくないという奇妙な能力を「鍛錬」しようとする、すでに時代遅れとなったと彼が信じているあの強い自我から離反しないままで。優位にある合理主義的な自我は、ニヒリズム的な粛清の背後で、まさに強化されて後に残されるのだ。ボスハルトの単純素朴な主意主義は、ある種のポスト・モダン論的な自我形成に特徴的であり、これはデカルトのコギト〔私は考える〕のニヒリズム的な裏返し、「私は自分を変化させる、だから私は存在する」、に他ならない。

いったい人間はどのような目的のために、プロテウス的な空疎な外皮へと歪曲されることになるのか。なぜ人間は、高々戦略的な目的のためになお何かを信じ、思い、愛さなければならないのか。それはホルクスとその同僚にとって、アイデンティティの灰のなかからすでに、機能性という不死鳥が出現しているからなのだ。この必然的な価値転倒の宣伝家たちは、自らを仮面主義的な革命家として讃え、仮面主義的な進歩を祝う。すなわち、彼らにとって自己は、プロテウス的な適応のゆえに、もはや無用の良心の咎めによって狂わされることはないのである。この価値転倒の中心には身体も存在している。というのも、

「『精神的な適応』と並んで、当然『身体のマネジメント』が登場するが、これは身体の機能不全をできるだけ排除するからである。それは（『筋肉、骨、血液からなる人間身体の』）『部品』とレッテルをはられ、（適当なロボット的身体がまだ用意されていないかぎり——引用者）、決してなおざりにされてはならない。ただし、『費用のかかる癪に障る副次的現象として』身体を排除するためにである（……）。人間の行動全体は、あらゆる方面に適合的にするという戦略を伴って（……）、拡散的・遍在的な能力の準備によって規定されている。」（Keupp 1997）

我々はここで「ぴったり適合すること」という表題の下で、あの戦略的・機能的「知能」の、すでに内面化された理想と関係している。身体全体がこの知能に──充分デカルト的だが──従属させられる。──そのなかに人間‐機械時代の宣伝家たちは、人間の適応能力の「至福の涅槃」を見るのだ。

3　技術的に拡張された自我

西洋では伝統的に人間はいつでも、身体的に「欠陥のある存在」(4)と見られてきたから、人工知能に触発された、いわゆる欠陥ある身体性の技術的拡張にたいする希望がしばしば歓迎されるのも不思議ではない。だが、何よりまず身体は「まだ完全に克服されてはいない」し、電子的移植と人工装具によって精神的かつ有機的に「適応」させられねばならず、さらに先進業績社会の要請と協調できなければならない。それはつまり、まず自己の身体的な自由の空間が物質的にできるかぎり拡張されることに他ならない──いつでもそうだが、生活の質と機能性を向上させるためにである。だから、オーストラリアの振付師スティーラーク（彼は自分の身体機能をプログラム可能なロボットアームで拡張した）は、次のように語った。

「私は技術を利用して、身体の可能性を拡張したい。だから、たとえば医学的な技術、録音システム、ロボットの手、人工的腕を利用する。私が登場する時には四つの異なる運動パターンがある。身体の即興的な運動、ロボットの手の運動、腹部と下肢の筋肉の信号で操作される運動だ。」

（Virilio 1994:120 から引用）

人工装具的・電子的刺激による自己の業績社会的な適応は、麻痺と感じられる「生体の重力」（Virilio 117）と、いわゆる欠陥ある身体資源の利用にとくに抵抗する。だから、人工知能の改装努力は、スティーラークの場合のように外に向かうだけでなく、内にも向かう。たとえば、マルヴィン・ミンスキーの言を聞いてみよう。

「我々は人間の身体を空にできるし、将来は無用の器官を新しい技術によって取り替えることもできる。たとえば、呼吸もできれば光合成もできる——つまり、太陽光線を栄養に変えられる——新しい皮膚を備えることができたら、何が起きるだろうか。」（Virilio 1994:123 から引用）

デザイナー身体のビジョンは、このようにして身体を「合成されたミニチュア版の組織で植民地化」できるという、ミクロ政治学的な希望的観念で頂点に達する。

パウル・ヴィリリオは、フーコーと似た調子でこの植民地化のプロジェクトから、次のような結論を引き出している。

「地球外的解放という口実で、技術学は身体に襲いかかる（……）。身体はもはや何物によっても、倫理（二元論的人間像においてはつねに魂の側にある）によっても、生‐政治学的な道徳によっても保護されていない（……）。我々の自然的生命圏を逃れていないがゆえに、無限にたやすく接近できる惑星、魂なき身体という惑星は――きわめてしばしばそうだが――植民地化される。身体は良心なき科学にとって穢されたものであり、科学はまさに奴隷（あるいは女性――引用者）の空間と同じく、動物的身体の空間を穢してしまった（……）。実際地球物理学的広がりの支配は、もっと厳格な密度のコントロール、制圧された存在のミクロ物理学的な深みのコントロールがなければ不可能なのだ。人類の馴化、戦士と公僕の振る舞いの訓練、流れ作業の労働者の疎外、筋肉増強剤による運動選手の給餌」(Virilio:124)。

4　配分されたネット・自我、断片的なネット・自我

ヴィリリオは論駁書『身体の征服――超人から過剰刺激の人間へ』で、次のように書いている。

「問題はもはやモーターの加速で競争することではない（……）。人間の身体を電磁波の絶対速度の時代に同化させることが試みられているのだ。純粋時間の送受信機が将来高性能モーターにとって代わり、その助けを借りて属地性という実在的空間は、最高速度で横断されるようになる。」
(Virilio 1994:113)

サイバースペースを兆候とするポスト・モダンの技術信仰の特別な変種は、配分された自我、超身体

的自我であり、これはここかしこで同時に妄想し、あるいは種々のアイデンティティを引き受け、まさに配分性のなかに自分固有のアイデンティティを見つけると信じている。アメリカの心理学者で知識社会学者のシェリー・タークルは、マサチューセッツ工科大学の講師であるが、『ネットのなかの生』(*Life on the Screen* 1995) で多重なネット・自我の理想を、次の言葉で代弁している。「私は多重だ」、「現実の生とは、世界にたいする補足的な窓であり、そしてそれは、無条件に私の最善の生というわけではない。」それは少しばかりカーニバルを思い起こさせる。

実際サイバースペースとカーニバルは、重要な文化社会学的共通性を示しているように思われるが、それは従来きわめて低くしか評価されてこなかった文化史の儀式である。極論すれば、ライン、ルールその他における謝肉祭はわずか数日しか続かないのにたいして、サイバースペースでは丸一年が謝肉祭である――もし謝肉祭の下に、仮面とアイデンティティとの繰り返され儀式化された戯れを理解するなら。

もう一つ別の交叉も明らかになる。すなわち、カルネ・ヴァレ――肉よ、さらば！　すでに古代イタリア中部住民は、差し迫った断食節を前にこう叫んだ――それは、再び乏しい暮らしをせざるをえない前に、もう一度「正当にも豚を追放し」、ディオニュソス的興奮とバッカス的放埒に捧げる最後の機会なのだ。

肉よ、さらば。多くのインターネット共同体の信者は、自分と他人の身体にたいする畏怖から、またキリスト教的断念の命令がなくとも、技術的ないし意識を強化する手段なしに「豚を追放する」ことをこの間に忘れてしまった。サイバースペースでは肉ないし身体克服の習慣が支配的である。たとえキリスト教の断食節に比べてもっと根本的な意味においてであるにしても。だが、サイバースペースで可能なアイデンティティの変転は、見かけ上および事実上のあらゆる境界を伴った、いわゆる自らの身体性の彼岸に存在する空間で生ずる。多くのことができるのは、まず人工的につくられた新しい「諸々の世界」をもった、いわゆるバーチャル・リアリティにおいてではなく、簡単なチャット・ルームにおいてである。性の転換（たとえば、男として女性のチャット・グループに忍び込み、そこで「モグラ」として介入する）、政治的議論における価値評価と態度の転換、完全に新しい人格性構造の修飾等々。

その背後には何があるのだろうか。カーニバル参加者がカーニバル参加者であるのは、自分の仮面を必要に応じて巧みに変えられるからであるのと同じように、純粋なネット活動家は、カーニバル的実践の競合のなかでもなお、他ならぬ遍在的なネット・自我を得ようと努める。この自己とは、もはや自我・核に自分の本分を見出すのではなく、できるだけたくさんの数の役割のなかに見出すのであって、この役割の数は、コミュニケーション状況に応じてぴったり被ることができる。「私は多重存在だ」と、ネット活動家のタークルは語っている。これは、自我・版の多彩な輪舞に関する主導命題としてきわめて適切であり、その下で日々何百万もの人々がネットに忍び寄っている。ラカンの命題、「私は他者である」も意味がある。というのは、インターネットのなかでは自我は事実上、自らの諸々のアイデンティティの主人となれるかのように見えるからである。最後には、実在の世界では恐らく失敗する、相異なる他・我が「生き残る」ことができるかもしれないし、新たな希望的・自我が成立するのかもしれない。そして誰も、この人間がジェームズ・ボンドなのか、それともボンドを真似ているだけなのかどうかをもはや検証できなくなる。だから、最終的に「インターネット共同体」は、あの現象学的根本洞察

――それによれば、我々は自己の限界を我々の皮膚の限界によって終わらせることはできない、あるいは、我々が一般に自我を語ることのできる前に、他者と他物がすでにいつでも我々の内部で作動し支配している――を実現するのではないか。したがって、何が我々の自我の核に属し、何がもはやそうでないのか、究極のところそれを示す能力を我々はもってはいないのだ。

異質なものがいつでも我々の内部ですでに作用しているとすれば、なぜ新たなメディアを通じてそれに声と可能性を付与しないのか。だから、なぜ仮面舞踏会を開き、自分自身をカーニバル参加者にし、自分自身のアイデンティティのコピーと戯れないのか。

そうした問いかけはすでに何年か前から繰り返しメディア学のフォーラムでなされており、ネット活動家は、かつてジュール・ヴェルヌの小説『八〇日間世界一周』でのように、自分たちのネット旅行の無限の可能性と体験について、驚嘆している聴衆に報告している。現在では表題は少し変える必要があるかもしれない。すなわち、『八〇日間固有の自我旅行――そして、依然として陸地は見えない』、と。

しかしながら、そのような問いかけはしばしば驚くべき楽観論で迎えられる。まさしく、このような技術的自我・拡張の可能性とともに、ついに十全な寛容と調和のグローバル化した文化における絶対的な人格的自由の時代が始まるかのように。だからこそ、次の問いが生まれるのだ。私の現象学とネット活動家がそれぞれの自己の流動性について語るとすれば、両者は事実上同じものではないのか。

答えは明らかに否である。表面上の現象がどれほど似ていようと、ネット活動家がどれほど哲学的現象学の実践的執行者であろうと、深層構造にはきわめて重大な区別が存在する。

まず何よりも、この種の電子的意見交換を支配していると思われた、国際理解を進めるグローバルな寛容というあの善なる精神は、たしかに仮面舞踏会である。というのは、意見交換の主要メディアとしてのインターネットこそ、異質なものをよりよく理解することを学んだり、異質なものとよりよく関係できる作法を覚えたりするのにはほとんど適していないように思われるからである。なぜか。サイバースペースこそ、異質なものとの出会いと話し合いが実在的な身体的経験の抵抗なしに実現できる、あるいは、まさに技術に媒介されて組織されるという幻想を振りまくからである。これは危険な幻想であり、欺瞞的な幻想であって、その根底には、他者との出会いが自己の同時的な異化なしに存在するかのような考えがある。少なくとも実際の出会いにおいては、この異化は予測できず計画もできず、統制することもできない。我々が異質なものといつ、どこで、どのようにして出会うのか、我々はその支配者ではない。だから、異質なものと関係することは、自己の剝奪として苦痛に満ちているのだ。しかも、大勢のネット亡命者たちは、拒絶や叱責、理解の失敗、自己の不充分さの感覚、このような悲痛な剝奪を回避している。彼らがサイバースペースを訪れるのは、自分自身にたいして現在以上に疎遠にならないためであり、彼らは――どんな犠牲を払っても――、自らが世界のなかに送り込む自我・フィルムの主人であり続けたいのだ。だから、彼らがサイバースペースのなかで異質なものを探し求める時、それは往々にして、彼らの自己の投影フィルムにすぎず、世界にたいする気恥ずかしさと接触難の仮面だらけの隠蔽にすぎない。タークルの『ネットのなかの生』は、このような経験の回避と世界にたいする気恥ずかしさの緒となっている。彼女の見解は、次のとおりである。「現実の生は、世界にたいする補助的な窓であり、しかもそれは必ずしも私の最善の窓であるわけではない。」なぜ実在的な生は、必ずしも彼女の最善の窓ではないのだろうか。彼女はこう答える。

「我々の誰もが、それぞれ独自の仕方で不完全である（……）。バーチャル空間は、我々に必要な安全を与え、不充分さを暴露することで、自分を一回かぎりの存在と見なし始めることができるようになる。」（Becht 1998）

サイバースペースにおける配分されたアイデンティティの魅惑は、行為主体が随意に自分固有のアイデンティティ、つまり、実在的生において行為主体から取り去れないようなアイデンティティのデザイナー兼創造者として登場する点に起因する。カティ・アージャイルは、ネット・アイデンティティとの関わりにおける自分の経験を、「ネットに身体は存在するか」という論文で、次のように記述している。

「（……）私は、人格のなかで少し不適当と考えていた自分自身の側面を強調するカバーを使わずにはいられなかった。」（Shiellds（Hg.）1996: 59）

彼女は、通常の生活では紳士詐欺と思われたかもしれないような側面が強化されるなかで初めて、「私が投影していた電子的ペルソナ〔人物〕を経由して私の実在的自我に忠実」（Shiellds）だと感じた。したがって、それは演技のなかでの承認への憧憬なのだ。注意してほしいが、承認とは、本来思っているものとは異なる他者としての承認だ。だからこそ、あたかもここでは暴力的な大それた詐欺が逃亡者たる自我と演技者たる自我から生まれるかのように見える。つまり、男性的身体のままで、女性であることができる。登場する際声を押し殺し、全員が笑い始めないまま、権力者、不可侵者を演ずることができる。あるいは、ネットのなかで自分の肌の色のためにいかなる差別にもさらされていないと感じる有色の人、さらにまた、新集団のなかで障害の烙印を押されずに、完全な人間として受容されていると感じている障害者。

ネットのなかでは全員が同等だから、人はしばしば「ネット共同体」からの声に耳を傾け、自由と感じる。この自由について、アージャイルはこう書いている。

「オンラインでは私は私自身、筆名キティ、であり、一つないし若干の他の空想されたペルソナ〔人物〕として容易に紹介できた。多くの人々が、私が自分自身について彼らに与えたこの『他者』を信用し、今度は彼ら自身の諸々の顔を私に返してきた。」(Shiellds)

ところが、サイバー活動家のグロリア・マークは、ネットのなかにおいてこそ各人は自分の理想像を示そうと望む点を強調することで、すぐさまネットにおける平等と自由の神話を再び脱魔術化する。生き残らず失敗した実在世界の理想が、ここでは集光レンズの下にあるように現われる。

「我々はどの程度まで、自分自身の身体をバーチャルな世界のなかに投影するのか。慣例的かつ標準的な身体が、あまりにしばしばバーチャルな世界に持ち越される。美の神話は、身体を性的で美しいと記述する点で明らかである。力強い身体として表現されるバーチャルな特質の実例もたくさん存在する。」(Mark.In:Hoffmann (Hg.) 1997:16)

だが、自由は現実に存在する。それは抵抗と克服の自由であり、実在的生における真の大それた詐欺が失わせるかもしれない自由である。(5) とりわけ不誠実な肉体からの自由、結束した人格の状態について知ろうと望むか否か、実在的関わりのなかでいつでも証言する肉体からの自由である。だから、全面的な保護を必要とし、感じやすく脆い自分の肉体は、のっぴきならないほど疑わしいものとなる。自己の過剰の疑わしさ、つまり、自己コントロールの技術によっては限られた範囲でしか欺かれず捕捉できない過剰の疑わしさである。意向と状況に応じていつもあれこれのものに変化しうるような、まさにコントロールされた自我が望まれる場合に、もっとも不適切な瞬間にこの過剰を示すから、疑わしい存在となる。これが肉体的実存の抵抗性であり、我々は幾多の欠陥と戦わねばならないだけでなく、さらにまた意味の過剰とうまくやっていかねばならない。そして、この過剰にとっては理性的な説明や計画は往々にして存在しない。肉体は言わばあわ立ち溢れるのだ。そして、この溢れる肉体的自己のなかで、人間は他者の判断し期待し求め探す視線の下で、ある疎遠な存在、すなわち、人間がもはや〈僕に対する〉君として関係したくない存在に転化する。

これとは反対に、ネットへの参入はどれだけ簡単に見えることか。いずれにせよ、バーチャルな世界に歩を進めるには、いかなる勇気も克服も必要としない。タークルが過度に苛立つナルシスト的な自我の治療として推奨しているように、これがカメレオン的変態の本来の魅力なのである。この変態には、時間とますます安くなる回線料を除けば、何の費用もかからない。それは、肉体を浄化した匿名の保護域で生じ、もし自己犠牲が大きすぎると懸念する場合には、誰もがそこから随意に再度身を引くことができる。もしネット・アイデンティティと実在的アイデンティティが一つの社会的アマルガムに溶融すると、実在的生とそのなかで出現する「抵抗する」社会諸関係を、それ以降あの無抵抗さの尺度だけで測る危険がある。それによってネットでは変態にはたしかにたやすく成功するが、一般的に実在的生では大変に苦労する。マイクロソフト帝国の強大な支配者、ビル・ゲイツは、この点に関して具体的な個人的実例を提供している。

「私はある時、他の町に住んでいる女性と友達になった。私たちは電子メールでよく会話をしていたが、遂に、一緒に映画に行く機会があった。同じ時間に両方の町でかかっている映画を探して、各々の映画館に赴いた。そして携帯でおしゃべりをした。将来そうした『バーチャルなランデブー』がもっと具体的な形態をとることになるだろう」、

と彼は予言している(Eurich 1998: 155 から引用)。しかしながら、タークルが提案しているように、治療がいい治療と言えるのは、逃げ場と保護区がすでに本来の自己目的と生の意味になっていない場合だけであって、そうでなければバーチャルなアイデンティティの保護区と活動の場はすぐに、立派に見せかけただけのものになるかもしれない。すなわち、純粋な「遊びの意味」(Husserl, Waldenfels (Hg.) 1993: 26 ff.) であり、そのなかでは壊れやすい自己は自分を決定的に失ってしまうかもしれない。アメリカではすでにオンライン中毒、病的なインターネット利用が究明されてきた。ベルリン出身の三〇代半ばのクラウディアは、自分の経験からこの中毒の構造を次のように書いている。

「友達もなく仕事も楽しくなかった時、ある種の不満からチャットをとても集中的にやっていました。何度も確実に中毒の手前になるまで見ていました。別の言い方はできないと思います（……）。だけど、最後にはまた孤独と不満になるだけです――なんとなく正しく把握できませんし、現実の生活も同様だからです。」オンライン中毒の兆候は、賭け事の中毒と同じく、「現実の計画は、バーチャルな世界のために時間をつくるために、いつでも台無しになります。」（Ludwig 1998: 3）

サイバースペースの自己相似的なアイデンティティのなかで和らぐという欲求が、心理学者によっていつでも分裂病の兆候と解釈されているのは理由のないことではない。だから、グロリア・マークは、少し不安と疑念を抱きながら、この危険な事例からの出口について熟考している。

「この新しい経験は、身体についての自覚をさらにその背景へと押し進めようとしているのだろうか。私たちは完全に脱身体化されていると感じようとしているのだろうか。それとも、身体的運動の経験を生理的世界へと押し戻すことができるのだろうか。」（Hoffmann（Hg.）1997:16）

したがって、ここでも自覚的なカーニバル参加者としてではなく、悲しむべき道化師として終わるという見込みは、究極のところ少なくはないのである。

5 結　論

固有の自我の領域を技術によって無制限に拡張するという願望は、幻想であり、ゼロの戯れだ。固有の肉体の制限の克服が動機として前面に立つかぎり、自由は制限という条件の下でのみ実現できるということを想起してみよう。制限なき自由とは、絶対的に無意味である。というのも、そうでなければ自由の状態は何から区別されることになるのか、何を基準に測るのか。感じることができないがゆえに、自らの開放性のなかで自分を見失ってしまった、根のない精神はどこへ帰っていくのか。

だから、プレスナーとともにすべての人間的実存の二面性を指摘できる。人間が文字通り「自分の皮膚から外へ出ることができない」かぎり、まさに皮膚が制限であると同時に、開放性と自由——意図的にコントロールできるものをはるかに越え出る自由——を可能とする根拠であることを指摘しておこう。我々は皮膚を超えて、必然的に制限された存在としての自分自身を超越するのだ。皮膚は柔軟かつしなやかであり、たとえ我々がコミュニケーションを取りたくなくとも、意思疎通する。呼吸し汗をかき、保護し識別できるようにする。接触もでき、この接触のなかで自分を自分自身と感じることもできる等々。皮膚は、物体の固い制限とは対立して、開放性と閉塞性の間のまさに理想的な妥協を表現している。こうして、肉体的実存のすべての領域と関係する。

アーノルト・ゲーレンは人間の制限された道具装置に着目して、人間を欠陥のある存在と見ているが、彼の見解は、人間はいつでも過剰な存在だが、しかし自らの過剰をほとんど理解できない存在であるということと対立している。精神をもった肉体的存在として、言わば自分の全体を獲得できないということが、プラトン主義的な誤解の源泉でもあって、それによれば、身体とはつねに、純粋精神としての究極的実存を妨げる障害でしかない。逆に、いつでもすでに「情熱を喚起された肉」としての身体というのは正しい。そして、純粋で精神的な実存という観念を発展させることができ、夢想であろうと幻想であろうと、そのような観念を実在的なものとして完成できる、このことを我々に可能とするのは、ただ精神だけである。夢想と幻想がその魅力ゆえにつねに、固有の生を発展させようとすることによって、価値に満ち魅惑的であるよう我々の肉体が我々に命じる可能性を開く。この可能性を汲みつくし、生涯にわたって修練できなければならない。固有の肉体の潜在的能力を実際に認識できるためには、学校において身体訓練をはるかに超えた肉体の啓蒙が必要である。知の考古学は、感情の考古学によって拡張され補完されることになるのだ。

IX 人間の後には何が来るのか

ノルベルト・ボルツ

したがって、作品から一人の人間を断じて引き出してはならない。作品から一つの仮面を——そして、仮面から機械を——思うべきなのだ。(1)
(ポール・ヴァレリ)

近代史は、人間のナルシシズム的な病の歴史である。コペルニクスは地球を宇宙の中心から周辺的なXに転換し、ダーウィンは人間を動物の水準に引き下げ、フロイトは自我が自分の家の主人ではないことを説明し、テューリングは機械を思考行為とした。我々は最初の三つの病とは折り合いをつけたが、コンピューターという事実は大きな痛みを引き起こした。この痛みを克服するためには、ミシェル・セレスが指示した思考の道を歩まざるをえなかった。個性なき人間から能力なき人間への道がそれである。この定式の背後にあるのは、負担除去の理論である。すなわち、人間は能力を喪失することによって、可能性を獲得する。

たとえ人工知能で何が意味されていようと、問題なのは常に機械の構築である。その機械の働きは、人間の知能の機能的等価物と受け止めることができる。そして、この企図の鍵を握る態度は、まさに次のように規定される。人工知能は、人間とコンピューターを情報処理システムの下に包摂する、と。まだ日も浅いその歴史は、それでもすでに三つの決定的な段階に区分される。

・アラン・テューリングの普遍機械は、「精神」の原理的構築であり、人間精神の機能的原理の模倣である。だから、問題はソフトウェアだけである。
・ついで、コネクショニズム〔ユニット相互接続ネットワーク〕は、我々がなるほど直線的に思考するが、脳は並行的に処理するという認識と本気で取り組む。したがって、「脳」をモデル化する、つまり、人間の脳の配線を模倣する。だから、問題はハードワイヤリング（配線）とハードウェアである。
・ロボット学は、心身二元論批判の最新の変種である。決定的なのは知ではなく、行動であって、ロボットは人間精神のように思考するのでもなく、脳のように機能するのでもなく、「生の幻想」を固定する。だから、問題は最終的にはウェットウェアである。

このような短い人工知能の歴史のダイナミズムを理解するためには、すでにテューリングにとって、機械が思考できるかどうかの問いは完全に瑣末なものであったということを最初にはっきりさせておかなければならない。テューリング・テストでは「思考」や「志向性」ではなく、きわめて実用的に実証が登場する。だから、彼はコンピューター擬人説を強化するのではなく、唯一人間‐機械間の数学的な機能のアナロジーだけに関心を寄せた。ここに、区別が区別をつくる新世界が登場する[2]――ハードウェアはどんな役割も演じていない。したがって、脳の物理・化学的なものは、分散状態の具体化にとっての媒体だけであり、これとは異なる具体化も可能である。

こころは頭のなかにはなく(F. Varela)、あるアルゴリズムを働かせる組織ないし機械のなかにある。そして、機械とは行動法則によって連結されているもの、一般的規則に従う過程である。トーマス・ホッブズが初めてしたように、機械のなかにある精神は、シンボル的表象による計算としての思考である。他のいかなる機械も複製できるテューリングの普遍機械では、フィードバック・ループをもった計算機械としての人間精神の脱魔術化は、自分に帰っていく。ソフトウェアだけが問題なのだから、精神がどのように機能するのかを知るために、脳がどのように機能するのかを知る必要はない。だから、ある精神をつくることで充分であって、ある脳をモデル化することは必要ないのだ。

しかし、人間と機械の数学的な機能のアナロジーは、機械のなかの精神であることだけでなく、人間のコンピューター・モデルでもあることを示している。電子頭脳としてのデジタル機械について語られるのは、昔からお馴染みである。厳密に言えば、現在人間精神は一種のコンピューターであると自明のように理解されている。言い換えると、人間と機械はお互いのメタファーとなっている。そして、いわゆる強い人工知能とさまざまの弱い変種の違いはただ、前者が文字通りメタファーである点にあるだけなのだ。周知のように、すでにテューリングが語っている、「紙や鉛筆、消しゴムを装備し、厳格な規律に服する人間は、事実上一つの普遍機械である[3]」、と。

機械のなかの精神とは、潜在的な機械としての精神、ドイツ理想主義が二〇〇年前に考えたように、システムのシステムである。次のように言ってもよいかも知れない、サイバネティクス、オートマトン〔自動処理システム。自動機械〕理論、認知科学、人工知能が取り組んでいるのは、ヘーゲルの精神が処理する仕方の解明である、と。純粋哲学を決定的に乗り越えたのは、実のところ、ノルベルト・ヴィーナーのサイバネティクス、それによる、生物学的システムも包摂する新たな機械概念である。ギュンターがそれに続いて、「人間脳の郷土愛」から解放された根源的な精神史、すなわち、人間が偶然的な具体化形態でしかないような生の論理学を求めた。この未来像は今日では、ロボット学によって現実のものとなっている。したがって、我々はこう言えよう、ロボットを前に不安を抱く人間は、実は「人間の形而上学的な瑣末事に衝撃を受けているのだ[4]」、と。

ロボットにたいする一切の不安は、人間がいつかは、人間自身が構想したのではない機械と対峙するかどうか、という問いに集中している。それが原理的に可能なことは、ジョン・フォン・ノイマンが自己自身を再生産する機械の概要を描いて以来、よく知られている。その根本にある考えは単純である。すなわち、次のような機械をつくること、従来の身体的労働を遂行する部分と、機械的な脳から組み立てられているだけでなく、さらにアルゴリズムの尻尾ももっている機械である。この尻尾は、メカニズム全体の数学的・論理的な記述を含んでいる。機械的脳は、アルゴリズムを複数の指令に翻訳し、ついでこの指令は、機械の既存部分によって実行される。こうして、機械は自分を自分自身で再生産する。新しい機械の組み立てに際して、予期せぬ変異に達するには、先のアルゴリズムの尻尾に偶然的要素を挿入しなければならない。こうして成立するものは、人間が構想したものではないのだ。

ところが、機械が自分自身のメカニズムの数学的・論理的記述を自由に処理できるとすれば、その機械は、自分自身の操作の作用を観察し「学習する」こともできる。学習する機械は、自分自身を対象とする。つまり、自らの行動の結果を観察する、と同時に、自分のプログラムを修正できる。したがって、自分自身の操作のモデルを、この操作を制御するよう組み立てれば、ロボットの「自己反省」同様のことが可能となる。それと同じく、(例えば、レゴの積木からなる)「自分の世界」を効果的に操作できるためには、ある世界モデルが必要となる。

カスパロフにたいするディープ・ブルーの勝利は、確かに我々を驚かせたが、それは積木の操作なのだろうか。マーヴィン・ミンスキーの書名『精神の社会』は、ロボット学の失敗から人がこれまで学習してきたことを示唆している。すなわち、見たところ次の例のように、ことはきわめて簡単なのだ。「見ること」は、多数の異なる処理の協調作用によって遂行される。スキルと技能は――マイケル・ポラニーの言葉を借りると――「暗黙のもの」であり、並行処理され、無意識的になされ、したがって中心的制御が存在しない。その結果、並行処理の能力をもったロボットだけが「知覚」できるのかもしれない。人工知能の大問題は、思考のなかにではなくて、その点にある。人工知能は、常識の技術的遂行の点でいつでも失敗する。不確実性という条件下で日常問題と取り組むことは、ヘーゲルの大論理学よりも謎に満ちているように思われる。「一般的に言って、我々は、自分たちの精神が何をもっともよくなすのかを少しも知らない(5)」。

ロボット学の企画は、次のようにも定式化できるかもしれない。人工知能にとっての問題は、チェス盤からサッカー場への歩み、つまり、単なる記号論から知覚と悟性の協調作用への歩みである。すなわち、自由運動する物体の、コミュニケーション不要の調整をシミュレートすることは、チェス盤上の位置取りの徹底した検討よりも無限に複雑な課題なのだ。だから今日、ポスト・アルゴリズム的コンピューターについて、まさしく「有機的計算」について何度も語られる。それによって個々に何を意味しているかはともかく――いずれにしても、テューリング機械の人工知能から人工生命へのコネクショニズム的転換が標示されている。

人工生命は、人間精神を模倣して構築するのではなく、進化から学習する。そして、その第一章にはこうある。「脳は思考するためにではなく、行動するために進化した。[6]」これは、従来のすべてのコンピューター科学の理論的デザインから新しいロボット学を分かつ決定的な差異である。重要なのは、システムを機能からではなく、活動性から観察することだ。テューリングの普遍機械の論理学全体に存在している一般的問題解決法は、表象の原理に従って機能する。これに対して、人工生命は「演技的行為」の原理、演出する認知に従う。だから、思考に関して完全に別様に考えられている。認知はもはや問題解決ではなく、演出行為、具体化された行動として理解される。重要なことは、進化の文脈における知能の技術的遂行であり、ヴァレラの命題もそれを意味している。「認知能力は、生命の歴史と不可分に結びついており、歩行のなかで初めて開かれた道に似ている。[7]」

確認すると、ここでの問題は適応なしの進化である。マトゥラーナはそれをオートポイエーシスと表現した。我々の問題設定に関連させると、彼はこう述べていることになる。複雑なサイバネティクス的システムは、環境に対して「適応」ではなく、「演技的行為」によって反応する、と。それができるロボットは、二次コンピューター、したがって遠隔制御なきコンピューター、すなわち人間なきコンピューターであろう。それは、自己発展する機械である。ここにきわめて明瞭に見てとれるように、「機械」というのは元来、非凡な機械に対する不幸な概念である。誰しも「機械」という言葉で、自動的に（！）月並みな機械を考えるが、そのような機械は、外界に対する自らの関係を規制できないという特徴をもっている。たとえば自動車がそうである。これに対して、ロボットは自律的なサイバネティクス的システムとして、この点でも月並みではない。(8) それはコンピューターの自律化を代表しており、人間なしの操作的知能を「体現している」。それを納得するには、もはやSF映画を観に行く必要はない。軍事の世界でははるか以前から、搭乗員のいないスマート爆弾や戦車が知られている。

精神志向の人工知能から進化志向の人工生命へのコネクショニズム的転換によって、古典的制御科学を超えた新しいロボット概念が可能となる。人間のコントロールのない複雑で進化するシステムが対象となるが、そこで決定的なのは、中枢的遠隔制御の代わりに、ロボットの構成要素間のコミュニケーションが登場することである。この人工生命は、チェスの試合で始まるのではなく、「環境に局所的に反応することによる、本能に似た行動」(9) で始まる。まさにこの意味でレムは、未来の様式IIで二一世紀を回顧しながら、次のような興味深い命題を展開した。人工知能は、「機械と一体化した知性という意味での知能にならないことによって、世界権力となった(10)」。このフィクションが、すでに科学となってしまっているのである。

このことは、擬人的に考えられていないロボットの勝利について、いくつかのことを語っている。我々は、飛行機が可能になったのは、鳥の模倣を止めたときだということを知っている。そしてそこから、ロボットが可能になるのは、人間の模倣を止めるときだということを学習できるかもしれない。しかし、テューリングの普遍機械の勝利の歴史を書き続けるのか、それともコネクショニズム的な人工生命への転換に同行するのか、それはともかく、我々はこう確言できよう。ロボットとは人工知能を媒体とした諸々のなかの形態である、と。そして、この動く知的芸術品は、人工的なものに関する新しい科学の中心的な対象となるだろう。すでに今日、ロボット学は人工知能の実用論的な次元に達している。

ところが、ロボット学の起源は概ね、——いくつかの正当な理由から——はるか昔にまで遡る。機械仕掛の鴨とチェス人形という大市魔術の長い歴史があって、それとともに近代の驚くべき工学が、民衆の間で当然の承認を得ることになった。だが、この芸術品の魅惑の原因は、工学技術的な最高能力にだけあるのではない。次のように言えるかもしれない、自動機械はその効率とは無関係に魅惑的なのだ、と。人間学者、アーノルト・ゲーレンは、それを「共鳴現象」として記述した。人間は自動機械で自分自身を体験するのだ。日常生活の習慣化・リズム化・ルーチン化されたものすべて、習慣、社会的役割行動、批判的な思考様式、さらには鼓動や呼吸も自動機械なのだ。要するに、人間の行動圏に名称を与えるもの、したがって、「可塑的で制御された、感覚的な成否によって修正され、最終的には習慣として自動化された運動」[11]は、サイバネティクス的機械の連結原理に精確に対応している。

だから技術者は、人間として効果的に振舞う機械を夢見るのであり、すでにテューリング・テストがこの夢をコミュニケーション実用論に転換している。そして、論理学的に最新の歩みは、こう語る。「人間よりももっと人間的な、というのが我々のモットーだ」。リドリー・スコットの「ブレードランナー」でティレルは、次のように表現する。この映画の悪霊的なものはまさに、人間とレプリカの区別が見分けられなくなる点にある。両方ともゲーテの基準、つまり、生命を持ちながら自己発展する、創造された形態を満たしているのだ。[12]

だが、この映画のなかの夢として描かれた技術の完璧さも、人間が機械を生命ある存在として体験するようになるためには必要ではない。つまり、生気の感情を生み出すには、フィードバック・ループで充分である。ここで我々は、志向性という属性が惹起するアニミズムの現代的形態と関わっている。換言すれば、人間は絶えず意味を生産する動物であるがゆえに、芸術品のアニミズムを作動させるためには、「意味を求める努力」(Frederic C. Bartlett) で充分なのである。何かあるものが記号を付与すれば――我々はすでに精霊を仮定していることになるのだ。

だが、現代のアニミズムは、もはや樹木に宿る精霊では満足せず、「主体性」を期待しているが、この期待は機械によって満たされる。周知のように、数学者の冷たい散文にあっては、主体は形式論理学を妨げるざわめきとしてしか登場しない。だから逆に、主体性の印象を生み出すために、アルゴリズムの機械的な仕事に「雑音」が導入されなければならないのだ[13]。ついで、人間の知性は偶然と繰り返しの計算として描かれる。だから、自由意思の印象を生み出すためには、偶然的な要素をもったデジタル計算機で充分となる。というのは、この結合は、自由意思の感情を生み出す知と無知の均衡と、機能的に等価だからである。

人間よりももっと人間的とは？　たとえ機械によって思考、決断、創造性を摸倣できるとしても、ロボットには真の感覚をもつ瞬間があるとは思えない。あるいは、ロボットは感情をもてるだろうか。情緒的な働きのシミュレーションを可能とするプログラムを書く試みは、情感的モデル化と呼ばれるが、それは次の理由で期待できないものではない。我々は自分の感情を分析によっては明確化できないからである。我々が感情をもつのはいつでも、演出されたもの、状況のなかにあるもの、気分によって保持されるものとしてだけであり、そのようなものとして記述される。「基底的な感情とは、どんな象徴的な構造ももたない信号なのだから、その分析的な概念など存在しない。存在しうるのは、感情が象徴的に浸入するシナリオの概念だけである。[14]」だからこそ、ロボットの内面状態に関する信号は、警告の信号のように、まさに感情と同様に機能できる。したがって、答えはこうなる、ロボットは感情の機能的等価物をもつことができる、と。

情動的な志向の期待を満たすには、これでほとんど充分である。ここで登場する社会的領域では、確かにロボット学のキラー・アプリケーション〔コンピューター普及に貢献するソフトウェア等〕を期待してもよいだろう。中心的な問いはきわめて単純だ。人間によるサービスをどの程度ロボットによって置き換えることができるのだろうか。産業用ロボットとエキスパートシステムは、とうの昔から経済生活では確固とした地位を占めてきた。しかし、今日では「ケア」もロボットが象徴分析とルーチンに従って引き受けている。しかも、病院の看護師としてだけではない。兄弟ロボットがケアの主体および対象となっている。「ケアの市場」は不断に広がりつつあり、ロボットによるケアが、ケアする人のいない人々の日常的な仕事になるよう配慮することになろう。ロボットを「ケア」することも可能となり、ソニーがすでに製作したロボット犬は、実際のどの犬と比べても、ロボット犬をケアする必要度が計算できるという計り知れない利点がある。だから、次のように予測できよう。ロボットは「生きた抗精神薬[15]」としてのペットに取って代わる、と。

したがって、問題は、機械が精神と感情をもつことではなく、機械に精神と感情を帰属させなければならないのかどうかである。我々は、精神、感情、自由と協調できるためにはそれらを人間に帰属させねばならない。しかも、機械に意識が帰属することは、人間にとって感情的にもっと容易であろう。というのは、メカニズムのなかの反省の程度は、ますます増大しているからである。我々は、フィードバック・ループによって補充された、機械の反応能力を生命あるものとして感じる。今日すでに、学習能力のあるロボットがサールズ・チャイニーズの部屋から飛び出しているように見える。そのためには根本において、驚愕の契機で充分である。我々を驚かせる、機械にたいする最低限の要請は、次のように定式化できる。「外界と接触する複数の場をもつ閉じたシステム（有機体との等価物）を構築することが問題であり、そのような接触は情報として処理されることができねばならない。そして、閉じたシステムは、自分の内部で反省するという特徴をもった情報システムでなければならない。[16]」このような操作を感情能力および理解力と感じ・理解するかどうかは、経験的問題である。いずれにせよ、紳士詐欺師としてのロボットはその人間的対応物同様、欺かれたものが欺かれたがっていることを当てにできるのである。[17]

もちろん、このような案内情報では哲学者を満足させることはできないから、我々は彼らの食欲をそそるよう、違った形でロボット学の企図を提示しなければならない、たとえば次のように。ヴィーコの公理、真理と事実は交換されるの核心は、人間は自分のつくったものだけしか理解しないということである。人間は自由に行動しながら世界のなかで運動する程度に応じて、世界を理解するが、自らを理解しようとすれば、行動する物体を機械のなかで再現しなければならない。その場合決定的なのは次の点である。ロボット学の企図が技術的に可能なのは、「意識行為が……行動の形態として蓄積できる[18]」からである。ついで人間の感情ないし「意味を求める努力」の問題がある。つまり、技術的に後から構築された行動形態が、我々によって意識の表出として感じられるかどうかが問題となる。より客観的な他の判断基準は存在しない。というのは、意識とは、人間がシステムであるとして、そのシステムにおいて、人間が認識できるかぎりのものだからである。

意識の謎に迫るとして、あらゆる問題をアルゴリズムに持ち込もうとするプログラマーは、ブラックボックスで処理する実用主義者より成功する見込みがあったわけではない。周知のように、ブラックボックスの観察では、機能知（ある事柄に習熟する）によって構造知（ある事柄を理解する）を取り替えることが可能である。しかし、それでもなおブラックボックスは利用者の幻想であって、だから、デネットが、意識を、脳そのものの利用者の幻想であると定義するのは首尾一貫している。次のように言えるかもしれない、自我とは、脳のブラックボックスから姿を現わす夢想である、と。当然のことだが、なぜこの夢想が脳だけから生み出されるのかという問いは自明のことだ。

だからといって、意識を機械に帰属させることは、自己意識を帰属させることと同じではない。というのは、自己意識を機械的な脳へと構築するためには、自我、君、自己といった概念に対するメタ水準に位置する言語でプログラム化しなければならないだろうからだ――しかし、このようなメタ水準は存在しない。我々人間が自我、君、自己「について」語るとすれば、パラドックスに目をつぶることになる。「だが、パラドックスを技術的な対象として構築することは不可能である。(19)」したがって、ロボットが生命体であるという印象は、自我体験から解放された意識状態の技術的補足に基づいているにすぎない。記憶、計算、学習、パターン認識は、自我体験がなくとも可能である。(20) だから、哲学者にとっての結論は、こうなろう。ロボットは意識はもつが、自己意識はもたない――幼児や動物と同じように。そうなると、理念的な総合プログラマーは、ロボットの自我ということになり、その意識は究極的に、遠隔操作される自我にとどまるだろう。

ライマール・ツォンスは、ポスト・ヒューマニズムを批判（限界設定というカントの意味で）して、精神科学は自分自身に別れを告げ、芸術的なものの新科学に道を拓くとする。そのモットーはニーチェの根本的な確信、すなわち、人間とは克服されねばならない何物か、である。人間でもっとも興味深いのは、人間には欠けているものであって、それというのも、この欠陥が人間に、機械の世界を開いたからである。哲学の隠語ではこうなる。人間を、本質的なものを欠いた存在として考えるためには、人間を存在しないものとして考えねばならない。すなわち、人間からプログラムへの道であり、このプログラムが人間の本質を形づくるのである。

しかしながら、人間のいない、思考のこの新しい道は、人間－動物の区別による、人類学のかたくな誤った方向づけによって失敗した。すでに新たな指導的隠喩としてのコンピューターが、まさに兄弟たるロボットが、今日我々に根源的な方向転換の機会を提供している。我々は再度（再度！）、人間が動物よりも神および機械に似ていることを認識しなければならないのかもしれない。この点では物体を機械としてモデル化したデカルトに、魂を装置として脱魔術化したフロイトに、最後に、人間をコンピューターと同じく「データ処理する機械」の項目に一括したテューリングに、与することができるかもしれない。まさにこの意味で、ツォンスのポスト・ヒューマニズム批判は、すべての命題のなかでもっとも味気ないものである。「人間とは、人間のデータの総計である。」(21)

だが、人間を機械、装置、計算機と比べることは、たんなる隠喩的魔術以上のものである。というのは、人間が行動の合法則性と結び付けられているかぎり、人間は事実上一種の機械だからだ。社会学のような学問の意味全体は、規則が存在するがゆえに人間がその規則に従うという事実およびその次第を示す点にある。それにもかかわらず、出来事が自由として現象するのは、人間が、自らのアルゴリズムを知らない機械だからである。そして、この非‐知が社会的に機能しているのであって、このような魅惑的な事態はひょっとしたら、次のように総括できるかもしれない。人間とは、文化によって自分自身を機械として認識しないようにプログラム化された機械である、と。

かつて人間は、人間の本質への問いに答えるために、神々をこしらえたが、今日ではロボットをつくっている。残された問い、計算機は思考できるのか、命題を理解できるのか、感じることができるのか、が意味をもつのは、人間とコンピューターの機能的等価物への問いとしてだけである。今日では人間は自分自身への問いを、コンピューターの助けを借りて提起する。兄弟ロボットは、ゲシュタルトとしての人間への問いである。もっと客観的にまとめると、人間が徹底して技術的な存在であるという認識は、ロボットにおいてゲシュタルトへと生成する。我々はロボットを構築することによって、自己認識という解決できない課題を、ヴァレリの意味で数学的なイメージと取り替えているのだ。哲学者は技術にたいする不安を取り除けるとしても、それによって彼らは、思考についての思考が二五〇〇年来虚しく格闘してきたものが、この数学的形象のなかで提示されていることを見ることになろう。「自我が自分自身について語り、メカニズムのなかへと追放すればするほど、自分自身の内部への反省的洞察はそれだけ豊かになる。」[22]

すべてのロボットはコンピューターであり、すべてのコンピューターはプログラムであり、すべてのプログラムはテキスト、書かれたものである。このことが明らかになるのは、ロボットが壊れ、その自律の仮象が剝がれる場合である。真に自律的なロボットとは、まさに自分自身を記述するテキストであって――同様のことを人間はこれまで神だけから期待してきた。すべてがうまくいっているかぎり、表面的なものをじっと観察するだけで充分である。すべてを表面価値で、つまり対面価値で受け取る。ここで自律的なロボットは、コンピューターに無知な利用者の真の補完物であることが判明する――何ものもプログラムを書く仕事をもはや思い出さない。

　だから両方の側で、人間でも兄弟たるロボットでも、決定的なものは利用者への親切という名で覆い隠されている。この事態を批判的に嘆いて、より多くのコンピューター・リテラシーを要求することはできるが、このような利用者への親切に至る発展を別様に解釈することもできる。ギュンターはすでに五〇年も前に、次の疑念を表明した。西側世界の人間はもはや、自らの技術的勝利の源泉たる古典的思考の諸形態と同一化していない。西洋の合理性は現代人にとって、厄介な重荷と化してしまった。「現代人は、これらの形態を魂の生活から追放し、機械、思考するロボットのなかへと追放しようと試みることによって、これらの形態を自分から突き離し、内面的に克服しようとしている。[23]」

　ここで円環は閉じる。アニミズムは、生と魂についての前合理的な知であり、啓蒙の高慢な過程がこの知を我々から追い出した。ついで、啓蒙の条件下における生と魂の知を改革することが、（翻訳不可能なドイツの）精神科学の企図であった。そして、すべての科学者が、人間は精神をアニミズム的な残滓として精神科学から追放し、成功し勝ち誇るハード・サイエンスと接合すると信じた時、サイバネティクスがフィードバックの概念で、この精神を救った。それ以来、芸術的なものに関する新しい科学が形成され、そのパラダイスのなかでは知の樹と生の樹とはもはや区別できなくなった。

だが同時に、世界の脱魔術化はさらに前進する——我々利用者の意識的な関与抜きで。西洋の合理性は終いの棲家をロボットのなかに見出し、そのなかでこの合理性は、人間に妨げられることなく機能することができる。ロボットは古典的思考の重荷を我々の肩から取り去ってくれる。人間は芸術的パラダイスのなかで生き、兄弟たるロボットが細々したことの面倒を看ることになる。

X　真髄としての人間——哲学的大テーマにたいする小論

ヴァルター・ツィンマーリ

ここでは我々人間のよりよい自己理解を求めて、いくつかの考えを探求してみる。我々が人間について語るとき、いつでも何かしら問題がつきまとっている。というのは、我々は我々について語ることができるけれども、その場合我々のことを意味しているのではなく、他者のことを意味している。つまり、問いは次のようになる。人間（三人称単数）とは何か、ないし人間（三人称複数）とは何か。それとも我々は、個人ないし集団としての我々について、言わば内的視線から語るのだろうか。我々は常に、この二つのパースペクティブ、内的視線と外的視線をもっている。科学者や哲学者は、彼らが一定時間人間（単数）と人間（複数）について語ったとすれば、自分たちが内的視線について語りながら、あたかも外的視線について語るかのように行為しているということを忘れているのが常である。だから、我々が人間について語る場合、何について語っているのか厳密に知っているかのように見えるのだが、実はそうではない。ニーチェが教えているように、人間は固定されない動物なのだ。我々は、自分たちが本来行為したり思考したりするかもしれないのとは違ったように行為できる、少なくとも思考できる存在、したがって、我々に期待されるのとは何かしら違った存在と定義される。こうも言えよう。我々は多かれ少なかれ自由なのだ、と。このことは、我々による外界の変化にかかわる行動だけでなく、思考とも、したがって内面世界の変化とも関連している。その結果、我々が人間と称する存在にとっての基準、尺度、定義要因が何であるのか、我々は厳密に知らないという困難が生じてくる。

このことは、我々が時系列下の人間への問い、すなわち、人間の未来とは何か、を立てる場合に、もちろん特段に当てはまる。我々は人間の由来についてはいくらか知っているが、人間の未来については相対的にほとんど何も知らない――人間の未来が原理的な理由から、決して単数で現われるのは不可能であるということを除いては。未来がまだ確定されていない領域であり、すっかり違った風でありうる領域であることは明らかである。我々自身以外には誰も影響を及ぼさないし――ひょっとしたら、我々自身でもないかもしれない。そして、突然我々は、自分たちが固定されていない動物であるとはどういう意味かを知る。つまり、我々には多くの可能性があるのだ、と。未来がどうなるかは、とくにこれらの可能性のうちどれを我々が利用するかによって決定される。だから、未来は可能性によって規定され、可能性とは、少なくとも二つの変種が存在するということを意味する。未来は分岐する樹木と表現されるが、我々はこれをまず思考による世界像としてモデル化し、ついで決断によって特定の分岐を選択する。

もし事態がそうだとすれば、我々の問い、人間の未来とは何か、どこに向かって進んでいくのか、我々の内から何が生まれるのか、これらは高度に複数の案件となる。我々には多くの異なる未来がある。そして、ありがたいことにこう付け加えることもできる。多くの異なる人間も存在している、と。というのも、ここで、我々が熱力学から知っている、奇妙な効果が姿を現わすからである。それは、多くの自由度をもち多くの方向に運動する可能性をもっている一つの要素は、他の複数の要素が同じことをできるということによって制約されているという事実に根拠がある。多くの個人が自らの自由を実現しようと努めることによっては、システム全体はあまりに極端な状態にはならないが、それは個人が自由の行使のなかで相互に制限しあうからである。我々は、ある個人の自由の限界が他の個人の自由の限界によって定義されることを、リベラルな自由論から知っている。

このことを未来モデルに投影し、行動・発展・運動はいつでも、他者も運動している環境において共にする運動だと認識すれば、それは容易に理解できる。このような考えが念頭にある人なら、人間の未来に関するスッキリした命題にたいしてある種の懐疑の念を抱くだろう。我々はいったいどのようにして発展するのか。そこで我々はいつでも次のような大仰ですっきりした投影図に突き当たる。すなわち、我々は遺伝的に変化する、ロボットによってもっと発展する、我々にもできるすべてのことを発展したロボットができ、しかも我々よりうまくできることによって、我々は余計な存在となる、等々。

次のような三課題を追求しながら、これらの命題のいくつかに戻ることにしたい。まず、かなり生−形而上学的な歩みから始めるが、これは次の問いと関連している。もしホモ・サピエンス・サピエンスないしホモ・サピエンス・エレクトゥスの生物学的生を観察するなら、すなわち、我々の生と理解するなら、その生物学的生はどのように発展していくのか。ついで、いわゆる機械知能に移って、第三に、人間抜きの機械知能を主張するいかなる考えも、原理的な理由から不可能であることを示したい。というのも、それは自己矛盾であり、不条理に行き着くからである。そこから私の最終命題が生まれる。すなわち、新たな不遜さ――ニュー・エコノミーの崩壊以来至るところで説かれている、新たな慎み深さではなく――が本来、我々が歩まねばならない、あるいは歩むべき道なのだ。

1 〔進化のジレンマ〕

「人間と超人の間」、事情通の人なら、ここで問題になっているのが、短縮されたニーチェからの引用であることが分かるだろう。彼が『ツァラトゥストラ』で語っているように、人間とは、動物と超人の間に張られた綱である。それを聞くと、我々は鳥肌が立ち、ニーチェはひょっとしたらナチスではなかったのかと考えてしまう。もちろんもっと厳密に考察すれば、歴史的な理由からそんなことはありえないことが分かる。八〇年以上も前に書かれたものなのだから。だが、さらに厳密に考察すれば、ニーチェが少なくともこの点ではダーウィン主義者であることも分かる。我々はみなダーウィン主義者なのだ、たとえ本当のダーウィン主義者ではないとしても。進化論対創造説が問題となる場合、我々は、自分が宗教的であるかぎり、幾分かは創造論者である。ただし、次のような形でだが。つまり、我々は、それにもかかわらず、ある意味で進化が「存在する」というのは正しいと語るのだ。これはウォーチェスターの司教夫人の話を思い起こさせる。彼女は、ダーウィンの教説を知らされた時、有名になった、とっさの祈りを捧げたとされている。「おお主よ、それが真実でないことを。」だが、次には用心のためこう付け加えた。「もしそれが真実なら、誰にも知られませんように。」さて、今日我々はみな、それがある意味で、つまり進化論という意味で「真実」であることを知っている。進化論は我々にとってはかなりの程度科学的に証明されているように思われる（ついでに言えば、厳密な意味では当てはまらない）。我々が進化を創造した神を信じているかぎり、我々は創造論者であり、そのかぎりで微妙である。というのも、それによって我々は、人類とその他の自然の発展を推し進める自然的過程が存在することを信じようとするのか、それとも創造神を信じようとするのかの決断を厄介払いしてしまったからである。もし我々が信心深いなら、進化の創造者を信じることによって、創造説と進化論の間には切断があることを否認することになる。その他の点では、偉い人たちもそう考える人たちと同じようなへまをやっている。ライプニッツがすでに同様の問題をこのようにして解決した、たとえ当時進化がいくらか違ったものを意味していたとしても。

だが、我々が進化論の妥当性を信じる場合、それは何を意味しているのだろうか。我々は、次のようなダイナミズムと推進力をもった過程のなかで動いていると信じている。その過程に最善に従うことのできない存在は、漸次排除されていく。我々はこのことを仕事の世界で知っている。一緒に正しく進まない人間は、いつか無視される。それは、そう聞こえるほど中立的ではなくて、徹底して不公平であるが、元来どの領域でも妥当する。スポーツでは首位につけない人間は、次の回戦への出場資格はないが、そのようなメカニズムはどの領域でも働いている。そして、我々は今日、我々にとって進化が本来何を意味するのかを理解している。進化とは、歩調を合わせることのできない存在がどのように排除されるか、その過程の記述なのだ。

もちろん、これにたいする非難が念頭に浮かんでくる。ダーウィンは最適者の生存について語ったが、厳密には最適者でない存在の排除として進化を把握することは、決定的なトリックだ。彼は何が最適者かを定義する、つまり、進化論に最善という基準を与える、あるいは目的論的進化を定義する機会をもった歴史的瞬間に、そのメカニズムをただ淘汰によってのみ定義する決心をした。それ以外の一切はブラックボックスである。我々が最適者について知っているのは、最適者が生き残るということだけである。もしごろつきの社会があるとすれば、生き残るのは最善かつ最強のごろつきであり、聖者の社会があるとすれば、そのなかで生き残るのはもっとも聖なる人間である。だが、混交した社会を考えると、次の問いが出てくる。いったい誰が生き残るのか、誰が最適者なのか。ニュー・エコノミーに関して新聞紙上で、次のような一文を読むことがあるかもしれない。最適者であった誰かが突然、快活な嘘つきからなる社会で最先頭にいるかもしれない人間であるということが分かる。だから、そのかぎりで最適者の生存とは、生存者の生存ということなのだ。ところが、誰かが当初はたしかに最適者であったが、次には環境が変化したとしよう。すると、変化した環境条件の下では彼はもはや最適者ではない。明らかに変化する基準と環境が存在しており、その光に照らして進化論の妥当性を考察しなければならない。言い換えると、もし我々が進化のモデル化のなかで、ある島で生き残った一対のフィンチから読み取ったモデルを、人間的・社会的領域に移したとすれば、我々は全員が進化論者であることが分かる。

だが、進化論の核心をなす教義が循環論であることを確認しよう。最適者の生存とは生存者の生存ということであり、たとえどんな性質のものであろうと、最適者の判断基準は存在しない。「金髪で碧眼」も充分ではないし、「野獣」も充分ではなく、同様にニーチェの「無情な超人」でも充分ではない。最適者の基準は、その時々のシステムと環境に依存しており、したがって、ある特定の環境システムにおける最適者が問題となる。本来我々は、誰が最適者たりうるのかを事前には知らないし、後からだけ明らかになるのであって、しかも通例、我々が最適者だと信じた存在が二ヵ月後、二年後、二世紀後にはもはや最適者ではなかったという形で明らかになる。言い換えると、我々が進化と解釈される、未来の分岐の樹木のなかでどこに位置するのかを我々は知らないのだ。ひょっとしたら我々は、進歩の旗を掲げて袋小路のなかへと突き進んでおり、それ以上先にも行けず、かといって引き返すこともできない道を歩んでいる。進歩とはもしかしたら、我々の経済・種・環境・システム全体の終焉への道を加速するだけなのかもしれない。これらのことはすべて我々には根本的には分からないのだ。だから次のように言える。人間はどこへ向かって動いているのかという問いに答えるには、進化論はほとんど貢献しない、と。

言うまでもなく、ここでニーチェは異議を申し立てるだろう。我々には一つのことは分かっている。自然が毎時間我々に与える証拠から、種が滅びることを知っている。したがって、生物学的には――差し当たり生物学的にだけであって、文化的ないし知的にではない――二つの可能性しかない。人間が生き延びるかぎり生物学的にシステムに適応するか、すなわち、さらに発展するか、それとも死滅するか。ニーチェにとってはそこから、人間にとっても二つの可能性しかなく、生物学的にさらに発展するか死滅するかのいずれかであるという結論になる。当然のことながら、彼は死滅の道よりもさらなる発展の道に関心があり、しかも超人について語る時、はっきりと次のように主張している。我々は生物学的には――ダーウィンとともに――さらに発展してきた動物であり、不確定の方向に歩んでいる、と。より自然科学的には次のようにも表現できる。我々は、純粋に本能によって操作される動物ではなく、したがって、明白に我々の生物学的前進の状態によってさらに発展してきた。だから次の選択肢しか存在しない。我々は生物学的に再度さらに発展し、動物と超人の間で動いているのだ。ここで一九九九年の夏が思い出されよう。この時、ドイツのもっとも著名なエッセイストの一人（時折テレビにも登場する）、ペーター・シュローターディックがエルマウ城でセンセーショナルな講演を行なった。そこでの問題は——彼が名指ししたように——人間技術、つまり、人間を技術的に改造することであった。彼はハイデッガーのヒューマニズム書簡にたいする回答としてそれを構想し、次の選択肢を提示した。ニーチェの念頭にあったのは一つの可能性であり、我々が文化的進化によって、つまりヒューマニズム、価値のさらなる発展、表象と内容によってさらに発展することであった。それをシュローターディックは「人間の馴致」と名づける。もう一つ別の可能性もある。ニーチェも同じであるが、「人間の品種改良」である。それを平文で言えば、「我々が生物学的にも改造される」ことを意味する。シュローターディックは長くて曖昧な話の一節でこう語った。そして今日我々はさらに、遺伝子工学を含むいわゆる人間技術によって生物学的かつ遺伝子的にさらに発展する。したがって、近い将来次の問いが登場するだろう。さらなる発展を偶然に委ねるのか、それとも自らの手中に握るのか、と。人間技術による人間の品種改良は、発展を手中に握るという決断を意味する。彼はまったく正当にも、我々が実際にそれを望むのなら、どのように規則に従ってそれをすべきなのか熟考しなければならないと結論づける。

それは類いない公衆の絶叫を惹き起こしたが、すぐに一切は再び落ち着いた。一九九九年には誰もが考えていたエルマウ講演、西洋の没落、はそれ自身西洋で没落した。つまり、慈悲深い忘却のなかで没落した。というのも、記憶とはとりわけ、いくつかのことは忘れてもよいということに基づいているからである。だが、それは重要な問いを投げかけている。すなわち、もし我々が人間改造の可能性をもっているとするなら、いったいどのようにして、どのような基準に基づいて、どのような尺度に従って、どのような観念に倣って、人間の未来を望めばよいのか。だから、人間の改良にたいする遺伝子的潜在能力を我々がもっているとすれば——強化療法とは、生物医学と関連している——、我々は、いったい「よりよい」とはどういうことなのかを熟考してみなければならない。

私の好きな話の一つもそれに当てはまる。周知のバーナード・ショーの話だ。彼は、ある公的食事会で魅惑的な婦人の隣に座ったのだが、彼女は彼を褒めちぎって言った、私たちが子供をもったら、すばらしいことじゃありませんか。あなたの知性と私の美貌を思ってみて下さい。彼は一瞬だけ間をおいて答えた、それは止めたほうがいいでしょう。だって生物学の法則は、正反対のことが起こらないとは保証していませんよ、と。それは政治的には正しくないかもしれないが、この話からは少なくとも、どれほどショーが物事を見極めていたかを知れば、彼が、婦人の知性がどの程度のものであると評価せざるをえなかったかが分かる。ここに示されているように、私の考えでは、いったい誰の像に従って——と、ハンス・ヨナスは問うた——、我々は人間を改造することになるのか。神が人間を自分の姿に倣って創造したとするなら、人間は、神が何を創造したかを知っており、最善の場合神自身と同じように善良でありうるかもしれない。だから、神が人間を実際に善なるものとして創造しようとしたのなら、当然神の像に倣ってということになる。神は〔自分〕よりよいものは知らなかったのだ。だが、人間はどうすべきなのか。そして、元来何がよりよく、何が異常なのか。近視の人間や足の悪い人間、それとも標準記録には達しないが、とてもかけっこの速い人間か。あるいは、丸い革のボールを跳って、よくゴールする人間か。我々はみんな将来ベッケンバウアーやアインシュタイン、モーツァルトになりたいのだろうか。これらの人物の伝記を詳しく見れば見るほど、それが推奨に値するかどうかますます疑わしくなる。それでは、我々は何をしたいと望んでいるのか。我々がこの問いを病気の療法や予防と関係させると、問いはもとより皮肉なものとなりうる。正常な状態からの離反と病気の境目は流動的だからである。しかし、もしＨＩＶワクチンを開発できるのなら、我々はそれをする必要がないと言えないのは自明である。ＨＩＶ感染に苦しんでいる人がいるとき、開発が人間にとってはるかによいことではないかどうか、我々には分からないからというのは理由にはならない。それは明らかに愚かなことだ。これに対して、人間、とくに女性がみんなマドンナのように見えることに意味があるかどうか尋ねられたら、それは全員にとって努力に値する目標ではないと思うのはきっと簡単だろう。これに反して、ＨＩＶ感染に罹らないのは、全員にとって努力に値する目標である。言い換えると、流動的な過渡期があって、極限値を例外として、我々は何がよりよくて、何がより悪いのか知らないのだ。だから、沈着冷静にこのテーマに取りかかり、展開がどうなるか観察し、場合によっては問題を解決しなければならない。同様に、ホモ・サピエンス・サピエンス・・・・・・の生物学的なさらなる発展にたいする医学技術への賛否を原理主義的・原理的に決定する充分な論拠も存在しない。

生の形而上学的過程の第三の最後の相を論じるが、我々が知性的存在として何者であるのかに関連して、進化生物学のさまざまな要素が何を語っているかを見ることにしたい。その場合、我々は異なるモデル庫を必要としていることを確認しておく。そこには自己組織化モデル、つまり、生命をもたない自然が、特定の条件が与えられれば、外的な審級の介入なしに必然的に自らの内から生命を発展させることを意味するモデルが存在するとしよう。このことは実験室で調整できる。すなわち、たとえば水を沸かすと、分子運動がより高位の秩序、有名なベルナール細胞構造をつくりだすのに充分であることが分かる。水を沸騰させると、ある一定の温度で表面がミツバチの巣状の型をつくり始める。それは――軽度の汚染に制約された――熱力学的システムにおける差異であって、このようなシステムでは原理的にすべての分子が言わば等速運動をしている。ところが、何らかの理由から、肉眼で表面に見える構造が突然ある型を示すようになる。我々は一般的傾向としてこの過程――この過程のさらなる発展と記述によって、イリヤ・プリゴジーヌは一九七七年、ノーベル化学賞を授与された――を予測できる。その時我々は、そのような偶然的な差異から一定の蓋然性をもって、より高位の秩序構造が発展することを確認する。だから、次のように想定できる。つまり、これによって一九六七年、マンフレート・アイゲンはノーベル化学賞を受けたのだが、超循環理論の助けを借りて算定できる、無機的なものから有機的なものへの移行もこのようにして生起するのである、と。そのように想定できるばかりか、まさにテストすることもできる。すなわち、アイゲンは進化機械をつくり、そのなかでこの過程を小さなシステムとして短縮することができた。ハインツ・フォン・フェルスターがシステム論的に命名したように、このようにして無秩序から秩序が、ノ・イ・ズ・か・ら・秩序が生まれる。我々はこの過程をネゲントロピー、つまり逆のエントロピーと呼ぶ。我々はエントロピーの下に、自分の部屋を掃除しなくともかまわない合理的行為者の科学的な根拠を理解している。すなわち、熱力学の第二法則によれば、先の過程は再度無秩序化していく。というのは、失ったものよりもっと多くのエネルギーを投入しないで、秩序状態を等しく保つことはできないからである。これは必然的な根拠であり、経験とも一致する。つまり、部屋はいつも無秩序のままである。さらにそれは、おそらくはほとんどすべての机と同じく、私の机にも当てはまる。ここから分かるように、熱力学は生活世界でも充分実証された科学的な理論である。したがって、エントロピーとは、すべてにおいて秩序が減少する傾向にあるという状態のことなのだ。物事を保持することは、それを再度混交する（これは自ずと出来する）よりもはるかに困難であって、だから、ネゲントロピーとは秩序の創出を意味するのである。

さてここで、興味深い考察をすることができる。我々人間は明らかに偉大な秩序の創出者であって、いろいろな状態を分離する秩序を創造する。現代ドイツの都市を眺めてみよう。そこではすべてが、コンクリートと草といった具合にきれいに分離され、草がコンクリートから生えないことを注意して見る人がいる。もし我々がそんなことをせず、もし草がコンクリートから生えないことに誰も注意しないなら、すぐに完全な無秩序となる。それは南アメリカでも観察できる。インカ文化の証拠を再発見するのは、それを自然のエントロピー的干渉から解放する場合だけである。すなわち、このような自己組織化に続く過程は、もし我々がネゲントロピーを、だから秩序を創出するなら、我々はより高位へと発展でき、より高位の構造を改めて創出するという具合に進行する。通例我々が望むところに向かって動けるのは、他の人々が我々にすでにつくってくれたネゲントロピーに依存している。通りがつくられた、そこを車が走る、石油からガソリンを製造できる等々。これらすべての秩序の機能によって、我々は相対的に標準的な生活を送ることができるのである。

第二の考察の出発点は、すでに言及した合理的な行為者、正当にも秩序の維持にはエネルギーが必要であると想定している行為者である。だから、次のように一般化できる。我々人間は、信じがたいほどたくさんの秩序をつくりだすということによって定義されるとすれば、そのためにますます多くのエネルギーを必要とするということも明白である。実に腹立たしい点は、我々がエネルギー消費によってエントロピーを加速させるということだ。だから、我々人間は、ネゲントロピーを創出するエントロピー加速者であって、秩序を速くつくればつくるほど、それだけ速く資源を使い果たす。科学的に考察すれば、そこに人間の条件がある。我々は、道徳的に正しいことをすることができないというジレンマにとらわれている。我々にできるのは、一切を無秩序のままにしておくか、エントロピーを加速させるかのいずれかであり、我々は自然の過程を食い止めようと望みながら、それを加速させる、注目すべき存在なのだ。

さらにもっと腹立たしいことがこれに加わる。知性とか知能と呼ばれる我々の主要な秩序の能力によって、我々が偶然の産物ないし廃棄物でしかないのは確かである。いったいいつ原始スープは運動を始め、多少とも知性的な存在が出現し、ついで進化と呼ばれる巨大な厄介ごとのなかで、他のものより高位の繁殖の機会をもつようになったのか。我々がよく知っているように、また私も喜んで読んだものだが、知性的な男性は女性にとってより魅力がある。したがって、進化上の利点は、自然の何らかの気まぐれから知性の方へと進み、この創発的現象、この副産物ないし廃棄物、進化のこのスピン・オフ〔波及効果〕は、ネゲントロピーを創出する能力をもっているために、最速の資源消費者たることを実証し、時計がより速く進むよう配慮する存在たることを実証した。ただ安堵させるのは、自然発展の創発的現象たる我々が、自然を発展させただけでなく、——冒頭の指摘を今思い起こすと——人間像と自然像も発展させてきたことである。だからこう言えよう、全部が調和しているわけではない、と。一切が我々の表象、つまり内的パースペクティブの外的パースペクティブへの翻訳でしかないのかどうか、我々は知らない。進化論はダーウィン以前には存在しなかった。では、それ以前に進化は存在しなかったのか。我々には分からない。というのも、最終的には我々の範型のなかで思考することを学習してきたからである。我々が三次元メガネをかけていないなら、映画を見ても、それが三次元であることは分からない。それは本当に三次元なのか、それともそうではないのか。答えはこうだ、それは三次元でもなければ、非－三次元でもなくて、我々の見る行為が、特定の条件下で三次元性を構築しているに過ぎない。そして、我々の理論もそうかもしれない。そうだとすれば、事態は次のようになっていよう。この考察に従えば、我々はまだ滅亡に瀕してはいないが、どのみち人類は終焉に向かうと信じざるをえない。というのも、自然的知能と並んで、人工知能が現存しているという慰めがあるからだ。要するに、我々は、進化の核心かつ随伴現象であると同時に、そのどちらか片方ではないということである。

2　〔人間としての人工知能？〕

本節では、私の思想に利用できるものを調和させるようつかみ出して、その他のことはすべて放っておく。一度進化を事実として想定すると、そのなかで明らかに、知能、言うなれば秩序機能をもたらす能力をもった存在が発展してくる。他方この能力は、環境消費を加速させ、エントロピーなる焦点に収束するという不愉快な副産物を伴っている。だがそれでは不充分だ。驚くべきことにこの能力は、自己反照の能力ももっており、もし我々の認知システムに自己反照性と他者反照性がなければ、先に言及した人間にたいする人間の二つのパースペクティブも一般に考えられないことになろう。このことは、自我‐非自我の境界をまだ知らず、初めて学習しなければならない小さな子供において見てとれる――これはピアジェでも読み取れるし、自分の子供でも観察できる。彼らが自分の指で遊び始めるとき、指を三人称の要素と見なし、目をみはる。そして一歳になって初めて、指が一人称の一部であることに気づく。その結果、およそこの歳からこの自我‐外部の境界がともかくも機能するようになる。我々がこのことをさらに反復すれば、再度加速されるようになると確認できる。我々が自分自身を他者から区別できるだけでなく、世界を把握するために道具において発展させるものを我々自身に再関連させることもできるという事実は、我々が進化の第二の環に足を踏み入れることを意味する。ダーウィンを知ることのできなかったヘルダーには、文字通り進化の第二の環の理念が見出される。だから、すでに早い段階でこの概念は存在していた。自然的進化は一つの環であり、その上に文化的進化が打ち立てられ、これが――ドイツ理想主義が別の形で我々に教えてくれたように――、自然的進化の像を初めて生み出す。科学、哲学、世界のモデル化は、進化の非‐自己反照的な第一の環を自己反照的に思考する可能性を開く。我々が外界についての像をもつという事実に基づいて、この外界を継起的に変え始められるのと同様に、進化の第二の圏内で我々の認知的世界も変えることができる。それを生物学的に試みることもできるが、それは難しいので、差し当たり手をつけないままの方がいいと思う。先に述べたバーナード・ショウ効果がもっと基本的な水準で中絶していないかどうか分からないからである。もちろん、我々の知能を助けるために道具の変更を試みることはできる。それは、たとえば記録システムに当てはまる。つまり、文字は文化的な更なる進化の方向における巨大な歩みである。このことが明白になるのは、知能はたしかにもってはいるが、文字をもたない存在の場合であり、このような実在は、動物における知能の可能性にたいしていつももち出されるすべての論拠に反して、存在する。ミツバチの言語――その研究で一九七三年、カール・フォン・フリッシュはノーベル賞を受けた――に関して、それが記録システムの一形態であるのかどうか、議論しうる可能性はある。いずれにしても、それは文字によらない種類のコミュニケーションの一形態である。文字の発展と結びついた巨大な進歩とは、次のようなものだ。我々が記憶術によって記憶内部に蓄積できるわずかなものは、外的な蓄積の可能性によって突然指数関数的に増大しうる。たとえば、人間が記憶術によって蓄積できる詩はどれほどの長さか、我々は言うことができる。オデュッセイがどれほどの長さか知っているからであり、それは、歌手、したがって古代の情報伝達者が頭のなかにもっているはずの単位だからである。それは、たとえば一二〇ページのペーパーバックを占めるものに相当する。さて、我々が文字の助けを借りて一瞬にどれほど蓄積できるかを考えてみると、その量は文字通り爆発的に増える。知の蓄積の外部化は、進化における真の偉大な促進者なのだ。

だが今日、我々は、もう一度加速力を経験する地点に達しており、しかもそれは、外的な蓄蔵庫を要因Xだけ増大させることによるばかりか、この蓄蔵庫への介入も改善することによってなのである。我々はみな家に書庫をもっており、多くの人がそれを利用しているが、たんに外壁隔離としてだけではない。しかし、もっとも熱心に読書する人々は、本の内容にたいする接近速度を劇的に上げるという困難を抱えている。その理由は、単純に物理的な限界が存在するからである。我々は一〇〇メートルを九秒以下で走ることはできない。だから、たとえ世界チャンピオンであっても、書庫のなかでは自分の周りしか動けないし、一冊の本から次の本へと移るのに三〇秒もかからざるをえない。だが、三〇秒は我々の計算機にとっては永遠である。一つの情報から次の情報へ計算機で三〇秒もかかると仮定してみれば、その計算機をゴミとして処分するだろう。それはかってはたしかに早かったのだが、ALGOLやFORTRANでプログラムを習い、計算時間の割り振りを体験した人は、それを想起できるだろう。計算機は途方もなく高価だったからだ。だが今日では違っている。言い換えると、最新の進化およびエントロピーの加速者は、明らかに計算機であり、より厳密に言えば、人工知能なのだ。

さて、元来死者をむち打つことはしないものだが、もう一度人工知能の神話について語らざるをえないところに来た。もちろんこの神話は、「死者の言は長生きする」という原理に従って、繰り返し復活する。人工知能とは——本質的には古代から、用語からすると、およそ五〇年前から——起き上がり小法師そのものであり、興味深いのは、我々人間が繰り返しこの神話を信じようと望んでいることだ。なぜだろうか。何よりもまず言葉の理由がある。我々が知能を誤ってドイツ語訳したからだ。なるほどそれが唯一の理由ではない。アメリカでは起き上がり小法師はその通り機能しているのであるから。それにも関わらず、「人工 - 知能」という二つの構成部分は、少なくとも誤解を招く形で翻訳された。というのは、「知能」とはデータの伝達と処理に他ならないからである。知能がそれを意味するなら、CIAは超賢人たちの中央斡旋所ということになろう。明らかにそうではなく、CIAは諜報機関である。我々の諜報機関でも通例平均的に知性的な人間が働いていると想定はしようが、異常なほど密集しているわけではない。だから、知能の意味は単純で、処理される情報と通信なのだ。そして、「人工的」も人工的ではない。いずれにせよ広義の人工的ではなく、技術的を意味する。したがって、「人工知能」は、単純に「技術的な情報処理」のことであって、これは「人工知能」と比較して少しも神秘的には響かない。

このことをもっとよりよく理解するには、ヴァイツェンバウムとその心理療法システム・エリザを考えてみるとよい。それは、きわめて基本的な、意味論的に相互作用的な基準に従って編成されている。簡単に覗けるが、感動を引き起こす代物だ。このシステムは、人の気持ちが分かるように見え、観察されるはずの効果は驚愕的であった。ヴァイツェンバウムの秘書がエリザとコミュニケーションをしている時に、彼を部屋から出した。エリザは心理プログラムであり、秘書の精神問題を解く、からである。このシステムはきわめて単純につくられていて、いくつかの異なる意味論的記号が布置され、それに対して照応する答えないし質問があり、しかもそれは精神分析的な範型に倣っている。たとえば父という言葉が現われると、すぐに質問がある、君は父親と問題があるか。母という言葉が現われると、君は母親を愛しているかと質問される。だから、誰もがその場で不意打ちされたように感じる。誰もがインセスト・タブーとともに生きているからである。もし、とても愛していると言い、システムが「とても」を知らないと、次のように問いかける、君は「とても」ということで何を意味しているのか、と。するとすぐに誰もが再び、不意打ちされたように感じる。あるいは、母親を普通に愛していて、それ以上はとくに何もないと入力すると、システムはすぐにこう質問してくる、とくに何もないとは厳密には何を意味するのか。このようにして、このシステムはかなり賢く、人の気持ちが分かるという印象を受ける。我々は、システムがまだとても新しかった頃、これをゼミに入れて、私の協力者の一人、ジーモン－シェーファーの名前を入力して、意味論的な自己情報を組み込んだ。システムは次のように機能した。システムはまずシェーファーの容態を質問した。彼は答えた、私は今日かなり悪いと感じる。システムは聞き返した、どうして君は今日きわめて悪いと感じるのか。彼は再度入力した、なぜなら、僕がジーモン－シェーファーだからだ。すると、システムは聞き返した、君はジーモン－シェーファーだと確信しているのか。このようにして彼は、脱神話化によってその当時きわめて速く進んだ。今日では、プログラムが学習能力をもつようになっているので、いくらか難しくなっている。しかし、プログラムは依然として同一の範型に従ってプログラム化されている。我々人間にとって唯一興味深い問題は、我々もまたこの範型に従ってプログラム化されていないかどうか、ということである。ひょっとして我々が少しだけより洗練されているだけで、したがって、同じ範型であることに気づいていないだけではないかどうか。

もちろん次のことにはやむをえない証拠がある。すなわち、人間の知能の完全で技術的な実現という意味での人工知能がひょっとしたら存在しうるかもしれないのに、なぜ我々はそれを人間として認識しないのだろうか。その理由は、プログラムに知能があるのか、それとも欠陥があるのかをおそらく我々が区別できないという点にある。最後に、知能は、他人が期待していないことを時折行なうという点にある。もしある機械が人の期待することをしばらくの間やらなかったとすれば、それには欠陥があると言う。人間の場合には、もしあたかもオウムあるいは答える機械であるかのように、すべてに答えるとしたら、我々は信用しなくなるだろう。

3 〔ネット化社会における生の可能性〕

我々は、第三のそして最後の歩みまで、つまりネットワークにおける思考と行動まで進んできた。個々の計算機の人工知能プログラムは、どれほどすばらしくその計算能力を指数関数的に高めてきたとしても、人工知能に至るのではなく、我々自身の蓄積能力とその処理速度の巨大な外部化に至るのをこれまで見てきた。ここからはもはや人工知能（AI）ではなく、分配型人工知能（DAI）について語ることになる。数多くの計算機のネット化は、当然その能力と計算速度をもう一段より多くの量的処理に関して高める。この理念に――ヘラクレイトスは言った、戦争は万物の父である――アメリカの軍隊は到達した。優に三〇年前にALPANETすなわちアメリカの最初のコンピューター・ネットワークが誕生した。それはたしかに民間の計算機、つまり大学の計算機から構成されていたが、ペンタゴンの委託に遡るものであった。それは分権的であり、敵の攻撃に対する抵抗力がより強かった。だから、相互間のネットワーク化が要請され、重複を合言葉に、一つの計算機がダウンすると、別の計算機がその課題を引き受けることができる。したがって、重複というこの古い技術的知恵が計算機に適用され、最初の巨大コンピューター・ネットが設置されることになった。

これと並行して、精神史的に興味深い事態が発展する。一九六〇年代から今日までの科学の歴史を見てみると、ネットワークの概念が、ペンタゴンの主導ではなく魔法の手によるかのように、次第にあらゆる科学のなかで登場することに気がつく。ロス・キリアンの『記憶の意味理論』は、ネットワーク・

モデルを使って展開したが、六〇年代にはネットワークは突然境界石となった。社会学者・文化人類学者のジェレミ・ボワスヴァンは、社会システムにおけるネットワークを研究し、七〇年代初頭には、人工知能研究の領域でルンメルハルトとマクレランが神経ネットを研究した。線形に機能する計算機と対立して、突然ネットワークについて語られるようになり、神経ネットがモデル化されたり計算機上でシミュレートされたりした。それは七〇年代初めから九〇年代まで続き、社会学者が技術的ネットワークという意味でのネットワーク思考を社会全体に適応し、ネットワーク社会の理論、『ネットワーク社会の興隆』が誕生するまで続いた。スペイン系アメリカ人の社会学者、マニュエル・カステルが展開したこのモデルに従えば、世界全体がネットワークと考えられる。我々の誰もがネットワーク・モデルを一大パラダイムとして考えており、同じように、進化モデルは一大パラダイムである。このように手短かに検討してみれば、次のように確認できる。我々はネットワークのなかで思考し行動しており、しかもいつでもそのように行為するのだが、今ではそのことを心得てもいる。我々は再び同じ環を周遊し、再び自己反照的構造を発見する。つまり、反照的人間としての我々がネットワーク人間であることを今では知っているのだ。

しばらく前、厳密には二〜四年前、二人の著者が「ジョイとクルツヴァイル〔楽しみと気晴らし〕」という美しい名前で評判になった――英語原本を読んだのかドイツ語訳か定かではないが。それは人口に膾炙したが、それというのも、これまで発展してきたものから華々しい急進的な結論を引き出したからである。『フランクフルター・アルゲマイネ』紙は、文芸欄で自説を改め、自然科学およびコンピューター科学に同調しようとした時、それを取り上げ、ドイツの同欄読者に意識させることになった。その本が熟考しているように——非常に古くからの問いだが——、我々自身の芸術品が我々を凌駕したとしたら、いったい何が起こるだろうか。もし知能をもったロボットが、ネットワーク技術とナノ〔微細〕技術の結合によって極端に小さくなり、この知能をもった小さなロボットのナノ粘液が権力を握ったら、何が起こるだろうか。そのような問いが提起される場合、いつでもそうであるように、答えは次のようにしかならない、すなわち悪い結果になるだろう、と。もちろん困った点は、我々はロボットが小さいためにそれを知覚していないということだ。ひょっとしたらこのロボットはすでに以前から流行していて、ナノ型をして我々の血管のなかを旅しているのかもしれない。確かにそれはいくらか妄想的ではあるけれども、周知の警告を意味している。すなわち、もしかしたらロボットは支配を手にしているか、あるいはいずれにせよ支配するようになるだろうということを。ビル・ジョイは、いったい我々人間はどのようにして余計で不必要なものになるのだろうかということについて論文を書いたが、それはドイツ語訳されて部分的に『フランクフルター・アルゲマイネ』紙に転載された。ロボットは、我々のするすべてのことをするだけでなく、自分自身を修復し、自分自身で繁殖する。このようなナンセンスをドイツ連邦共和国全体がしばらくは信じたのだ。

それは明白なナンセンスだ、あるいは皇帝の新しい衣服だと、ますます多くの人々が次々に語り、最後にはみんながそれを確信するようになった。現在ではジョイとクルツヴァイルについてはもはや語られない。そして——私はこう付け加えたいが——残念だ。残念という理由は、実際相当の爆破力をもったテーマが、そのことで無責任に拡散するからである。もちろんこのテーマは、いくらか違った形で提起されねばならない。つまり、人間が創造したシステムに人間が依存することとどのような関連があるのかが問われるべきであろう。我々がこのシステム——自動車や鉄道、エアコンや電灯、計算機システム——にどれほど依存しているかは明白だ。だから、我々は途方もない依存状態にあり、そのことによって当然抑圧される可能性もある。巨大なエネルギー不足に直面すると、我々の計算機はすべてダウンする。そうなると、経済と生活世界全体が崩壊し、仲間関係も崩壊するだろう。もう電話すらできなくなるからである。いずれにしてもほとんどの仲間関係は、電話が機能するから維持されている。電話によって接近するからではなく、近くにいなくとも話せるからである。言い換えると、〔エネルギー不足は〕スーパー・ガウ〔最悪の事故以上の事態〕になるだろう。

すでにモラヴェッツが指摘していた歩みをさらに進め、ネットの利用者としての我々ではなく、中心単位としてのネットとその自発的な助力者としての我々を考察してみよう。我々はなぜ、朝一番に計算機に向かうほど飢え、メールボックスにいくつメールが見つかるかに依存しているのだろうか。メールがたくさんあればびっくりするが、一通もなければ、もっとびっくりする。火星からの人類学者——したがって、彼は人類学者として少なくとも、記述されたシステムについてあたかも何も理解していないかのように行為する——が我々の方にやって来て、我々の種を記述すると考えてみよう。すると、おそらく次のように見えるかもしれない。この存在者は、朝聖なる空間に走って行き、そこで光り輝く祭壇を崇め、終日この祭壇から離れることはない。高々短時間自然の欲求に従うことがあるだけだ。その上、夕方帰宅すると、再びいくらか違った、より多彩に見える祭壇に行き、ずっとその前に座っている。それは考えうるかぎりでもっとも宗教的な種である。記述は、よそ者の目からはおよそこのように見なされるかもしれない。それは、我々がどれほど強く人工知能-技術に依存しているかを描き出す。ところが、誰もがそれとはまるで違ったことを主張する。私は、毎晩テレビの前に腰を下ろすという人を誰一人として知らない。誰もが言う、そうだな、少しニュース、そして時々コメント放送を観る。これは我々に世界政治の現状を伝えるから、必要不可欠なんだ、と。この議論は容易に反論できる。一週間休暇をとり、新聞を読まなかった人間は誰もが、帰ってくるとこう確認する、私は——たとえば二〇〇一年九月一一日のような、きわめてわずかの例外はあるが——、その間にメディアが伝えたことすべてに必ずしも熱中しなかったとしても、何事も見過ごさなかった、と。したがって、社会学者が言うように、これがトーク－アクション現象なのだ。誰もがトーク水準では主張しないけれども、アクション水準ではこの魔法の機械〔テレビ〕の前に長いこと座っているのだろう。だからモラヴェッツはこう問う。もし我々がネットを利用しているのではなく、ネットが我々を利用しているとしたら、どうなのだろうか。我々はそのことに気づくだろうか。きっと気づかないだろう。何よりもまず一切のことがまさにそうなのかもしれないではないか。それにはきわめて自然的な原因もありうる。何らかの集団がスーパーバイザーによってネットを次のようにプログラム化したとする。ネットが我々を利用して、たとえばニュー・エコノミー〔IT活用による景気循環消滅論〕の推進といった馬鹿げたものを遂行するという風に。ニュー・エコノミーを我々の財布にたいする反乱と見なすためには、とりたてて妄想的である必要はない。だからそこで生じている巨大な効果が、何らかの中心的な操作をする知能に起因すると、容易に考えうるのだ。ひょっとしたらそれは雑音にすぎないのかもしれないが、そうではないかもしれない。

少なくともこの問題提起——これはきわめてサイエンス・フィクションのように聞こえるが——をつねに思い起こさねばならない。さもないと我々は、どのように決断すべきかもはや分からなくなるからである。まさにすべてが、分岐点で我々の未来に関わりうる決断だからである。これから生じることの方向は予め定まっているのではなくて、我々の決断が関わる分岐点でその時々に改めて決定される。釘盤の玉がそうであり、その動きは予見不可能である。自己反照的に釘盤を転がる玉はもっと予見できず、登場するあらゆる分岐点で、他人がどう考えるかそのつど考えては、しかも他人が考えなかったように考えることになる。このことは駅で出会った二人のポーランド系ユダヤ人の話で説明できる。一人がもう一人に言う、君はどこへ行くのか。尋ねられた方は答える、僕はウーッ〔ポーランドの都市〕に行く。少し考えた後で最初の一人が言い返す、嘘つき、〔僕が聞いたから〕君はウーッに行くんだ。自らの観念のなかで他者の表出を表現することは、我々の場合には永続的に現われ、すべてをより大きな複雑性へと変化させ、この複雑性は統計的に初めて再補整される。

これは決定的な問いに導く。もし我々が実際に、なるほど露骨ではないが、つねに不可視の危険、つまり人間が機械に依存するという危険のなかで生きているとすれば、我々を救うのは何なのか。この問いにたいする答えは、超越的なものと呼ぶことができる。しばらくの間次のような考えがあった——『記憶屋ジョニー』〔ウィリアム・ギブソンの人工頭脳人間の未来小説〕から文学・映画の翻案物、『アザーランド』〔タッド・ウィリアムズのサイエンス・フィクション〕まで、そして一連の小説がすべて言うように——、我々は実在の世界よりもバーチャル性の世界の方がはるかに重要な世界に入っているのだ。我々はどこかで、データの手袋、メガネ、その他一切の可能なものによって、認知活動だけでなく新たな意味も触発する計算機の世界のなかで動いている。その結果、このような考えは大々的に文学作品を生み出すことになった。その広がりを読み取ることは興味深くもある。だが、もはや遠い西部や宇宙ではなく、まさにバーチャルな空間で戯れているのは、根本的に古い冒険小説なのだ。

考えられる異論とはどのようなものだろうか。答えは相対的に単純だ、たとえその答えを哲学的に高々と掲げ、すでにカントが熟考して定式化したと強調できるとしても。すなわち、演技するためにすら、たとえばネット上のバーチャルな演技的関係のなかで役割を演じたり、あるいはあるバーチャル空間で我々が運動したりするためには、実在を規定する自我 - 外界の境界区分が必要である。この区分が存在しないと、演技も機能しない。言い換えると、この境界区分がないと、我々はいかなる他のアイデンティティも引き受けることなどできないのである、たとえそれが病的なものであろうと。我々はある別のアイデンティティを演じることができるにすぎず、その意味は、これからも自我 - 役割の差異のなかで生きるということだ。その関連でカントが語ったように、「私は考える」という観念は、私の他のすべての観念を先導しなければならない。だから、私は永遠にこの二重のパースペクティブを引き受け、一人称の私と三人称の私を区別しなければならない。それはいつでもそうであり続ける。いつか我々はバーチャルな世界のなかで溶解するかもしれない、現実とフィクションを取り違えるかもしれないと考えること——しばらくフランスの哲学が我々に示唆した考え——は、このきわめて基本的な論理的構造という点で破綻する。私は役割を演じることができるだけであり、現実とバーチャル性を区別することによって、バーチャル性を利用することができるだけである。バーチャル性をもう区別しなくなる瞬間、私はそれをもはや利用できないし、バーチャルな世界のなかではもはや生きてはいない。バーチャル性のなかで自分が消失するかもしれないという太古の仮定は、我々の両親が我々に伝え、とにかく私の両親が私に伝えたという仮定、すなわち、人は昼間半時間以上小説を読んではならないという仮定と同じく誤っている。私は今日まで、なぜ半時間なのか分からなかった。それ以上読むと、当時は小説の世界と言われたバーチャルな世界に完全に囚われてしまうという危険にはまり込むというわけだ。小説よりもはるかにバーチャル的であるにもかかわらず、ギリシャ語文法を読めと言われた。だから、私は公にはギリシャ語文法を読み、家では小説を読んだのだ。同じように、プラトンの文字反対の論拠も間違っていた。文字に関わりあうと、現実との関連を見失い、何事も暗記できなくなる、というのは、一切を外部に蓄積し、テキストというバーチャルな世界のなかを動くことになるからだという。だが人は知っている、プラトンはそれらすべてを書きとめたということを。

したがって、我々が必要としているのは、新たな不遜さ——私はこう命名したい——なのだ。我々は——そして私が思うに、それ以外に出口はなく、しかもそれは倫理的要請などではなく、論理的に必然的な結論だからである——、この巨大機械の世界、すなわち我々を馴致し飼いならそうとするネットの世界のなかで、遺伝的に変化した未来のなかへと発展することを恐れる世界のなかで、これらあらゆる危険に立ち向かわねばならない。すでにプラトンが厳密に証明している。危険は、私が危険自身を引き受けることによって、一番よく取り除くことができる、と。これが簡単な解決なら——簡単に聞こえるが、実は当然きわめて複雑なのだ。それによって我々は何千もの決断を手に入れるからである——、私にはホモ・サピエンス・サピエンスの未来に不安はない。そして、我々がさらに発展することを感知することすらないだろう。というのは、我々はいつでも、さらに発展する存在だからだ。我々が生物学的にすでに超人〔間〕なのかどうか、それを感知することはけっしてないだろう。もし我々がそのことを感知するなら、超人はすぐれて超人ではないことにもちろん気づくだろう。

解題

藤田真文

本書は、人類学、哲学、神学、社会学、メディア学など、広範な学問分野の蓄積から「人間とは何か」という問いに応えようとする連続講演の記録である。「人間とは何か」との困難な問いに真正面から取り組んだ碩学たちの講演に、これ以上私が付け加えるべき知見は何もない。ここではむしろ、コミュニケーション論とメディア論の観点から、この本の各章を私がどう読み解いたか、赤線のインデックスをつけるように進んでいきたい。

この本の第Ⅲ章「人間と非-人間」で、いきなり本質に迫る記述に出会う。第Ⅲ章の論者エスバッハは、生物学者であり哲学者であるプレスナーの業績に触れながら、人間と動物を比較すると「動物には否定的なものにたいする感覚が欠けている。（中略）動物は、存在しないものについてはいかなる理論も持ってはいない。もし特権が存在するとすれば、それは、人間が全然存在しないものを表象できるということだ」（七一頁）と言う。

存在しないものを表象（表現・想像）する能力によって、人間は「自分自身の体を離れて、他者の立場に立てる」。これを「脱中心的立場」（自分を中心に考えない視点）と呼ぶ。例えば、絶滅の危機に瀕している野生動物を保護するために、周辺の自然環境をどのように保全すべきかと問うことができるのは人間だけである。そしてさらに、脱中心的立場のために、人間は「自らの体験を経験し、それを対象とすることができる」(七二頁)。

つまり人間は、「今・ここに」存在しているものを見て感じている個体としての自我(自分)を超えて、自分も含む集団としての「我々－人間」を表象(表現・想像)できるのだ。先の野生動物の保護と同じように、(けっして自分が生き残るためだけではなく)種としての人間全体が生き残っていくためには、地球環境がどのような状態になっていることが望ましいかを人間自身が考えることができるのだ。

以上のことから、「『人間とは何か』を考えることができる動物が人間だ」と言ってしまえば、この本は二頁で結論が出てしまうことになる。それではもったいないので(いやいや直前の答えは、単なる自己言及のパラドックスかもしれない)、もう少し読み進めていく。すると第Ⅲ章でエスバッハは、『我々』なるものは、根本的に言葉による表現である」(七四頁)と書いているではないか。そう、人間が「今・ここに」存在しないものを表象できるのは、記号・言語を使う能力を持っているからだ。

A「昨日の放課後、校庭にゾウがいたよ」B「えっ、本当?」と、AさんBさんが会話しているとき、その場にゾウはいない。「zo・u」という音声が、昨日校庭にいたゾウの代理となっている。そればかりか、記号・言語はこの世に存在していないものを表象することさえできる。A「昨日の放課後、校庭に一角獣がいたよ」B「えっ、一角獣って何?」。サミュエル・ベケットの戯曲で、エストラゴンとヴラジーミルは彼らの会話の中にしか存在しないゴードーをひたすら待ち続けている。第Ⅲ章でエスバッハは、同じように人間が「我々－人間」を確証するために、言葉によって様々な「非－人間」を作り上げていったとしている。探求されていない地の果ての怪物、自由を奪われた「非‐人間」である奴隷、そして神なき「非‐人間」としての異教徒。これらは逆に人間とは何かを語る鏡となる。探求された（未知ではない）者、解放された者、改宗した者が、人間なのである（九〇頁）。

私はこの第Ⅲ章を分水嶺にして、この本に収められた連続講演の構成を理解していった。前の章にさかのぼってみよう。第Ⅰ章「アフリカ――人類発祥の地？」と第Ⅱ章「ネアンデルタール人と現代人の起源」は、考古学の立場から「我々‐人間」を定義づけようとしている。第Ⅰ章では、ダーウィン以来主張されてきた人類アフリカ起源説を、最新の発掘成果から実証していく。前人と思われる化石は、アフリカの熱帯雨林の周辺に時代と場所を変えながら分布している。ヒト化の初期に位置づけられるホモ・ルドルフェンシス（二五〇～一八〇万年前）は頑丈な顎や歯を持っており、気候変動によって乾草化が進行したサバンナでより硬い果実・植物を食料として生きていくことができた。興味深いのは、さらに乾草化が進むと「より硬い食料をますます退けるように適応していく選択肢もあった」、「この選択肢とともに道具文化が始まる」（三六頁）。つまり、サバンナの乾草化で硬い果実しか食料がなくなったときに丈夫な咀嚼器官を持った種が生き残った。そして、さらにこのヒト属は、自分では歯が立たない実を道具で砕いて摂取するようになる。

第Ⅰ章の論者、シュレンクは言う。「人間の生成史におけるもっとも決定的な出来事は、およそ五〇〇万年前の直立歩行と並んで、疑いもなく、約二五〇万年前、環境への従属からの解放が初めて開始されたことであった」（三六頁）。周りに自分の身体では乗り越えられない環境が出来上がったら、環境のほうを自分に合うように変えてしまえというわけである。興味深いのは、硬い果実を噛み砕けなかった弱い種が最終的に生き残ったという点である。ヒト属が、より丈夫な咀嚼器官を持つように進化し続けたとしたら、木の棒で実を砕こうなんて考える必要がなかったかもしれない。ともかくも道具によって、食べられるものが多くなったホモ・ルドルフェンシスの子孫は棲息可能な範囲を広げ、やがてアフリカを離れヨーロッパやアジアに旅立っていく。

第Ⅱ章では、さらに新しい年代の人類アフリカ起源説を追究する。現代人の起源に関する研究は、多極的な進化モデルと出アフリカ・モデルが対立してきた。多極的な進化モデルでは、およそ二〇〇万年前にホモ・エレクトゥスが世界的に拡散したあとは、各地地域で独自の進化をとげていったとする。一方、出アフリカ・モデルは、各地域の原始的な人間類型は断絶し、アフリカにおける発展だけが解剖学的に見た現代人につながっていると主張する。

第Ⅱ章の結論を言うと、近年の発掘成果や分子生物学的なDNAの分析は、出アフリカ・モデルに軍配を上げている。つまり、アフリカ人もヨーロッパ人もアジア人も共通の祖先を持つことになる。現代人の人種間の差異は、ネアンデルタール人と現代人の差異ほど大きくはない。人種間の差異は、本質的に「身体表面」上の差異にすぎない（六七頁）。考古学の成果もまた、私たちは第Ⅲ章でいわれた「我々－人間」を表象するための基盤を与えていることになる。

ところで少し横道にそれるが、第Ⅱ章を読んでいて気がついたことがある。アフリカを出てヨーロッパに渡った現代人が、結果的にネアンデルタール人を絶滅に追いやる進歩的な文化を発展させたのが四万年前。ここでの進歩的な文化とは、石を細い刃に加工したり、骨・角・象牙を利用した道具、第Ⅰ章でいう「環境への従属から解放」する道具の高度化である（五九―六〇頁）。さらに中国で古い年代に発掘された現代人の骨格は、アフリカやヨーロッパの現代人に似ており、現代中国人らしい特有の骨格は一万年前に形成されたという（六三―六四頁）。ヨーロッパで現代人が独自の道具文化を築き始めたのが「四万年前」、解剖学的に見た現代中国人が出来上がるのが「一万年前」となると、五〇〇万年前の直立歩行以降の人類史で見ると、「我々－人間」ができたのはつい最近なのだ。なにしろ漢字につながる中国文明は四千年の歴史と言っているのだから、人間はものすごく息せき切って道具を次々と発明し環境との関係を変えてきたことになる。

さて、再び第Ⅲ章まで戻ってきた。人間は記号・言語によって自分自身の外部に立って自分について考えることができる動物だ、という第Ⅲ章の指摘は、別の論者によって形を変えてこの本の随所に現われる。第Ⅲ章以降は、記号・言語、記号・言語を用いた精神的活動、コミュニケーションが、人間とは何かを考える基盤となっている。すでに序論でも、ボルツは、「人間は、自らを技術的に更新し、意識行為に関する物理学的像をつくることによってのみ、自らを理解する。人間は自らを解釈しなければならないのだが、自分自身の内部から解釈することはできない」（九頁）と述べている。「人間とは何か」という問いに対して第Ⅲ章以降の論者は、「人間は考える葦である。だとすれば、はたしてどうやって考えているのか」を示すことで答えようとしているのである。

第Ⅳ章「ネットワーク化あるいは『諸関連――人間とその社会的構造』」は、いきなり現代社会に話が飛ぶ。第Ⅳ章でファスラーは現代社会を構成する基盤が、近代の重工業的なものから情報産業的なものに移行したとする。そして、現代社会は、「メディアを基盤とするコミュニケーション」、「時間的に制約された、行為者間の緊密度」を示す「諸連関」によって支えられているという（九七頁）。つまり、一定の時間にコミュニケーションによって何らかの形で人びとが結びついていることで、現代社会の秩序ができているのである。ファスラーは、現代社会における人びとの関わり方を、「ネット化」という言葉で表現する。

ファスラーは、現代社会を表現するうえで、ネット、リゾーム、網状組織といった概念が有効だとする。社会は常に安定した構造というより、その時その時に現われては消える「コミュニケーションのアンサンブル」（一〇一頁）と理解したほうがいい。このようなネット化は、人びとが同じ場所に集う狩猟集団からコンピュータ・ネットワークにいたるまで、人間の歴史を貫いている。違いは、ネット化がメディアを基盤とするようになってからネットの許容量（射程と拡張度）が増大してきている（一〇四頁）点くらいである。

ファスラーは言う。「人間は何らかの人工的環境を構築するだけでなく、その生を可能とする環境に従属しており、したがって、究極的にあらゆる種類の人工的環境に従属している」（一〇九頁）。「いかなる地域の人間もネット化された関連のなかでしか生きることはできず、生き残ることもできない」（一一七頁）。この記述を読んだとき、私は、第I章で言及されていた道具なしでは硬い果実を食べられない（生き残れない）弱い原始人を思い起こした。するとファスラーも、道具の使用から始まる人間的知性の発展の延長上にメディア進化史を位置づけているではないか（一二〇頁以降）。ファスラーは、道具使用の発展史の最後に人間は、メディアによって会話言語と視覚的知覚を自分から切り離すことに成功したとする（一二六頁以降）。つまり、録音によって自分の声をレコードなどに、録画によって自分の姿をフィルムその他に、外部化して自らを見聞きすることができるようになったのである。

第Ⅴ章「音声から文字へ」では、音声言語と文字言語という人間コミュニケーションの異なったモードについて考察する。音声言語と文字言語は、言語人類学・歴史学の中心的な概念であった。かつては無文字社会を未開、文字社会を文明とする二分法があったが、近年ではウォルター・J・オング『声の文化と文字の文化』に代表されるように、音声言語と文字言語の併存、直線的ではない発展に焦点が当てられている。この本でも触れられているジャック・デリダの『グラマトロジーについて』は、文字言語は音声言語の単なる記録だという考え方を退け、文字言語が独自に持つ意味作用を問題にする。

第Ⅴ章の論者ロプリエノもこの点を十分に意識している。例えば、エジプトのヒエログリフ（象形文字）は、近隣のメソポタミアでの表語文字の発展とはまったく関わりなく、ピクトグラム（絵文字）として三〇〇〇年の歴史を刻んだ。ヒエログリフを書く行為は、政治権力を誇示するための儀礼の意味を持っていたという（一五〇頁）。「ヒエログリフは文字記号であるばかりか、生命の記号でもあり、そのイコン的特性ゆえに描かれる実在を具象的に呼び覚ますことができる。（中略）つまり神の言葉であり、神の事物なのだ」（一五四頁）。書くとは、世界を創造することであった。エジプトでは、現実世界のほうが書かれた書物として解釈されるようになった。文字という道具が、人間を直接環境から切り離したのである。仮想現実は、別に現代の発明品ではないということになる。

言語人類学・歴史学では一般に近代になるにつれこのようなピクトグラム（絵文字）は姿を消し、アルファベットなど「読むための（読みやすい）」文字へと変化したとされている。ところが、第Ⅴ章の記述で興味深いのは、コンピューター時代には文字の持つ視覚的意味が復活していると指摘する点である。ロプリエノは言う。「I love youあるいはChristmasに対する『I♥U』あるいは『X-mas』のようなロゴグラフ的書き方は、文字の失われてしまった全体論的な次元を再復活させ、それに改めて意味創出の機能を与える」（一六六頁）。このことは、携帯メールが特異な発展（ガラパゴス進化）をとげ、顔文字（アスキーアート）や絵文字が飛び交う日本では、特にうなずけるのではないだろうか。

第VI章「形象、媒体、仮面」は、現代における画像の意味を問う。肖像画や写真は事物をそのまま映しているのではなく、化粧のように二次元的なものであり、「その背後に推測されるもの・何かより深いもの・三次元的なものに覆いかぶさっている表面的なもの」＝仮面である（一七五頁）。例えば、肖像画は「アイデンティティの形象ないし人格の、捏造されたアイデンティティである」（一八七頁）。そこには、若さ、美といった人格的な理想像の仮面がかぶせられているのである。

現代アートの作家、コッティンガムの「フィクションとしての肖像画」は、コンピュータ・グラフィックスによって、あたかも主体と人格性をもった個人の肖像画を作り出していく（一九〇頁以降）。再び第III章の人間に「もし特権が存在するとすれば、それは、人間が全然存在しないものを表象できるということだ」という言葉を思い起こしてみよう。コンピュータ・グラフィックスは、静止画であっても動画であっても絵画には違いないのだ。それがいかにも目の前に本物の事物があるように見えても、実は人間に事物がどう見えているのかという「見え」をコンピューターの力を借りてシミュレーションしているにすぎないのである。

第VII章の「発生・誕生・死」では、多くの宗教が、人間がこの世に生を受ける「その前」と生を失った「その後」という制限された時点、「どこから・どこへ」をもっぱら問題にしているとする（二〇五頁以降）。特に、多くの宗教では共通して、「審判」が焦点となっている。第VII章の論者ベルガーは、審判の根拠が「天上世界における地上および現世の鏡、それも批判的で明澄的な、仮面を剝ぐような鏡」となっている点に注目している（二〇八―二〇九頁）。またまた第Ⅲ章で、人間が「我々‐人間」を確証するために、言葉によって様々な「非‐人間」を作り上げていったことを思い出してみよう。今度人間は、現世を確証するために、「今・ここに」存在しない「その前」と「その後」という時間の拡張を表象したのである。

さて、いよいよ第Ⅷ章以降は、序論で提起されたように、「人間はどうやって考えているのか」を示すことで人間とは何かに答えようとしている。第Ⅷ章「人工知能とサイバースペースの時代における自画像と人間像」で、カルテンボルンは、独りでコンピューターに向かいネット・サーフィンをしている人を観察するとわかるように、現代人が人工知能以前に「コンピューターのなかに実在の社会的パートナーを見てとる用意ができている」と指摘する（二一七頁）。そして、コンピューターの中の実在の社会的パートナーと対する人間は、一つの人格を持つのではなくパートナーに合わせて自分を適応させていく。場合によっては、性転換や新しい人格となることもいとわない。

「サイバースペースで可能なアイデンティティの変転は、（中略）いわゆる自らの身体性の彼岸に存在する空間で生ずる」（二二六―二二七頁）、「最終的に『インターネット共同体』は、あの現象学的根本洞察――それによれば、我々は自己の限界を皮膚の限界によって終わらせることはできない、あるいは、我々が一般的に自我を語ることのできる前に、他者と他物がすでにいつでも我々の内部で作動し支配している――を実現するのではないか」（二二七―二二八頁）。ここで、状況に合わせたアイデンティティの変転については、第Ⅵ章の「仮面」の議論へと還ることができる。そして、再びインターネットを媒介にした「我々＝人間」の形成の問題（第Ⅲ章）が語られている。

第Ⅸ章「人間の後には何が来るのか」は、人工知能を扱う。第Ⅸ章の論者ボルツは、今日のコンピューター科学の基礎を築いたアラン・テューリングにとっては機械が思考できるかどうかという問いは瑣末なものであったと、きわめて明快に指摘している。「こころは頭のなかにはなく……あるアルゴリズムを働かせる組織ないし機械のなかにある」（二三九頁）。そして、さらには主客が逆転して「現在人間精神は一種のコンピューターであると自明のように理解されている」（二三九頁）。これは「物覚えが悪いのは自分の脳の容量を超えているからだ」などと、われわれが記憶の仕組みをコンピューターのメモリーのように見なしていることを考えてみるとよい。

ボルツは言う。コンピューターがあたかも生きているように感じられるには、状況を学習して送り返すフィードバック・ループがあれば十分である。ある状況について複数の行動を選択できる「主体性」を機械が持っているように感じられるには、偶然的な要素を持ったデジタル計算機で充分である（二四五頁）。なんと、アルゴリズムがすべてだ。とすれば、人間もまた機械なのではないか。その通りと、ボルツは言う。「人間が行動の合法則性と結び付けられているかぎり、人間は事実上一種の機械だからだ」（二五〇頁）。ただここで注意しなければならないのは、コンピューターが生きているように「感じられる」、機械が主体性を持っているように「感じられる」ことのみが問題にされている点である。人間にとって、「人間は機械のように感じられる」にすぎないのだ。再び「人間は自らを解釈しなければならないのだが、自分自身の内部から解釈することはできない」という序論の指摘を思い起こしてみよう。

さて最後の第Ⅹ章「真髄としての人間」では、これまでの議論をさらに違う次元へと導く論点が提示される。第Ⅰ章・第Ⅱ章で見たように「我々＝人間」は、アフリカに共通の出自を持ったホモ・サピエンスである。それでは、我々人間は環境に適応するために将来さらに進化するのか。それとも環境に適応できずに死滅するのか。「今日我々はさらに、遺伝子工学を含むいわゆる人間技術によって生物学的かつ遺伝子的にさらに発展する。したがって、近い将来次の問いが登場するだろう。さらなる発展を偶然に委ねるのか、それとも自らの手中に握るのか」（二六〇頁）。

ところが、第Ⅹ章の論者ツィンマーリは言う。「ホモ・サピエンス・サピエンスの生物学的なさらなる発展にたいする医学技術への賛否を原理主義的・原理的に決定する充分な論拠も存在しない」（二六二頁）。そしてさらに、人間が自分の手で新しい秩序を作り出そうとするとき、必ず負の側面を伴う。「我々人間は、ネゲントロピーを創出するエントロピー加速者であって、秩序を速くつくればつくるほど、それだけ速く資源を使い果たす。（中略）我々は、道徳的に正しいことをすることができないというジレンマにとらわれている」（二六五頁）。そう、依然として我々人間は、第Ⅱ章で見た加速度がついた道具文化の中にいるのだ。

ん？　ホモ・サピエンス・サピエンス？　第Ⅹ章にいたって、「人間とは何か」ではなく「ポスト人間とは何か」が語り始められている。あたかも現世を確証するために「今・ここに」存在しない「その後」の世界を語る宗教の言葉（第Ⅶ章）のようでもある。

訳者あとがき

本書は、Norbert Bolz / Andreas Münkel (hrsg.v.), Was ist der Mensch, Wilhelm Fink Verlag, München 2003の全訳である。

本書は、ドイツのニクスドルフ・コンピューター社博物館主催による連続フォーラムの記録の一つであるが、まずフォーラムの概略を紹介することで、本書の簡単な位置づけをしておこう。このフォーラムの元々の趣旨は、数字と文字の成立から二一世紀に至る五〇〇〇年の情報技術の文化史を解明することにあった。その後、情報技術の発展と情報化時代の進展につれて、グローバル化、ネット化、情報・コミュニケーション技術も主題として取り組まれるようになるが、そのなかで一貫して中心テーマであったのは、技術および社会と関連している人間そのもの、したがって、人間とは何かという問いであった。現段階でのフォーラムの目的は、次のように提起されている。「文化史的発展を理解し、現代社会形成の推進力を解明し、情報化社会の未来のビジョンを描くこと」がそれである。

この連続フォーラムは、次のような成果を世に送り出してきた。『二一世紀の教育――価値、知、能力』、『グローバル情報化社会の自由民主主義――機会、パースペクティブ、リスク?』、『未来の日常生活――生活を変える情報技術』、『知識社会における信仰』、『家族の未来』、『コンピューター医学――健康と生活の質のためのハイテク』、『遊びの世界――コンピューターからの願望』、『思考とは何か――脳、コンピューター、ロボット』、『世界の相貌――デジタル文化のなかのメディア』等々。すなわち、メディア技術とネットワーク化の発展によって、現代および未来の人間の生活がどのように変化しうるのか、心や意識から政治に至るまで人間的現象が多面的に解明されている。

さて、これらの成果のなかで本書は、次のような特徴をもっている。第一に、現代社会における情報化、メディア技術だけを軸に人間と世界を考察するのではなくて、ヒト科の誕生にまで遡って人類史を俯瞰する、つまり、人間とメディア（石器、装飾品、文字から人工知能に至る多種多様な媒体という意味で）の発展史を追跡していることである。したがって、メディアの特性に応じて、必要とされる学問領域も異なってくる。著者が人類学、生物学、社会学、コミュニケーション学、言語学、美学、神学、メディア学、哲学と多岐にわたっている所以である。従来、人間とは何かという問いは、人間学として、しかも哲学的人間学として答えられるのが通例であった（人間とは何か、すなわち、「人間についての統一的理念……が私たちの実存を形成し……私たちの実践的行為を導く理念」となる（マインベルク『エコロジー人間学』、新評論、二〇〇一年、四二―四三頁）が、本書では多様なメディアという視点が、いわば赤い糸として貫いている。

第二に、そのメディアの発展が、人間の拡張と縮小、能力の外部化と内的空洞化の同時進行をもたらし、遂には人間自身が溶解してしまう地点にまで到達しているのではないか、という根源的問いが投げかけられる。言い換えると、「ヒューマニズムの終焉」である。この第二の赤い糸を、編者のボルツは次のように表現している。「すべての新しいメディアは人間の拡張である。それらは人間を麻痺させ、人間をそのサーボ機構にしてしまった。私たちは、人間に特有の機能をほかの素材に外化していくことに魅せられている。いまや中枢神経系は電気的なネットワークと理解される。中枢神経系は身体というメディア複合体、つまり諸感覚を制御しつつ、その均衡を常に更新していく。それゆえ、人間の能力を拡張するような技術革新が起こるたびに、新たに諸器官を連結し直さざるを得なくなる。……新しいメディアの条件のもとでは、人間はもはや道具や装置の使用者ではなく、メディア複合体のなかでのスイッチの一つにすぎない。人間はこうして〈有機的構築物〉へと変化していく」（ボルツ『グーテンベルク銀河系の終焉』、法政大学出版局、一九九九年、二二五―二二六頁）。

だが、第三に、この予言は唯一の予言ではないかもしれないというのも本書のメッセージである。ボルツすら、美的能力について語り、ツィンマーリも、この「私」という実存の決断に賭けるからである。それだけではない。「メディアによる構築物」としての人間という把握にたいする疑念、異論、批判は広範に存在する。人間のもつ情緒、感情はどうなるのか、身体的経験をもった具体的な私と君の対話はどうなるのか、美と信仰はどうなるのか等々。おそらくそのような論争が巻き起こるのを期待していることが、本書の隠されたメッセージなのかもしれない。

最後に、本書の一つの、しかし卓越した読み方を紹介しよう。それは、法政大学社会学部の同僚、メディア論・コミュニケーション論を専門とする藤田真文さんの好意によるものである（「解題」参照）。

今回もまた秋田公士編集長、平川俊彦前編集長、五味雅子さんをはじめ、出版局の方々にお世話になった。とくに、遅々として進まない作業を忍耐強く支えてくださり、副題から注記に至るまで細心の注意を払ってくださり、訳者として深くお礼を申し上げる。

壽福眞美

訳 者

壽福眞美（じゅふく まさみ）

1947年生まれ．一橋大学大学院単位取得退学．現在，法政大学社会学部教授．著書：『批判的理性の社会哲学』，訳書：カトロッフェロ『暁のフクロウ』，ホッチェヴァール『ヘーゲルとプロイセン国家』（以上，法政大学出版局），マインベルク『エコロジー人間学』（新評論），その他．

《叢書・ウニベルシタス 926》

人間とは何か——その誕生からネット化社会まで

2009年10月5日 初版第1刷発行

ノルベルト・ボルツ／アンドレアス・ミュンケル編

壽福眞美訳

発行所 財団法人 法政大学出版局

〒102-0073 東京都千代田区九段北3-2-7

電話03(5214)5540 振替00160-6-95814

組版・印刷：平文社 製本：鈴木製本所

ISBN978-4-588-00926-6

著者紹介

ノルベルト・ボルツ (Norbert Bolz)

1953年生まれ．マンハイム，ハイデルベルク，ベルリン大学で哲学，独語独文学，英語英文学，宗教学を学ぶ．1992–2002年，エッセン統合大学芸術・デザイン研究所のコミュニケーション論教授．2002年以来，ベルリン工科大学言語・コミュニケーション研究所のメディア学教授．

〈主著〉

『他在の同調者たち』(Die Konformisten des Anderssein, München 1999)

『世界コミュニケーション』(Weltkommunikation, München 2001)

『消費主義宣言』(Das konsumistische Manifest, München 2002)

フリードマン・シュレンク (Friedmann Schrenk)

1956年生まれ．ダルムシュタット大学で地質学，古人類学を学ぶ．フランクフルト大学古人類学教授．

〈主著〉

『アフリカの生物地理——気候変動・人間進化』(共著) (African Biogeography. Climate Change- Human Evolution, Oxford 2000)

『アダムの両親——初期人類世界における遠征』(共著) (Adams Eltern. Expedition in die Welt der Frühmenschen, München 2002)

『人間の初期時代』(Die Frühzeit des Menschen, München 2001)

ギュンター・ブロイヤー (Günter Bräuer)

1949年生まれ．生物学，人類学，古生物学を学ぶ．1985年以来，ハンブルク大学人間生物学研究所教授．

〈主論文〉

「ホモ・サピエンス」(A craniological approach to the origin of antomically modern Homo sapiens in Africa and implications for the appearance of modern Europeans, in : Smith, F. H., Spencer, F (Hg.), The origins of modern humans, New York 1984, 327-410)

「ホモ・エレクトゥス」(mit E. Mbua. Homo erectus features used in cladistics and their variability in Asian and African hominids. *Journal of Human Evolution* 22, 79-108, 1992)

「起源はアフリカにあり」(Der Ursprung in Afrika. *Spektrum der Wissenschaften März* 2003)

ヴォルフガング・エスバッハ（Wolfgang Eßbach）

1944年生まれ．フライブルク大学で社会学を学ぶ．フライブルク大学社会学研究所の文化社会学教授．

〈主著〉

『社会学研究』（Studium Soziologie, München 1996）

『我々・君たち・彼ら——理論と方法におけるアイデンティティと他者性』（wir/ ihr/ sie. Identität und Alterität in Theorie und Methode (Hg.), Würzburg 2000）

「プレスナーの『社会の限界』」（Plessners “Grenzen der Gesellschaft” –Eine Debatte (Hg.), Frankfurt am Main 2002）

マンフレート・ファスラー（Manfred Faßler）

1949年生まれ．ボン，ベルリン大学で物理学，社会学，国民経済学，政治学，哲学を学ぶ．1995–2000年，ヴィーン応用芸術大学のコミュニケーション論教授．2000年以来，フランクフルト大学文化人類学・ヨーロッパ民族学研究所のメディア人間学教授．

〈主著〉

『サイバー近代——メディア進化，グローバル・ネットワーク，コミュニケーション技術』（Cyber- Modernität. Medienevolution, globare Netzwerke und die Künste, zu kommunizieren, Wien und New York 1999）

『ネットワーク——分配的社会性のリアリティ入門』（Netzwerke. Einfuhrung in die Realität verteilter Gesellschaftlichkeit, München 2001）

『イマジネーションと構想力』（Imagination und Entwurf, Wien und New York 2002）

アントニオ・ロプリエノ（Antonio Loprieno）

1955年生まれ．トゥーリン，ゲッティンゲン大学でエジプト学，セム学，ヘブライ学を学ぶ．1989–2000年，カリフォルニア大学ロサンゼルス校のエジプト学教授．2000年以来，バーゼル大学のエジプト学教授．

〈主著〉

『エジプト人，セム人の記録制度』（Das Verbalsystem im Ägyptischen und Semitischen , Wiesbaden 1986）

『トポスとミメーシス』（Topos und Mimesis. Zum Ausländer in der ägyptischen Literatur, Wiesbaden 1988）

『精神と文字』（La pensée et l’écture. Pour une analyse séimotique de la culture égyptienne, Paris 2001）

クリスティアーネ・クルーゼ（Christiane Kruse）

ゲッティンゲン，ミュンヘン大学で芸術史，ドイツ文芸，メディアを学ぶ．2003年以来，マールブルク大学の芸術史学教授．

〈主著〉

『絵画の発明』（共著）（Mit Belting, H. Die Erfindung des Gemäldes. Das erste Jahrhundert der niederländischen Malerei, München 1994）

『肖像画，風景，インテリア――ヤン・ヴァン・ダイクのロラン・マドンナ』（共著）（Mit Thürlemann, F. Porträt- Landschaft- Interieur. Jan van Eycks Rolin- Madonna in ihrem ästhetischen Kontext, Tübingen 1999）

『何のために人間は描くのか――形象メディアの歴史的根拠』（Wozu Menschen malen. Historische Begründung eines Bildmediums, München 2003）

クラウス・ベルガー（Klaus Berger）

1940年生まれ．ミュンヘン，ベルリン，ハンブルク大学で哲学，神学，東洋学を学ぶ．1974年以来，ハイデルベルク大学の新約聖書神学教授．

〈主著〉

『新約聖書の解釈学』（Hermeneutik des Neuen Testaments, Göttingen 1979）

『原始キリスト教の神学史』（Theologiegeschichte des Urchristentums, Tübingen 1995）

『新約聖書の報告は真実か』（Sind die Berichte des neuen Testaments wahr?, Gütersloh 2002）

オラフ・カルテンボルン（Olaf Kaltenborn）

1965年生まれ．ドルトムント，ボッフム大学でジャーナリズム学，歴史，哲学，政治学を学ぶ．ヴィッテン（ヘルデッケ）大学研究員．

〈主著〉

『芸術的生活――第三文化の基盤』（Das Künstliche Leben. Die Grundlagen der Dritten Kultur, München 2001）

ヴァルター・ツィンマーリ（Walther Ch. Zimmerli）

1945年生まれ．エール大学，ゲッティンゲン，チューリッヒ大学で哲学，独語独文学，英語英文学を学ぶ．1978–88年，ブラウンシュヴァイク工科大学の哲学教授．1988–96年，バンベルク，エアランゲン・ニュルンベルク大学の哲学教授．1996–99年，マールブルク大学の体系的哲学教授，1999–2000年，ヴィッテン/ヘルデッケ）大学（私）学長，2002年以来，フォルクスワーゲン・ヴォルフスブルク大学創設学長．

〈主著〉

『技術の時代あるいはポストモダン』（Technologisches Zeitalter oder Postmo-

derne, München 1988）
『「文化」としての技術』（Technologie als “Kultur”, Hildesheim 1997）
『実践における倫理——技術倫理実現への道』（Ethik in der Praxis. Wege zur Realisierung einer Technikethik, Hannover 1998）

原　注

はじめに

1）　ライマール・ツォンス『人間の時代——ポスト・ヒューマニズム批判のために』（Raimar Zons, *Die Zeit des Menschen. Zur Kritik des Posthumanismus*, Frankfurt am Main 2001）参照．

2）　ギュンター・アンダース『人間の古くささ』（Günther Anders, *Die Antiquiertheit des Menschen*, München 1956）参照．

3）「世界像の時代」，『杣径』（*Zeit des Weltbildes*, in: Holzwege, Frankfurt 6 Auflage 1980, S.109, Zusatz 10）〔茅野良男訳『ハイデガー全集』第5巻，創文社，1988〕

4）　この指摘と次項は，ディートマール・カンパーの『地平の転換』（Dietmar Kamper, *Horizontwechsel*, München 2001）のお陰である．Ute Frietsch による Foucault の翻訳．

5）　ペーター・スロテルディク『人間厰の規則——ヒューマニズム書簡にたいする回答』（Peter Sloterdijk, *Regeln für den Menschenpark*, Frankfurt am Main 1999）参照．

6）　ヴィットマン（Uli Wittmann, Köln 1999, S. 355f.）のフランス語訳から引用．

序　論

1）　ニクラス・ルーマン『公的行政における法とオートメーション（第2版）』（Niklas Luhmann: Recht und Automation in der öeffentlichen Verwaltung, 2, Berlin 1997, S.50）．

2）　ゴットハルト・ギュンター『操作能力ある弁証法の基礎づけ』，第1巻（Gotthard Günther: Beiträge zur Grundlegung einer operationsfähigen Dialektik, Bd. 1 Hamburg 1976, S. XI）．

3）　レイ・クルツヴァイル『精神的機械の時代』（Ray Kurzweil: The Age of Spiritual Machines, New York 1999, S.27）．

4）　ゴットハルト・ギュンター，前掲書，第2巻，162頁．

5）　ゴットハルト・ギュンター，前掲書，第1巻，XIII頁．

6）　アーヴィング・ゴフマン「フェイス・ワーク」，『ゴフマン読本』（Erving Goffman, On Face-Work, in: The Goffman Reader, Malden Mass. 1997, S.110）．

7）　この呪文の導出は，ついでスペンサー・ブラウンの第一論理学に見出される．「我々は，真理にとっての存在，表示にとっての真理，形式にとっての表示，空虚にとっての形式を断念しなければならない．」——ジョージ・

スペンサー・ブラウン『形式の法則』（George Spencer Brown: Laws of Forms, London 1969, S.101）.
8） ウィラード・クワイン『真理の探究』（Willard Van Orman Quine: Pursuit of Truth, Cambridge 1992, S.183）.
9） エドムント・フッサール，全集，第6巻（Edmund Husserl, Gesammelte Werke, S.183）.
10） 同上書，187頁.
11） ハンス・ブルーメンベルク『我々が生きている現実』（Hans Blumenberg: Wirklichkeit in denen wir leben, Stuttgart 1989, S.47）.
12） フーベルト・マルクル『進化，遺伝学，人間行動——学問的責任の問題について』（Hubert Markl: Evolution, Genetik und menschliches Verhalten. Zur Frage wissenschaftlicher Verwaltuug, München 1986, S.19）.
13） ポスト歴史——命題の詳細な叙述については，ノルベルト・ボルツ『脱魔術化された世界から抜け出す』を参照（Norbert Bolz: Auszug aus der entzauberten Welt）.
14） リー・シルヴァー『エデンの改造』（Lee Silver: Remaking Eden, New York 1998, S. 277）.
15） ゴットハルト・ギュンター「批判的注釈」，『社会的世界』所収（Gotthard Günther, Kritische Bemerkungen, in: *Soziale Welt*, 1968, S. 338）. 情報処理の限界については，さらにいくつかの数字がある．脳は動体を知覚する場合，35億のニューロンを接続する．センサー，ニューロンの情報処理，モーターの割合は，1:100000:1である．ある科学ユーモア作家は，宇宙の情報を10から95ビットと見積っている．
16） たしかに機械は意識をもつことはできないが，意識の機能を遂行することはできる．
17） オーエン・バーフィールド『意味の再発見』（Owen Barfield: The Rediscovery of Meaning, Middletown, Conn., S. 137）.
18） ニクラス・ルーマン「社会の社会的システムにおける制度化機能とメカニズム」，ヘルムート・シェルスキー（編）『制度の理論』所収（Niklas Luhmann, Institutionalisierungs-Funktion und Mechanismus im sozialen System der Gesellschaft, in: Helmut Schelsky (hg.): Zur Theorie der Institution, Bielefeld 1970, S.37）.
19） ドナルド・キャンベル『社会科学の方法論と認識論』（Donald Campbell: Methodology and Epistemology for Social Science, Chicago 1988, S. 478）.
20） ニクラス・ルーマン『社会の社会』（Niklas Luhmann: Die Gesellschaft der Gesellschaft, Frankfurt am Main 1997, S. 107）.
21） ロバート・エックルズ／ハリソン・ホワイト「利潤・中枢コントロールの企業・市場のインターフェース」，リンデンバーグ他『社会理論へのアプ

ローチ』所収（Robert G. Eccles/ Harrison C. White, Firm and Market Interfaces of Profit Centre Control, in: S. Lindenberg u.a.: Approaches to Social Theory, New York 1986, S.148）.

22） カール・ヴァイク『組織を理解する』（Karl Weick: Making Sense of the Organization, Oxford 2001, S. 275）.

I アフリカ

1） フールロット「デュッセルタールのフェルスグロッテ出土の亡骸――化石人存在の問題について」（C. Fuhlrott: Menschliche Ueberrreste aus einer Felsgrotte des Düsselthals. Ein Beitrag zur Frage über die Existenz fossiler Menschen. 1859. *Verh. Nat. hist. Ver. preuss. Rheinl. u. Westf.* 16 (n.F.6), 131-153）.

2） デュボワ『ピテカントロプス・エレクトゥス――ジャワにおける人間の移行形態』（E. Dubois: Pithecanthropus erectus. Ein menschliche Uebergangsform aus Java, 40 S. Batavia 1894）.

3） ダート「アウストラロピテクス・アフリカーヌス――南アフリカの類人猿」（R. A. Dart: *Australopithecus africanus*: the man-ape of South Africa. 1925. *Nature* 115, 195-199）.

4） レウィン『骨格論争――人類の起源研究における論争』（R. Lewin: Bones of Contention. Controversies in the Search for Human Origins. 348 S. New York 1987）.

5） ブロマージュ＆シュレンク（編）『アフリカの生物地理学，気候変動，初期ヒト科の進化』（T. Bromage & F. Schrenk: African Biogeography, Climate Change and Early Hominid Evolution. S. 1-498, New York 1999）.

6） ブレイン「アフリカにおける人類の進化――新生代の寒冷化の結果なのか」（C. K. Brain: The evolution of man in Africa: Was it a consequence of Cainozoic cooling? 1981 Geol. Soc. S. Afr. 84, 1-19）.

7） ピックフォード「ルウェンゾリ山地の成長と古人類学にたいする衝撃」，『現代の霊長類学』所収（M. Pickford: Growth of Ruwenzoris and their impact on palaeoanthropology. In: Ehara, Kimura, Takenaka, Iwamoto (hrsg.): Primatology Today, S. 513-516, Amsterdam 1991）.

8） サーリング，ケイド，アンブローズ，サイクス「ケニヤのフォルト・テルナンの化石土壌，草原，炭素同位元素――草原か森林地帯か」（T. E. Cerling, J. Quade, S. H. Ambrose, & N. E. Sikes: Fossil soils, grasses and carbone isotopes from Fort Ternan, Kenya: grassland or woodland, 1991. *J. hum. Evol.* 21, 295-306）.

9） アンドリュース「中新世のヒト科の生息環境」（P. Andrews: Hominoid habitats of the Miocene, 1981. *Nature* 289, 749）.

10） レタラック，デュガス，ベストランド「中期中新世の東アフリカ草原の

化石土壌と草原」(G. J. Retallack, D. P. Dugas & E. A. Bestland: Fossil soils and grasses of a middle Miocene East African grassland. 1990. Science 247, 1325-1328).
11) ヴルバ「初期ヒト科の進化と結びついた生態学的変動と適応変化」, デルソン(編)『祖先たち——確証』所収 (E. S. Vrba: Ecological and adaptive changes associated with early hominid evolution. In: E. Delson (hrsg.): Ancestors: The Hard Evidence, S. 63-71, New York 1985). ヴルバ「種形成率と関連した生態学——中新世 - 完新世の哺乳類の事例史」(Vrba: Ecology in relation to speciation rates: Some case histories of Miocene-Recent mammal clades. 1987. *Evol. Ecol.* 1, 283-300).
12) セナット, ピックフォード, ゴメリー, メイン, シェボワ, コッペンス「中新世の最初のヒト科(ケニヤのルケイノ累層)」(B. Senut, M. Pickford, D. Gommery, P. Mein, K. Cheboi & Y. Coppens: First hominid from the Miocene (Lukeino Formation, Kenya). 2001. *Comptes Rendus de l' Academie de Sciences.* 332, 137-144).
13) ハイル - セラシエ「エチオピアの中部アワシュ出土の後期中新世のヒト科」(Y. Haile-Sellassie: Late Miocene hominids from the Middle Awash, Ethiopia. *Nature* 412, 178-181 (2001)).
14) ブルーネット他「中央アフリカ, チャドの上部中新世の新しいヒト科」(M. Brunet, et al. : A new hominid from the Upper Miocene of Chad, Central Africa. *Nature*, 418, 145-151, (2002)).
15) ホワイト, 諏訪, アズフォー「アウストラロピテクス・ラミドス——エチオピア, アラミス出土の初期ヒト科の新種」(T. D. White, G. Suwa & B. Asfaw: *Australopithecus ramidus*, a new species of early hominid from Aramis, Ethiopia. 1994. *Nature* 371, 306-312).
16) 上記の正誤表 (*Nature* 375, 88).
17) ワルド, ホワイト, 諏訪, レンヌ, ハインツェレン, ハート, ハイケン「エチオピア, アラミスにおける鮮新世ヒト科の生態学的, 一時的配置」(G. Wolde, T. D. White, G. Suwa, P. Renne, J. de Heinzelen W. K. Hart & G. Heiken: Ecological and temporal placement of early Pliocene hominids at Aramis, Ethiopia. *Nature* 371, 330-333).
18) リーキー, ファイベル, マクダガル, ウォーカー「ケニヤ, カナポイおよびアリア草原出土の400万年前の新ヒト科」(M.G.Leakey, C.S.Feibel, I.McDouigall & A.C.Walker: New four-millionyear old hominid species from Kanapoi and Allia, Kenya. 1995. *Nature* 376, 565-571).
19) ピータース, オブライアン, ボックス「南西アフリカ部タンザニアの野生食料の類型と季節性——自然環境のモデルにとっての資源」(C.R.Peters, E.M.O'Brien,E.O.Box: Plant types and seasonality of wildplant foods, Tanzania to southeastern Africa: Resources for models of the natural environment. 1984. *J. hum. Evol.* 13, 397-414).

20) ジャブロンスキ，チャプリン「ヒト科祖先における習慣的な陸上二足歩行の起源」(N.G.Jablonski, & G.Chaplin: Origin of habitual terrestrial bipedalism in the ancestor of the Hominidae, 1993, *J. hum. Evol.* 24, 259-280).
21) ウィーラー「赤道地帯の開放的環境におけるヒト科二足歩行の体温調節の利点——対流による熱損失の増大と蒸発による皮膚の冷却の効果」(P.E.Wheeler: The thermoregulatory advantages of hominid bipedialism in open equatorial environments : The contribution of increased convective heat loss and cutaneous evaporative cooling, 1991. *Journal of Human Evolution* 21, 107-115).
22) ジョハンソン，タイブ「エチオピア，ハダルにおける鮮新世−更新世ヒト科の発見」(D.C.Johanson & M.Taieb: Plio-pleistocene hominid discoveries in Hadar, Ethiopia. 1976. *Nature* 260, 293-297).
23) リーキー，ヘイ「北タンザニア，ラエトリ層の鮮新世の足跡」(M.D. Leakey & R.L.Hay: Pliocene footprints in the Laetoli Beds, northern Tanzania, 1979. *Nature* 278, 317-323).
24) ジョハンソン，ホワイト，コッペンス「東部アフリカ・鮮新世のアウストラロピテクス属の新種（霊長類. ヒト科）」(D.C.Johanson,T.D. White & Y.Coppens: A new species of the genus Australopithecus (Primates; Hominidae) from the Pliocene of Eastern Africa. 1978. *Kirtlandia* 28, 1-14).
25) ブルーネット，ボーヴィリアン，コッペンス，ハインツ，ムタイエ，ピルビーム「アウストラロピテクス・バーレルガザリ，コロ・トロ地域（チャド）における古ヒト科の新種」(M.Brunet, A.Beauvilian, Y.Coppens, E.Heintz, A.H.E.Moutaye & D.Pilbeam: *Australopitecus bahrelgazali*, une nouvelle espece d'Hominide ancien de la region de Koro Toro (Tchad). 1996. C.R. *Acad.Sci.Paris*, t.322, série Iia, 907-913).
26) アズフォー，ホワイト，ラヴジョイ，ラティマー，シンプソン，諏訪「アウストラロピテクス・ガルヒ，エチオピアの初期ヒト科の新種」(B.Asfaw, T.White, O.Lovejoy, B.Latimer, S.Simpson, G.Suwa: Australopithecus garhi: A New species of Early ominid from Ethiopia. 1999. *Science* 284, 629-635).
27) クラーク「保存状態のよいアウストラロピテクスの頭蓋骨と付随骨格の最初の発見」(R.Clarke:First ever discovery of a well-preserved skull and associated skeleton of Australopithecus. 1998. *South African Journal of Science* 94, 460-463).
28) シュレンク，ブロマージュ「気候変動とマラウイ断層における初期ヒトとパラントロプスの生存戦略」(F.Schrenk & T.G.Bromage: Climate change and survival strategies of early *Homo* and *Paranthropus* in the Malawi Rift. In: H.Ullrich (hrsg.): Lifestyle and survival strategies in Pliocene and Pleistocene hominids, pp. 72-88, Gelsenkirchen 1999).
29) ウォーカー，リーキー，ハリス，ブラウン「ケニヤ，トゥルカナ湖の250万年前のアウストラロピテクス・ボイセイ」(A.Walker, R.E.F.Leakey, J.M.

Harris, & F.H.Brown: 2.5-Myr *Australopithecus boisei* from west of Lake Turkana, Kenya. 1986. *Nature* 322, 517-522).

30) リーキー「オルドゥヴァイの新しい化石頭骨」(L.S.B.Leakey,: A new fossil skull from Olduvai. 1959. *Nature* 184, 491-493).

31) クルマー，サンドロック，アーベル，シュレンク，ブロマージュ「マラウイ断層出土の最初のパラントロプス（O.Kullmer, O.Sandrock, R.Abel, F.Schrenk & T.G.Bromage: The first *Paranthropus* from the Malawi Rift. 1999. *Journal of Human Evolution* 37, 121-127).

32) ブルーム「南アフリカ出土の新しい類人猿化石頭骨」(R.Broom: A new fossil anthropoid skull from South Africa. 1936. *Nature* 138, 486-488).

33) ブルーム「別の新しい型の類猿人化石」(R.Broom: Another new type of fossil ape man. 1949. *Nature* 163, 57).

34) ブレイン，チャーチャー，クラーク，グライン，シップマン，サスマン，ターナー，ワトソン「南アフリカ，スワルクランス洞窟出土の初期ヒト化の新証拠，彼らの文化と環境」(C.R.Brain, C.S.Churcher, J.D.Clark, F.E.Grine, P.Shipman, R.L.Susman, A.Turner & V.Watson: New evidence of early hominids, their culture and environment from the Swakrans Cave, South Africa. 1988. *S.Afr. J. Sci.* 84, 828-835).

35) ターナー，ウッド「ロブスト・アウストラロピテクスにおける分類学的・地理的多様性とその他の鮮新世－更新世の大型哺乳動物」(A.Turner & B.Wood: Taxonomic and geographic diversity in robust australopithecines and other African Plio-Pleistocene larger mammals. 1993. *Journal of Human Evolution* 24, 147-168).

36) ヴルバ「後期鮮新世の気候上の出来事と人間進化」，グライン（編）『ロブスト・アウストラロピテクスの進化史』所収（E.S.Vrba: Late Pliocene climatic events and human evolution. In: F.E.Grine (hrsg.): Evolutionary History of the >Robust< Australopithecines, New York 1988, S. 405-426).

37) シップマン，ハリス「東アフリカにおけるアウストラロピテクス・ボイセイの生息地選好と古生態学』，グライン（編）『ロブスト・アウストラロピテクスの進化史』所収（P.Shipman & J.M.Harris: Habitat preference and palaeoecology of Australopothecus boisei in eastern Africa. In: F.E.Grine (hrsg.): Evolutionary History of the >Robust< Australopithecines, New York 1988, S.343-381).

38) リーキー，トビアス，ナピア「オルドゥヴァイ峡谷のヒト類の新種」(L.S.Leakey, P.V.Tobias, J.R.Napier: A new species of the genus Homo from Olduvai Gorge. 1964. *Nature* 202, 7-10).

39) ジョハンソン，マサオ，エック他「タンザニア，オルドゥヴァイ峡谷出土の新しい部分的骨格」(D.C.Johanson, F.T. Masao, G.G.Eck et.al.: New partial skeleton of Homo habilis from Olduvai Gorge, Tanzania. 1987. *Nature* 327, 205-209).

40) リーキー「北ケニヤ，東ルドルフの初期更新世ヒト科の継続的証拠」(R.E.Leakey: Further evidence of lower pleistocene hominids from east rudolf, north Kenya. 1973b. *Nature* 248, 653-656).

41) リーキー「ケニヤ，東ルドルフの鮮新世－更新世の進んだヒト科の証拠」(R.E.Leakey: Evidence for an advanced plio-pleistocene hominid from east rudolf, Kenya. 1973a. *Nature* 242, 447-450).

42) ウッド「コオービ・フォラ調査プロジェクト」,『ヒト科頭蓋遺骨』所収 (B.A.Wood: Koobi For a Research Project, Volume 4 : Hominid Cranial Remains, Oxford 1991, 466 S.).

43) アレクセーエフ『人類の起源』(V.P. Alexeev: The Origin of the Human Race. Progress Publishers, Moskau 1986).

44) シュレンク，ブロマージュ，ベッツラー，リング，ユウェイエイ「最古のヒトとマラウイ断層の鮮新世・生物地理学」(F. Shrenk, T.G. Bromage, C.G.Betzler, U.Ring & Y. Juwayeyi: Oldest *Homo* and Pliocene biogeography of the Malawi-Roft. 1993a. *Nature* 365, 833-836).

45) ウッド「ヒト属の起源と進化」(B.A.Wood: Origin and evolution of the genus *Homo*. 1992. *Nature* 355, 783-790).

46) ハリス「アファール・リフトにおけるオルドワンの考古学的道具の発見」(J.W.K.Harris: Découverte de material archéologique oldowayen dans le rift de l' Afar. 1986. *L'Anthropologie* 90, 339-357).

47) キンベル，ウォルター，ジョハンソン，レッド，アロンソン，アッセファ，マリーン，エック，ボーブ，フーバース，ラク，ヴォンドラ，イーメイン，ヨーク，チェン，イーブンセン，スミス「後期鮮新世ヒト科とエチオピア，ハダール累層出土のオルドワン道具」(W.H.Kimbel, R.C.Walter, D.C.Johanson, K.E.Red, J.L. Aronson, Z.Assefa, C.W.Marean, G.G.Eck, R.Bobe, E. Hovers, Y.Rak, C.Vondra, T.Yemane, D.York, Y.Chen, N.M.Evensen & P.E.B. Smith: Late Pliocene Homo and Oldwan Tools from the Hadar Formation (Kada Hadar Member), Ethiopia. 1996. *Journal of Human Evolution* 31, 549-562).

48) ロビンソン「アウストラロピテクスの起源と適応放散」，クルト『進化と現生人類のヒト化』所収 (J.T.Robinson: The origin and adaptive radiation of the australopithecines. In: G.Kurt (hrsg.): Evolution und Hominisation, Stuttgart 1962, S. 120-140).

49) クライン「南アフリカの大型哺乳動物――後期鮮新世から完新世へ」，クライン（編）『南アフリカの先史と古環境』所収 (R.G.Klein: The large mammals of southern Africa: Late Pliocene to Recent. In (R.G.Klein, ed.): South African Prehistory and Paleoenvironments, Rotterdam 1984, pp. 107-147).

50) シャックルトン，バックマン，ツィンマーマン，ケント，ホール，ロバーツ，シュニトカー，バルドフ，デスプレリー，ホムリヒハウゼン，ハドル

スタン，キーン，カルテンバッハ，クルムジーク，モートン，マレイ，ウェストヴェルク－スミス「氷塊化の始まりの酸素同位元素測定と北大西洋域における氷河作用の歴史」(N.J.Shackleton, J.Backman, H.Zimmerman, D.V.Kent, M.Hall, D.G.Roberts, D.Schnitker,J.G.Baldauf, A.Desprairies, R.Homrighausen, P.Huddlestun, J.B.Keene, A.J.Kaltenbach, K.A.O.Krumsieck, A.C.Morton, J.W.Murray & J.Westberg-Smith: Oxigen isotope calibration of the onset of ice-rafting and history of glaciation in the North Atlantic region. 1984. *Nature* 307, 620-623)．

51）スウィッシャー，カーチス，ジャコブ，ゲッティ，スプリヨ，ヴィディアルモロ「インドネシア，ジャワにおける最初期ヒト科の時代」(C.C.Swisher, G.H.Curtis, T.Jacob, A.G.Getty, A.Suprijo & Wirdiarmoro: Age of the earliest known Hominids in Java, Indonesia. 1994. *Science* 263, 1118-1121)．

52）ギルバート（編）『オルケ洞窟ヴィクトリア・プロジェクト』(J.Gilbert (hrsg.): Proyecto Orce-Cueva Victoria (1988-1992). Presencial humana en el Pleistocene inferior de Graada y Murcia, Granada 1992)．

53）ガブニア「ドマニシ（グルジア，コーカサス）の人間の下顎」(L.K.Gabunia: Der menschliche Unterkiefer von Dmanisi (Georgien, Kaukasus). 1994. *Jahrbuch RGZM* 39 (1992))．

54）バール－ヨーゼフ，ヴァンダーメールシュ「近東の初期現代人とネアンデルタール人」，ユブラン&ティリエ（編）『ホモ・サピエンスの起源について』(O. Bar-Yosef & B. Vandermeersch: Premier Hommes modernes et Neanderthaliens au Proche-Orient: chronologie e culture. In: J.J.Hublin & M.A.Tillier (hrsg.): Aux Origines d'Homo sapiens, Paris: Presses Universitaires 1991, S. 217-250)．

55）ブルンアッカー，ベーニック，ブルーダー，ハーン，ローネン，ティルマンス「オーバー・ガリラヤ（イスラエル北部）の古第四紀の人工産物」(K. Brunnacker, W.Boenigk,G.Bruder, G.Hahn, A.Ronen & W.Tillmanns: Artefakte im Altquartär von Obergaliläa (Nordisrael). 1989. *Eiszeitalter und Gegenwart* 39, 109-120)．

III　人間と非－人間

1）マックス・シュティルナー『唯一者とその所有』(Max Stirner: Der Einzige und sein Eigentum, Stuttgart 1972, S. 194)．エスバッハ『反抗』(Essbach: Gegenztüge, Frankfurt am Main 1982）も参照．

2）ハイケ・ケンフ『ヘルムート・プレスナー』，カイ・ハウケ『プレスナー』，ケルステン・シュスラー『プレスナー――知的伝記』(Heike Kämpf: Helmuth Plessner. Eine Einführung, Düsseldorf 2001, Kai Hauchke: Plessner zur Einführung, Hamburg 2000, Kersten Schüßler: Helmuth Plessner. Eine intellektuelle Biographie, Berlin/Wien 2000)．哲学的人間学の再構成にとって基本となるのは，ヨアヒム・フィッシャー『哲学的人間学――一つの思考型の形成史』，

ゲルハルト・アールト『哲学的人間学』(Joahim Fischer: Philosophische Anthropologie. Zur Bildungsgeschichte eines Denkansatzes, Phil. Diss. Göttingen 2000, Gerhard Arlt: Philosophische Anthropologie, Stuttgart/Weimar 2001). 哲学的人間学の基礎づけと受容史については，エスバッハ「哲学的人間学のライバル」，ジェラール・ロレ（編）『マックス・シェーラー』所収（Eßbach: Rivalen an den Ufern Philosophischer Anthropologie, in: Max Scheler: L'anthropologie philosophique en Allemange dans l'entre-deux-guerres, hg. v. Gérard Raulet, Paris 2002: Ed. de la Maison des Sciences de l' Homme, S. 15-47).

3） ヘルムート・プレスナー「有機的なものの諸段階と人間」，プレスナー『著作集・第4巻』所収（Plessner: Die Stufen des Organischen und der Mensch, in: Gesammelte Schriften, Bd. 4, hg. v. G. Dux, O. Marquard und E. Ströker, Frankfurt am Main 1981). これについては，エスバッハ「外部の中心点——プレスナーの哲学的人間学」（ドゥクス／ヴェンツェル『精神史の過程』所収），エスバッハ「人間の脱中心的な立場」(Eßbach: Der Mittelpunkt außerhalb. Helmuth Plessners Philosophische Anthropologie, in: Der Prozess der Geistesgeschichte, hg.v. G.Dux und U.Wenzel, Frankfurt am Main 1994, S. 15-44；Eßbach: Die exzentrische Position des Menschen, in: Anthropologie als Natur-und Kulturgeschichte des Menschen, *Freiburger Universitätsblätter*, Heft 139, März 1998, S. 143-151）も参照.

4） 一般化された他者の教理は，20年代にミードによって展開され，社会学における象徴的相互行為論の基本的見解となっている. ハンス・ヨアス『実践的間主観性——ミードの業績の発展』参照（Hans Joas: Praktische Intersubjektivität. Die Entwicklung des Werkes von George Herbert Mead, Frankfurt am Main 1989). 過度の構築主義を回避して，プラグマティズムと社会的現象学を結びつけるのに成功しているのは，ハンス・パウル・バールト『社会状況の基本形態——日常生活の小文法』である（Han Paul Bahrdt: Grundformen sozialer Situationen. Eine kleine Grammatik des Alltagslebens hg., v. Ulfert Herlyn, München 1996). 人間学的問題設定にたいする有益なシステム論的接近には，ペーター・フックス＆アンドレアス・ゲーベル（編）『人間——社会の媒体？』がある（Peter Fuchs, Andreas Göbel (hg.): Der Mensch——das Medium der Gesellschaft? Frankfurt am Main 1994).

5） プレスナー「有機的なものの諸段階と人間」(Plessner: Die Stufen des Organischen und der Mensch, a.a.O., S. 378).

6） 動物の社会行動に関する豊富な情報は，イレノイス・アイブル－アイベスフェルト『比較行動研究要綱』，ヴォルフガング・ヴィックラー＆ウータ・ザイプト『私欲の原理——社会行動の原因と結果』，ノルベルト・ビショフ『エディプスの謎——親密さと自律の原コンフリクトの生物学的源』，および，ジェーン・ヴァン・ラヴィック－グードールの古典的研究『野生チンパンジー』にある（Irenäus Eibl-Eibesfeldt: Grundriss der vergleichenden Ver-

haltensforschung, 7.Auflage; Wolfgang Wickler, Uta Seibt: Das Prinzip Eigennutz. Ursache und Konsequenzen sozialen Verhaltens, Hamburg 1977; Norbert Bischof: Das Rätsel Ödipus. Die biologischen Wurzeln des Urkonfliktes von Intimität und Autonomie, München 1989; Jane van Lawick-Goodall: Wilde Schimpansen. 10 Jahre Verhaltensforschung am Gombe-Strom, Reinbeck, 1971）.

7） ルロワ－グラン『手と言葉――技術，言語，芸術の進化』，エスバッハ「社会学における境界概念の人間学的考察」（フルダーニク＆ゲールケ『文化越境者』所収（André Leroi-Gourhan: Hand und Wort. Die Evolution von Technik, Sprache und Kunst, 3.Auflage, Frankfurt am Main 1984, S. 397）．エスバッハ「人工環境の人間学」，アルト＆ラウシェンベルガー（編）『生態史的反省――石器時代とシリコンバレーの間の人間と環境』所収（Eßbach: Anthropologische Überlegungen zum Begriff der Grenzen in der Soziologie, in: Grenzgänger zwischen Kulturen. Identitäten und Alteritäten, Bd. 1, Hg. v. M. Fludernik, H.-J. Gehrke, Würzburg 1999, S. 85-98; Eßbach: Zur Anthropologie artifizieller Umwelt, in: H. W. Alt N. Rauschenberger (hg.): Ökohistorische Reflexionen. Mensch und Umwelt zwischen Steinzeit und Silicon Valley, a.a.O., 2001, S. 171-195）も参照.

8） ルロワ－グラン『手と言葉』（Leroi-Gourhan: Hand und Wort, a.a.O., S. 402ff.）.

9） ミルチャ・エリアーデ『聖と俗――宗教的なるものの本質について』（Mircea Eliade: Das Heilige und das Profane. Vom Wesen der Religiösen, Hamburg 1957, S. 22）〔風間敏夫訳，法政大学出版局，1969〕．凝集圏の実践については，ユスティン・シュタークル「異質さ」，ヘルフリート（編）『恐れと魅惑――異質さの諸相』所収（Justin Stagl: Grade der Fremdheit, in: Herfried Münkler (hg.) Furcht und Faszination: Facetten der Fremdheit, Berlin 1997, S. 85-114）も参照.

10） ルートヴィヒ・フォイエルバッハ『キリスト教の本質』（Ludwig Feuerbach: Das Wesen des Christentums (1841), in: ders., Werke, hg. v. Erich Thies, Bd. 5, Frankfurt am Main 1976, S. 17）〔船山信一訳，岩波文庫，1937〕.

11） エミール・デュルケーム『宗教生活の原初形態』（Emile Durkheim: Die elementaren Formen des religiösen Lebens, Frankfurt am Main 1981, S. 295-297）〔古野清人訳，岩波文庫，1975〕．エスバッハ「デュルケーム，ヴェーバー，フーコー，宗教，エートス，生活態度」，『ヴェーバーのプロテスタンティズムの精神と近代の精神』所収（Eßbach: Durkheim, Weber, Foucault, Religion, Ethos und Lebensführung, in: L'Ethique protestante de Max Weber et l'esprit de la modernité. Textes réunis par le Groupe de recherche sur la culture de Weimar, Paris: Ed. de la Maison des Sciences de l'Homme, 1997, S. 261-277）も参照.

12） 同上書，565頁.

13） クラウス・ミュラー「エスニシティ，エスノセントリズム，本質主義」，エスバッハ（編）『我々，君たち，彼ら――理論と方法におけるアイデンテ

ィティと他者性』所収（Klaus Müller: Ethnicity, Ethnozentrismus und Essentialismus, in: Eßbach: wir/ ihr/ sie. Identität und Alterität in Theorie und Methode (Identität und Alteritäten Bd. 2), Würzburg 2000, S. 317-344）参照．ミュラーはヘロドトスを想起させる．「地上の全民族に，相異なるすべての習俗のなかでもっとも卓越したものを選ぶよう要請が発せられたとすれば，誰もがすべてを検分した後で，自分のものが他のすべてのものに勝っているとするだろう．このように，どの民族も自分の生活形態が最善だと深く確信しているのだ」前掲書，328頁．

14）　マリーナ・ミュンクラー&ヴェルナー・レッケ「中世におけるオルド思想と異邦人の解釈学――地の涯の怪物的民族との対決」，ヘルフリート・ミュンクラー（編）『異邦人による挑戦』所収（Marina Münkler, Werner Röcke: Der ordo-Gedanke und die Hermeneutik der Fremde im Mittelalter: Die Auseinandersetzung mit den monströsen Völkern des Erdrandes, in: Herfried Muenkler (hg.): Die Herausforderung durch das Fremde, Berlin 1998, S. 701-766）．

15）　プリニウス・セクンドゥス「自然史」（Plinius Secundus: Naturalis Historie, zit. Nach Marina Münkler, Werner Röcke, ebd., S. 727）．

16）　クラウス・ミュラー『奇形』（Klaus Müller: Der Krüppel. Ethnologia passionis humanae, München 1996）参照．

17）　アウグスティヌス「神の国について」（Augustinus: De Civitae Dei, XVI, 8. Maria Münkler, Werner Röcke, a.a.O., S. 731より引用）．

18）　イシドル・フォン・セビリア「語源学」（Isidor von Sevilla: Ethymologie, XI, III, 4. 同上書 S. 725より引用）．

19）　ルロワ－グラン，前掲書．これに関して基本となるのは，クロード・レヴィ－ストロース『親族の基本構造』（Leroi-Gourhan, a.a.O., S. 97; Claude Lévi-Strauss: Die elementaren Strukturen der Verwandtschaft, Frankfurt am Main 1981）〔馬渕・田島監訳，番町書房，1977〕．アクセル・パウル『外来語――構造主義的人類学の諸段階』（Axel T. Paul: Fremd Worte. Etappen der strukturalen Anthropologie, Frankfurt am Main/ New York 1996）も参照．

20）　マーガレット・ミード『男性と女性――移りゆく世界における両性関係』（Margaret Mead: Mann und Weib. Das Verhältnis der Geschlechter in einer sich wandelnden Zeit, Hamburg 1958, S. 10f.）〔田中寿美子訳，東京創元社，1989〕．

21）　ギュンター・ドゥクス『性関係における権力の痕跡――男女間の不平等の起源』（Günter Dux: Die Spur der Macht im Verhältnis der Geschlechter. Über den Ursprung der Ungleichheit zwischen Frau und Mann, Frankfurt am Main 1992）参照．

22）　ウィンクス（編）『奴隷制――比較のパースペクティブ』，デイビス『西洋文化における奴隷制の問題，ギリシャ・イタカ島――集団内社会分化のパターン成型にたいする征服の意味』（R. W. Winks (hg.): Slavery. A Comperative Perspective, New York 1980; D. B. Davis: The Problem Of Slavery in Western culture,

Ithaca. Zur Bedeutung des Eroberungsgeschehens für die Profilierung binnengesellschaftlicher Differenzierung von Kollektiven. 1966）参照．エスバッハ「イデオロギー的集合論の要素」，ヴォルフガング・ラインハルト（編）『人間存在の境界――人間的なものの定義の諸問題』（近刊）所収（Wolfgang Eßbach: Elemente ideologischer Mengenlehren. Rasse, Klasse, Masse, in: Wolfgang Reinhard (hg.): Grenzen des Menschseins. Probleme einer Definition des Menschlichen）．

23） ヘラクレイトス．エーゴン・フライク「奴隷制」（Herklit: VS 22, B 53. Egon Flaig: Sklaverei, in: Historisches Wörterbuch der Philosophie, hg. von J. Ritter und H. Gründer, Bd. 9, S. 976）より引用．

24） ホメロス『オデュッセイ』（Homer: Odyssee, XVII, 322ff.）〔松平千秋訳，岩波文庫，1994〕参照．

25） フライク，前掲書（Egon Flaig, a.a.O.）参照．

26） ピーノ・アルラッキ『商品としての人間――近代奴隷貿易の醜聞』（Pino Arlacchi: Ware Mensch. Der Skandal des modernen Sklavenhandels, München 2000）参照．

27） モーゼ五書（Buch Mose, 15.12-18）．

28） レオ・ベック『ユダヤ教の本質』（Leo Baeck: Das Wesen des Judentums, 8. Aufl., Wiesbaden 1988, S. 64）．

29） アドルフ・フォン・ハルナック『マルキオン――異教の神の福音書．カトリック教会の基礎づけの歴史』（Adolf von Harnack: Marcion. Das Evangelium vom fremden Gott. Eine Monographie zur Geschichte der Grundlegung der katholischen Kirche, Leipzig 1921）．

30） レオ・ベック，前掲書（Leo Boeck, Das Wesen des Judentums, a.a.O., S. 67）．

31） 『イザヤ書』（Jesaia, 34-1 und 8-11）．

32） ヨーゼフ・ハイム・エルサルミ『女王の召使と召使の非・召使――ユダヤ人の政治的歴史の諸相』（Yosef Hayim Yerushalmi: Diener von Königin und nicht Diener von Dienern. Einige Aspekte politischer Geschichte der Juden, München 1995, Carl Friedrich von Siemens Stiftung）参照．

33） アンリ・ピレンヌの研究『西洋の誕生』（Henri Pirenne: Geburt des Abendlandes, Leipzig 1939）は，衰えることのない現代的意義をもっている．バッサム・ティビ『十字軍と聖戦（ジハード）――イスラム教とキリスト教世界』（Bassam Tibi: Kreuzzug und Djihad. Der Islam und die christliche Welt, München 1999）も現在でも基本文献である．ヘリベルト・イリッヒの時代の飛躍命題を受け入れるならば，地中海域における対照的出来事はもっと明確になる．イリッヒ『捏造された中世――歴史の最大の歪曲』（Heribert Illig: Das erfundene Mittelalter. Die größte Zeitfälschung der Geshichite, 5. Aufl., München 2001, S. 125）．

34） プレスナー「非人間性の問題」，プレスナー『著作集』所収（Helmuth

Plessner: Das Problem der Unmenschlichkeit (1967), in: ders.: Gesammelte Schriften, Bd. Ⅶ, Frankfurt am Main 1983, S. 334).

V　音声から文字へ

1）　ニクラス・ルーマン「コミュニケーションとは何か」(Niklas Luhmann: Was ist Kommunikation?, *Short Cuts*, Frankfurt 2000, 41-63).

2）　この命題は，我々の言語史の知覚を地球規模で修正することになるものだが，ルディ・ケラー『言語の転換――言語における不可視の筆跡』が説得力をもって主張している（Rudi Keller: Sprachwandel. Von der unsichtbaren Hand in der Sprache, Tübingen [2]1994).

3）　文化とコミュニケーションの弁証法については，アレッサンドロ・ドゥランティ『言語人類学』(Alessandro Duranti: Linguistic Anthropology, Cambridge 1997）を参照.

4）　とくにジャック・グッディを，なかでも『書かれたものと口承間のインターフェース』を参照（Jack Goody: The Interface between the Written and the Oral, Cambridge 1987). 文字化の文化的帰結の，きわめて緻密な文化科学的な分析をジャン・アスマン『文化的記憶――初期高度文化における文字，記憶，政治的アイデンティティ』が提供している（Jan Assmann: Das kulturelle Gedächtnis. Schrift, Erinnerung und politische Identität in frühen Hochkulturen, München [2]1997).

5）　ウォルター・オング『口承とリテラシー――言葉の技術化』(Walter Ong: Orality and Literacy. The Technologizing of the Word, London 1982).

6）　これにたいする反論については，エウヘーニオ・コゼリュー『歴史における共時性と通時性――言語変化の問題』(Eugenio Coseriu: Sincronía, deacronía e historia. El Problema del cambio lingüístico, Madrid [2]1973, 181）参照.

7）　理想化された認知モデル，および，我々の世界認識の組織化が従う構造の概念については，ジョージ・ラコフ『女性，火，危険なもの――心についてカテゴリーは何を明らかにするか』(George Lakoff: Women, Fire,and Dangerous Things. What Categories Reveal about the Mind, Chicago 1987, 68-76）参照.

8）　ジャン・ヴァンシナ『口承の伝統』(Jan Vansina: De la tradition orale. Essai de méthode historique, Musée royale de l' Afrique centrale, Tervuren 1961）参照.

9）　この命題の模範例は，リュディガー・シュミット『インドゲルマン時代における詩作と詩語』(Rüdiger Schmitt: Dichtung und Dichtersprache in indogermanischer Zeit, Wiesbaden 1967).

10）　ジャック・グッディ『書くことの論理と社会の組織化』(Jack Goody: The Logic of Writing and the Organization of Society, Cambridge 1967).

11）　ラッセル・カシュラ（編）『アフリカの口承文芸――現代の文脈における諸機能』(Russell H. Kaschula (hg.): African Oral Literature. Functions in contempo-

rary contexts, Claremont 2002).

12) 「文芸」を構成しているものの，歴史的に制約された把握に関する卓越した概要には，リチャード・パーキンソン『中期エジプト王国における詩と文化——完成に至る暗黒面』(Richard B. Parkinson: Poetry and Culture in Middle Kingdom Egypt. A Dark Side to Perfection, London/ New York 2002, 22-29) 参照.

13) このテーマ設定の基本となるのは，アスマン『文化的記憶』(Assmann: Das kulturelle Gedächtnis, 48-56).

14) この立場は，構造主義言語学によってきわめて大胆に主張された.「話し言葉と文字は，記号の二つの体系である．一方は他方を表現するという独自の課題をもっている．だから，それらの固有の価値および相互の価値が，認知されないおそれがあるように思われる．文字は言葉の下女ないし比喩的表現ではないのだ」．小松&ハリス（編）『フェルディナン・ド・ソシュール』(Eisuke Komatsu/ Roy Harris (hg.): Ferdinand de Saussure. Troisième cours de linguistique générale (1910-1911), Oxford 1993, 41).

15) ジャック・デリダ『文法学について』(Jacques Derrida: De la grammatologie, Paris 1967).

16) これに対して，文書と文化の弁証法についての見事な貢献は，「多文芸主義」が提供している．デルテ・ボルヒャース，フランク・カマーツェル，シュテファン・ヴェニンガー（編）『ヒエログリフ，アルファベット，文字改革』(Dörte Borchers/ Frank Kammerzell/ Stefan Weninger (hg.): Hieroglyphen, Alphabete, Schriftreformen, (Seminar für Ägyptologie und Koptologie) Göttingen 2002).

17) 若干例の議論については，ヘルムート・グリュック「アルファベット構築と正音学的標準——因果関連，それとも規範的誤謬」(Helmut Glück: Alphabetkonstruktion und orthoepischer Standard: eine Kausalbeziehung oder ein normativer Irrtum?, ibid., 101-115) 参照.

18) 「第三の種」の現象としての言語についての基本文献としては，ケラー『言語の転換』(Keller: Sprachwandel, Kapitel 4) 参照.

19) ヘルマン・ユングライトマイヤー「退潮する口承」，アライダ・アスマン，ヤン・アスマン，クリストフ・ハルトマイヤー（編）『文字と記憶——文芸的コミュニケーションの考古学』(Hermann Jungraithmayr: Oralität im Rückzug, in Aleid und Jan Assmann/ Christof Hardmeier (hg.): Schrift und Gedächtnis. Archäologie der literalischen Kommunikation I, München 1983, 213-221) 所収.

20) ウンベルト・エーコ『ヨーロッパ文化における完全言語の探求』(Umberto Eco: La ricerca della lingua perfetta nella cultura europea, Bari ^{4}1993).

21) ヨハン・マルティン・シュライヤー『ヴォラピューク，世界言語——全地球の全教養人の普遍言語草案』(Johann Martin Schleyer: Volapük, die Weltsprache. Entwurf einer Universalsprache für alle Gebildete der ganzen Erde, Sigmaringen 1880).

22)　図像性の文化的位置づけに関する周知の専門用語にたいする批判については，ウンベルト・エーコ『普遍記号論概論』(Umberto Eco: Trattato di semiotica generale, Milano 1993, 256-284) 参照．

23)　人間による知の蓄積の初期形態については，イグナス・ゲルプ『書くことの研究』(Ignace Gelb: A Study of Writing, Chicago ²1974, 24-59) 参照．

24)　ロイ・ハリス『書くことのサイン』(Roy Harris: Signs of Writing, London/New York 1995, 71-79) 参照．

25)　ロイ・ハリス『書くことの起源』(Roy Harris: The Origin of Writing, London 1986, Kapitel 3)．

26)　豊富な実例の抜粋については，パリのグラン・パレにおける展覧会のカタログ『書くことの誕生――楔形とヒエログラフ』(Das Katalogband der Ausstellung im Grand Palais in Paris: Naissance de l'ecriture. Cunéiformes et hiéroglyphes, (Musées nationaux), Paris 1982, 46-55) を参照．

27)　ロバート・エングランド『後期ウルク時代のテキスト』，ヨーゼフ・バウアー，ロバート・エングランド，マンフレート・クレーバニク『メソポタミア――後期ウルク時代と初期王朝時代』(Robert K. Englund: Texts from the Late Uruk Period, in: Josef Bauer/ Robert K. Englund/ Manfred Krebernik: Mesopotamien. Späturuk-Zeit und Frühdynastische Zeit, Frebourg-Göttingen 1998, 15-233) 所収．

28)　同上書．

29)　ゴードン・ホワイテーカー「書くことの夜明けと音声学」，ボルヒャース，カマーツェル，ヴェニンガー（編）『ヒエログリフ，アルファベット，文字改革』(Gordon Whittaker: The dawn of writings and phoneticism, in: Doerte Borchers/ Frank Kammerzell/ Stefan Weninger (hg.): Hierographen, Alphabete, Schriftreformen, (Seminar für Aegyptologie und Koptologie) Göttingen 2002, 11-50) 所収．

30)　『書くことの誕生』(Das Katalogband der Ausstellung im Grand Palais in Paris: Naissance de l'ecriture. Cunéiformes et hiéroglyphes, (Musées nationaux), Paris 1982, 78-83) 参照．

31)　ギュンター・ドライヤー『Umm el-Qaab Ⅰ――前王朝期墓石 U-jとその初期文字』(Günter Dreyer: Umm el-Qaab I. Das prädynastische Grab U-j und seine frühen Schriftzeugnisse, Mainz 1998)．

32)　ヤン・アスマン「古代エジプトと記号の物質性」，ハンス・ウルリヒ・グンプレヒト『コミュニケーションの物質性』(Jan Assmann: Ancient Egypt and the Materiality of the Sign, in: Hans Ulrich Gumbrecht/ K. Ludwig Pfeiffer(hg.): Materialities of Communication, Stanford 1994, 15-31) 所収．

33)　フランク・カンマーツェル「記号の断節」，ヴォルフガング・ヘルク，ヴォルフハルト・ヴェステンドルフ『エジプト事典』(Frank Kammerzell: Zeichenverstümmelung, in: Wolfgang Helck/ Wolfhart Westendorf: Lexikon der

Ägyptologie, Band VI, Wiesbaden 1986, 1359-1361）参照.

34） ルートヴィヒ・モレンツ「文字の神秘」，ヤン・アスマン，マルティン・ボマス『エジプトの神秘？』（Ludwig D. Morenz: Schrift-Mysterium, in: Jan Assmann/ Martin Bommas (hg.): Ägyptische Mysterien?, München 2002, 77-94）参照.

35） フランク・カンマーツェル「アルファベット配列の成立——セム語・西洋文字のエジプト起源」，ボルヒャース，カンマーツェル，ヴェニンガー（編）『ヒエログリフ，アルファベット，文字改革』（Frank Kammerzell: Die Entstehung der Alphabetreihe: Zum ägyptischen Uraspruug der semitischen und westlichen Schriften, in: Doerte Borchers/ Frank Kammerzell/ Stefan Weninger (hg.): Hierographen, Alphabete, Schriftreformen, (Seminar für Ägyptologie und Koptologie) Göttingen 2002, 117-157）所収.

36） バリー・ケンプ「古代エジプト——ある文明の解剖学」（Barry Kemp: Ancient Egypt. Anatomy of a Civilization, London/ New York 1989, 19-63）参照.

37） ジョン・ベインズ「エジプト王権の起源」，デイヴィッド・オコンナー&デイヴィッド・シルバーマン（編）『古代エジプト王権』（John Baines: Origins of Egyptian Kingship, in: David O'Connor/ David P. Silverman (hg.): Ancient Egyptian Kingship, Leiden 1995, 95-156）参照．一般的な文脈については，トビー・ウィルキンソン『初期エジプト王朝』（Toby A. H. Wilkinson: Early Dynastic Egypt, London/ New York 1999）.

38） ピーター・カプロニー『エジプト初期の銘文』（Peter Kaplony: Die Inschriften der ägyptischen Frühzeit, Band III, Wiesbaden 1963, Tf. 80-83）参照.

39） ヨッヘム・カール『0–3王朝におけるエジプトのヒエログリフ文字の体系』（Jochem Kahl: Das System der ägyptischen Hieroglyphenschrift in der 0.-3. Dynastie, Wiesbaden 1994, 84）.

40） これについては，フランク・カンマーツェル「神々を食べ尽くす——宗教的表象あるいは詩的フィクション」（Frank Kammerzell: Das Verspeisen der Götter. Religiöse Vorstellung oder poetische Fiktion? *Lingua Aegyptia* 7（2000），183-218）参照.

41） エリク・ホルヌング「太陽の追跡」，ヤン・アスマン『古代エジプトにおける死と彼岸』（Erik Hornung: Die Nachfahrt der Sonne, Düsseldorf/ Zürich 1998: Jan Assmann: Tod und Jenseits im Alten Ägypten, München 2001, 247-268）所収.

42） メリカレへの教えより，ヨアヒム・クヴァック『メリカレへの教えの研究』（Die Lehre für Merikare, E 13-15: Joachim F. Quack: Studien zur Lehre für Merikare, Wiesbaden 1992, 24-25）所収.

43） ジョン・ベインズ&クリストファー・アイヤー「リテラシーに関する四つの覚書」（John Baines/ Christpher J. Eyre: Four notes on literacy, *Göttinger Miszellen* 61（1983, 65-96）.

44） エリク・ホルヌング『秘教的エジプト』（Erik Hornung: Das esoterische

Ägypten, München 1999, 89-159).

45) ボルヒャース，カンマーツェル，ヴェニンガー（編）『ヒエログリフ，アルファベット，文字改革』(Doerte Borchers/ Frank Kammerzell/ Stefan Weninger (hg.): Hierographen, Alphabete, Schriftreformen, Lingua Aegyptia Studia monographica 3, Göttingen 2001）参照.

46) ウイリアム・ハナス『アジアの正書法のジレンマ』(William C. Hannas: Asia's Orthographic Dilemma, Honolulu 1997）参照.

47) （ギリシャの，すなわち，すべての音素を表現する）アルファベットの文字化機能という命題は，とくにエリック・ハヴロックによって主張されている．なかでも『ギリシャにおける文語革命とその文化的帰結』(Eric A. Havelock: The Literate Revolution in Greece and its cultural consequences, Princeton 1982）を参照.

48) フランク・カンマーツェル「アルファベット配列の成立——セム語・西洋文字のエジプト起源」，ボルヒャース，カンマーツェル，ヴェニンガー（編）『ヒエログリフ，アルファベット，文字改革』(Frank Kammerzell: Die Entstehung der Alphabetreihe: Zum aegyptischen Uraspruung der semitischen und westlichen Schriften, in: Doerte Borchers/ Frank Kammerzell/ Stefan Weninger (hg.): Hierographen, Alphabete, Schriftreformen, (Seminar für Ägyptologie und Koptologie) Göttingen 2002, 117-157）所収.

49) これと関連した研究状況については，ラースロー・テレク『クシの王国——ナパタン・メロワ文明便覧』(László Török: The Kingdom of Kush. Handbook of the Napatan-Meroitic Civilization, Leiden 1997, 62-67）参照.

50) ロバート・ドゥルーズ『青銅器時代の終焉——紀元前1200年の抗争の変化と破局』(Robert Drews: The End of the Bronze Age. Changes in Warfare and the Catastrophe ca. 1200 B. C., Princeton 1993）参照.

51) ゲルプ『書くことの研究』(Gelb: A Study of Writing, 166-183）参照.

52) アスマン『文化的記憶』(Assmann: Das kulturelle Gedächtnis, 49）参照.

53) ハンス－ヴェルナー・フィッシャー－エルファート『アナタスティ・パピルスの風刺的論争書Ⅰ——本文構成』，同『アナタスティ・パピルスの風刺的論争書Ⅰ——翻訳と注釈』(Hans-Werner Fischer-Elfert: Die satirische Streitschrift des Papyrus Anastasi I. Textzusammenstellung, Wiesbaden 1983, 9-36; Die satirische Streitschrift des Papyrus Anastasi I. Übersetzung und Kommentar, Wiesbaden 1986, 16-30).

54) ウィリアム・シードウィンド「ある『教養』軍人の手紙に関する社会言語学的考察」(William M. Schniedewind: Sociolinguistic Reflexions on the Letter of a Literate Soldier (Lachish 3), *Zeitschrift für Althebraistik* 13 (2000), 157-167).

55) ミヒャエル・シュトレック「楔形文字とアルファベット」，ボルヒャース，カンマーツェル，ヴェニンガー（編）『ヒエログリフ，アルファベット，文

字改革』(Michael Streck: Keilschrift und Alphabet, in: Doerte Borchers/ Frank Kammerzell/ Stefan Weninger (hg.): Hieroglyphen, Alphabete, Schriftreformen, 77-97) 所収.

56) フリートヘルム・ホフマン『エジプト——ギリシャ・ローマ時代における文化と生活世界』, リチャード・パーキンソン『クラックするコード——ロゼッタ石と解読』(Friedhelm Hoffmann: Ägypten. Kultur und Lebenswelt in griechisch-römischer Zeit, Berlin 2000, 153-175; Richard Parkinson: Cracking Codes. The Rosetta Stone and Decipherment. Berkley/ Los Angeles, 25-31) 参照.

57) フランク・カンマーツェル『アルファベット配列の成立——セム語・西洋文字のエジプト起源』, ボルヒャース, カンマーツェル, ヴェニンガー(編)『ヒエログリフ, アルファベット, 文字改革』(Frank Kammerzell: Die Entstehung der Alphabetreihe: Zum aegyptischen Ursprung der semitischen und westlichen Schriften, in: Doerte Borchers/ Frank Kammerzell/ Stefan Weninger (hg.): Hierographen, Alphabete, Schriftreformen, 123-125) 所収.

58) 外国語の一節の例としては, ロンドンの医学パピルスと呪術パピルス・ハリスにおけるクレタ島節 (Die kretischen Passagen im Londoner Medizinischen Papyrus und im Magischen Papyrus Harris) を参照. ヴォルフガング・ヘルク『7世紀に至るエジプトと西南アジアのエーゲ海にたいする関連』(Wolfgang Helck: Die Beziehungen Ägyptens und Vorderasiens zur Ägäis bis ins 7. Jahrhundert v. Chr., Darmstadt 1979, 100-105).

59) ユルゲン・オージング『後期エジプトのパピルスBM 10808』(Jürgen Osing: Der spätägyptische Papyrus BM 10808, Wiesbaden 1976).

60) ロビン・レイン・フォックス「初期キリスト教におけるリテラシーと権力」, アラン・ボーマン&グレッグ・ウールフ『古代世界におけるリテラシーと権力』(Robin Lane Fox: Literacy and power in Early Christianity, in: Alan K. Bowman/ Greg Woolf (hg.): Literacy and Power in the Ancient World, Cambridge 1994, 126-148).

61) この箇所の指摘は, 同僚・友人のアンリエット・ハリヒ-シユヴァルツバウアー (Henriette Harich-Schwarzbauer) に負っている.

62) 黙読の文化史については, アルベルト・マンゲル『読むことの歴史』(Alberto Manguel: Eine Geschichte des Lesens, Reinbeck 2000, 55-69) 参照.

63) このテーマ設定については, とくにアンリ-ジャン・マルタン『書くことの歴史と権力』(Henri-Jean Martin: The History and Power of Writing, Chicago 1994, 182-232) 参照.

64) ジャン-ダーク・ミュラー「本の身体——草稿から印刷へのメディアの変化」, グンプレヒト&ファイファー (編)『コミュニケーションの物質性』(Jan-Dirk Müller: The Body of the Book: The Media Transition from Manuscript to Print, in Gumbrecht/ Pfeiffer (hg.): Materiality of Communication, 32-44) 所収.

65）　一般に利用できる注釈付きのものとしては *The Steinsaltz Edition* 参照．入門書としてはアディン・シュタインザルツ『参考案内』（Adin Steinsaltz: A Reference Guide, New York 1989）参照．

66）　プラトン『ティマイオス』（Platon: Timaios 21e-23d）．この節は，クラウス・ヴィッドラ『プラトン』（Klaus Widdra: Platon. Timaios. Philebos. Platon: Werke in acht Bänden griechisch und deutsch 7, Darmstadt）から引用．

67）　ジョージ・クリストフ・トーレン『メディアの転回点――文化哲学的輪郭』（Georg Christoph Tholen: Die Zäsur der Medien. Kulturphilosophische Konturen, Frankfurt）参照．

68）　フランク・クリューゼマン「持ち運びできる祖国――旧約聖書正典の構造と成立」，アライダ・アスマン＆ヤン・アスマン『聖書正典と検閲』（Frank Grüsemann: Das portative Vaterland. Struktur und Genese des alttestamentlichen Kanons, in: Aleida und Jan Assmann (hg.): Kanon und Zensur, München 1987, 63-79）参照．

69）　ルートヴィヒ・ファイファー『コミュニケーションの物質性』，グンプレヒト＆ファイファー（編）『コミュニケーションの物質性』（K. Ludwig Pfeiffer: The Materiality of Communication, in: Hans Ulrich Gumbrecht/ K. Ludwig Pfeiffer (hg.): Materialities of Communication, 1-12）所収．

VI　形象，媒体，仮面

1）　これについては，ハンス・ベルティング『図像・人類学――図像学草稿』，クリスティアーネ・クルーゼ『人間はなんのために描くのか――図像メディアの歴史的基礎付け』（Hans Belting: Bild-Anthropologie. Entwürfe für eine Bildwissenschaft, München 2001; Christiane Kruse: Wozu Menschen malen. Historische Begründungen eines Bildmediums, München 2003）参照．

2）　一つのユートピアでもある第二の創造としての神話については，論文集ベルント・フレスナー（編）『人間以後――第二の創造の神話とポスト人間的文化の成立』（Bernd Flessner (hg.): Nach dem Menschen. Der Mythos einer zweiten Schöpfung und das Entstehen einer posthumanen Kultur, Freiburg i. Br. 2000）を参照．

3）　シャルル・ボードレール『サロン1859』（Charles Baudelaire: Der Salon 1859, in: Sämtliche Werke/ Briefe, hg. von F. Kemp u. C. Pichois, Bd. 5, München u. Wien 1989, 139）．ヴォルフガング・ドロスト「非・芸術としての写真？――ボードレールの写真にたいする死刑宣告の歴史的・美的分析」，スーザン・ブラッド「写真に反対するボードレール――古い時代の寓話」（Wolfgang Drost: Fotographie als Unkunst? Historisch-ästhetische Analyse von Baudelaires Verurteilung der Photographie, in: Lendemains 9, 1984, 25-33; Susan Blood: Baudelaire against photography. An allegory of the old age, in: Modern Language Note,

101, 1986, 817-837）参照.

4） ボードレール『現代生活の画家』（Charles Baudelaire, Der Maler des Modernen Lebens, 249f.）.

5） ボードレール『サロン1859』（Charles Baudelaire, Der Salon 1859, 180ff.）.

6） ボードレール『現代生活の画家』（Baudelaire, Der Maler des Modernen Lebens, 215）.

7） たとえば，論文集シェーファー，ヴィンマー（編）『仮面と仮装』（A. Schäfer & M. Wimmer (hg.): Masken und Maskierungen, Opladen 2000）参照.

8） トーマス・マコ「幻視と面――メディアの魅惑史の考察」（ミュラー－フンク，レック（編）『演出された想像力』所収）（Thomas Macho: Vision und Visage. Überlegungen zur Faszinationsgeschichte der Medien, in: W. Müller-Funk & H. U. Reck(hg.): Inszenierte Imagination. Beiträge zu einer historischen Anthropologie der Medien, Wien und New York 1996, 87-108）．ハンス・ベルティング『図像・人類学』（Hans Belting: Bild-Anthropologie, 2001, 34ff. und 135f.）も参照.

9） ロラン・バルト『明るい小部屋――写真注釈』（Roland Barthes: Die helle Kammer. Bemerkungen zur Photographie, Frankfurt am Main 1989 (Paris 1980, 22)）〔花輪光訳，みすず書房，1997〕.

10） シャーマンの写真シリーズについては，たとえばアルトゥーア・ダント「サンディ・シャーマン」，ロザリンド・クラウス『サンディ・シャーマン 1975～1993年の作品』，クリスタ・シュナイダー「サンディ・シャーマン」，クラウス・ゲレオン・ボイカース「自画像・役柄像・肖像画――サンディ・シャーマン「肖像画の歴史」の画像の特質について」（ボイカース，エッギ（編）『ヨハネス・ラングナー記念論文集』所収）（Arthur C. Danto: Cindy Sherman, History Portraits, New York 1991; Rosalind Krauss: Cindy Sherman: Arbeiten von 1975-1993, München 1993; Christa Schneider: Cindy Sherman, History Portraits, München 1995; Klaus Gereon Beuckers: Selbstbildnis-Rollenbildnis-Portrait. Zum Bildnischarakter der《History Portraits》von Cindy Sherman, in: Beucker & A. Jaeggi (hg.): Festschrift für Johannes Langner, Münster 1997, 341-352）参照.

11） シャーマンが古い絵画の専門家であることを頑なに拒むのというのは，この種の仮装である．「サンディ・シャーマン，ヴィルフリート・ディックホフと語る」（Cindy Sherman im Gespräch mit Wilfried Dickhoff, Kunst heute 14, Köln 1995, 33ff.）参照.

12） シャーマンにおける仮面と肖像画の関係については，注10の文献参照. エリザベート・ブロンフェン「構想力の別の自己――シャーマンのヒステリー的パフォーマンス」（フェリックス，シュヴァンダー（編）『サンディ・シャーマン――写真集1975～1995』所収）（Elisabeth Bronfen: Das andere Selbst der Einbildungskraft. Cindy Shermans hysterische Performanz, in: Z. Felix & M. Schwander (hg.): Cindy Sherman. Photoarbeiten 1975-1995, München, Paris u.

London 1995, 13-26）も参照.

13）インデックスとしての写真記号については，ロザリンド・クラウス「インデックスについての覚書」（クラウス『アヴァンギャルドとその他の神話の独創性』所収），デュボワ，フィリップ『写真という行為——理論的脱ポジ研究』（Rosalind Krauss: Notes on the Index, in: Krauss: The Originality of Avant-garde and other Myths, Cambridge/ Mass. 1998; Dubois & Philippe: Der fotografische Akt. Versuch über ein theoretisches Dispositiv, Dresden 1998 (Brüssel 1990)）.

14）ロラン・バルト（注9も）（Roland Barthes, 13）.

15）デュボワ（注13も）（Dubois, 67）.

16）写真画像のこのような攪乱例については，ペーター・ガイマー「なにが画像でないか——指示の攪乱」（ガイマー（編）『可視性の秩序——科学・芸術・技術における写真』所収）（Peter Geimer: Was ist kein Bild? Zur《Störung der Verweisung》, in: Geimer (hg.): Die Ordnung der Sichtbarkeit. Fotografie in der Wissenschaft, Kunst und Technologie, Frankfurt am Main 2002, 313-341）参照.

17）キース・コッティンガム「フィクションとしての肖像画」（アメルンクセン他（編）『写真後の写真』所収），アネッテ・ヒュシュ「恐ろしいほど美しい——ポスト写真における身体，素材，画像の関係について」（ベルティング，シュルツェ（編）『芸術とメディア理論』所収）（Keith Cottingham: Fictious Portraits, in: H. von Amelunxen u.a. (hg.): Fotografie nach der Fotografie., Dresden und Basel 1995; Anette Hüsch: Schrecklich schön. Zum Verhältnis von Körper, Materie und Bild in der Post-Photographie, in: H. Belting & U. Schulze (hg.): Beiträge zur Kunst und Medientheorie, Ostfildern-Ruit 2001, 33-45）.

18）コッティンガム（注17も），ヒュシュ（Cottingham, 161; Hüsch, 2001）.

19）コッティンガム（注17も）（Cottingham, 160ff.）.

20）ジャン・ボードリヤール『象徴交換と死』（Jean Baudrillard: Der symbolische Tausch und der Tod, München 1982 (Paris 1976)）〔今村・塚原訳，筑摩書房，1982〕.

21）カタリーネ・ハイレス『いかにして我々はポスト人間になったか——サイバネティクス，文芸，情報学におけるバーチャルな身体』，ベルント・フレスナー『人間以後——第二の創造の神話とポスト人間的文化の成立』（これにはクラウス・オイリヒ，ドミニク・シュラーゲ，ユルゲン・ブロインラインClaus Eurich, Dominik Schrage, Jürgen Bräunleinの寄稿がある），フランシス・フクヤマ『人間の終焉』（N. Katharine Hayles: How we became Posthuman. Virtual Bodies in Cybanetics, Literature and Informatics, Chicago 1999; Bernd Flessner: Nach dem Menschen. Der Mythos der zweiten Schöpfung und das Entstehen einer posthumanen Kultur, Freiburg i. Br.; Francis Fukuyama: Das Ende des Menschen, München 2000）.

22）コッティンガム（注17も）（Cottingham, 160）.

23)　以下については，デュボワ（注13も）（Dubois, 31ff.）参照．

24)　フルッサー『写真の哲学について』（Vilèm Flusser: Für eine Philosophie der Fotografie, Göttingen 1992）．

25)　フベルトゥス・フォン・アメルンクセン「写真以後の写真——デジタル空間における身体の恐怖」（Hubertus von Ameluxen: Das Entsetzen des Körpers im digitalen Raum, in: Ameluxen u. a. 1995, 116-123, ここでは123）．

26)　ボードレール『サロン』（注３も）（Bauderaire: Der Salon 1859, 144）．

VIII　人工知能とサイバースペースの時代における自我像と人間像

1）　ティーテルの解釈の確証については，アメリカの学生の調査によるものがある．「シェリー・タークルが大学生の自己申告について詳しく報告している．彼らは自分の考えを機械とコンピューターの隠喩で記述し，実際にそこから，『驚嘆すべき機械』であるという自負をくみ出している．」（ゼジンク『人間の知能と人工知能——些細な区別』，15頁）（Sesink 1993: 15参照）

2）　人格性の概念の根底には，厳密に区別された五次元のセットがある．「外向性，合意能力，沈着さ，情緒的安定，文化」がそれである（ナス他『コンピューターの人格性は人間的人格性たりうるか』，226頁）．（Nass u.a. 1995: 226）

3）　モラヴェッツはこう明言する，「私の脳の社会的部分は発達不良だ」，と．そして，「私には，自分を社会のなかに組み入れる能力がほとんどない．」（DIE ZEIT, Nr. 27, 28. Juni 1996: 62参照）しかも，この知能の高い「社会的障害者」は自分の因習的な生活に飽き飽きしている．だから，彼は自分の生活に「うんざりして」いるのだ．

4）　アーノルト・ゲーレンは，その人間学的研究『人間』のなかで，人間の実存抑制の二つの源泉と衝動を挙げている．人間は「欠陥ある存在」であり，「器官を免除する」ために道具を利用する（Gehlen, [13]1997参照）〔平野具男訳，法政大学出版局，1985〕．

5）　ゲールト・ロヴィンクとピット・シュルツは，この抵抗からの逃避を，サイバー空間の兆候における「ゼロサム・イデオロギーのグローバルな支配」から説明している（ミュンクラー，レスラー（編）『インターネット神話』所収，357頁）．（Münkler/ Roesler (Hg.) 1997:357）

IX　人間の後には何が来るのか

1）　ヴァレリ（Paul Valery, Bd. II, 581）〔「カイエＢ1910」，『ヴァレリー全集２テスト氏』筑摩書房，1968〕．

2）　差異をなすあらゆる差異（グレゴリー・ベイトソン）という情報の古典的定義に従って（Gregory Bateson）．

3）　テューリング『情報サービス』（A. Turing: Intelligence Service, S. 91）．

4） ギュンター『操作能力ある弁証法に寄せて』（G. Günther: Beiträge Bd. I, S. XV）.
5） ミンスキー『精神の社会』（M. Minsky: The Society of Mind, S. 29）.
6） タイガー『快楽の追求』（L. Tiger: The Pursuit of Pleasure, S. 206）.
7） ヴァレラ，トンプソン『認識の中間の道』（Varela& Thompson: Der Mittlere Weg der Erkenntnis, S. 279）.
8） 月並みの機械と月並みでない機械の区別は，ハインツ・フォン・フェルスターのサイバネティクスが基礎づけている（Heinz von Förster）.
9） タークル『スクリーン上の生』（S. Turkle: Life on the Screen, S. 98）．人間はネットワークのなかでは，オオカミではなく昆虫と比較できる性質を示す．すなわち，極度の相互依存という生き残りの利点がそれである．人間は，生物学的進化の地平ではオオカミであるが，社会的進化の地平では昆虫なのだ．
10） レム『21世紀の武器体系』（S. Lem: Waffensystem des 21. Jahrhunderts, S. 8）参照．
11） アーノルト・ゲーレン『人間学的・社会心理学的探求』（Arnold Gehlen: Anthropologische und sozialpsychologische Untersuchungen, S. 158）.
12） これについては，ツォンス『人間の時代』（R. Zons, Die Zeit des Menschen）の印象的な分析を参照．スティーヴン・スピールバーグの人工知能は，すでに次の一歩のイメージ化に挑戦している．「人は，機械の一種の寄生者になってはいけないのだろうか．」サミュエル・バトラー『エレホン〔どこにもない国．ビクトリア朝社会批判〕』（Samuel Butler: Erehwon, S.146）.
13） 世界の脱魔術化後の現在では，主体性の脱神話化が到来している．すなわち，主体性は「拒絶に値すること」（ゴットハルト・ギュンター）を通じて，きわめて厳密に数学的に基礎づけられる．それは価値の二者択一の拒否によって適切とされる．君は進歩派か，それとも保守派か．このような二者択一は僕には当てはまらないのだ！
14） ジョンソン－レアード『コンピューターと精神』（P. N. Johnson-Laird: The Computer and the Mind, S.382）.
15） シュタグーン『動物の愛』（G. Staguhn: Tierliebe, S. 250）．このような実践についての理論は，ブラウアーにある．「主体はいわゆる他の人間との交換によって，自動機械の外壁に触るだけなのだ」（L. E. J. Brower: Collected Works, S. 485）．したがって，人間の相互性は，サービスと共生的メカニズムに分かれる．
16） ギュンター，前掲書（Günther, S. 111）.
17） 同じ事態を社会心理学的に解釈できる人には，これは道徳主義的過ぎると聞こえる．つまり，現代世界で適応的な感情の弱さとして．「情緒的に引き起こされることは，我々の可動性の能力を制限するだろう．」コーエン『利他主義』（R. Cohen: Altruism, S. 50）.

18)　コーエン，同上書（Cohen, S. 112）.
19)　コーエン，同上書（Cohen, S. 99注）.
20)　ジョン・サールの思考実験が主張しているのは，これだけである（John Searles Gedankenexperiment Chinese Room）.
21)　ツォンス，前掲書（Zons, S. 253）.
22)　ギュンター，前掲書（Günther, S. 88）.
23)　ギュンター，前掲書（Günther, S. 114）.

参考文献

II　ネアンデルタール人と現代人の起源

アジズ，馬場，渡辺「新たな再構成に基づくジャワ・ホモ・エレクトゥスの形態学的研究」（F. Aziz / H. Baba und N. Watanabe: Morphological study on the Javanese Homo erectus Sangiran 17 skull based upon the new reconstruction, Geological Research and Developmental Centre Bandung, *Paleontology Series* 8 (1996), 11-25）.

バーガー，トリンクアウス「ネアンデルタール人のトラウマのパターン」（T. D. Berger und E. Trinkaus: Patterns of trauma among the Neanderthals. *Journal of Archaeological Science* 22 (1995), 841-852）.

ボーラス，コナード「中央ヨーロッパにおける旧石器・中期の後期・最初の上部期とアフリカ脱出仮説にとっての意味」（M. Bolus und N. J. Conard: The late Middle Paleolithic and eariest Upper Paleolithic in Central Europe and their relevance for the Out of Africa hypothesis, *Quaternary International* 75 (2001), 29-40）.

バウラー，マギー「オーストラリア最古の人間遺跡の年代再考」（J. M. Bowler und J. W. Magee : Redating Australia's oldest human remains: a sceptic's view, *Journal of Human Evolution* 38 (1999), 719-726）.

ブロイヤー「アフリカにおけるホモ・サピエンスの起源に関する現在の諸問題と研究」（G. Bräuer : Current problems and research on the origin of Homo sapiens in Africa, *Humanbiologia Budapestinensis* 9 (1981), 69-78）.

ブロイヤー「アフリカにおける解剖学的な初期現代人と地中海・ヨーロッパのネアンデルタール人との交替」（G. Bräuer: Early anatomically modern man in Africa and the replacement of the Mediterranean and European Neanderthals, I. Congres International Paleontologie Humaine, Nice 1982, Resumés: 112）.

ブロイヤー「アフリカにおける解剖学的な現代・ホモ・サピエンスの起源にたいする頭蓋学的アプローチと現代ヨーロッパ人の出現にとっての意味」（G. Bräuer: A craniological approach to the origin of anatomically modern Homo sapiens in Africa and implications for the appearance of modern Europeans, in: F. H. Smith / F. Spencer (hg.): The origins of modern humans, New York 1984a, 327-410）.

ブロイヤー「『アフリカ－ヨーロッパ・サピエンス仮説』と旧石器・中期の後期と上部期東アジアにおけるヒトの進化」（G. Bräuer: The "Afro-European sapiens hypothesis" and hominid evolution in East Asia during the late Middle and Upper Pleistocene, Courier Forschungs-Institut Senckenberg 69 (1984b), 145-165）.

ブロイヤー「現代人の進化——アフリカおよび非アフリカの証拠の比較」（G. Bräuer: The evolution of modern humans: A comparison of the African and non-African evidence, in: P. Mellars / C. Stringer (hg.): The Human Revolution, Edinburgh

1989, 124-155).
ブロイヤー「二人だけの五万年」(G. Bräuer: 50000 Jahre Zweisamkeit, *GEO Wissen* 2 (1992a), 62-70).
ブロイヤー「ホモ・サピエンスの進化におけるアフリカの位置」(G. Bräuer: Africa's place in the evolution of Homo sapiens, in: G. Bräur / F. H. Smith (hg.): Continuity or Replacement——Controversies in Homo sapiens evolution, Rotterdam 1992b, 83-98).
ブロイヤー「古人類学における論争は適切か」(G. Bräuer: In der Paläoanthropologie lässt es sich trefflich streiten (Interview), *Spektrum der Wissenschaft* (Dossier 3): Die Evolution der Menschen (2000), 20-21).
ブロイヤー「アフリカ脱出モデルと地域的連続性の問題」(G. Bräuer: The Out-of-Africa-Modell and the question of regional continuity, in: P. V. Tobias / M. A. Raath / J. Moggi-Cecdhi / G. A. Doyle (hg.): Humanity from African Naissance to Coming Millennia-Colloquia in Human Biology and Palaeoanthropology, Florence 2001a, 183-189).
ブロイヤー「KNM-ER 3884　ヒト属とアフリカにおける現代骨の出現」(G. Bräuer: The KNM-ER 3884 hominid and the emergence of modern anatomy in Africa, in: P. V. Tobias / M. A. Raath / J. Moggi-Cecdhi / G. A. Doyle (hg.): Humanity from African Naissance to Coming Millennia-Colloquia in Human Biology and Palaeoanthropology, Florence 2001b, 191-197).
ブロイヤー，ブレグ「チェコ共和国・最初期旧石器・上部期におけるネアンデルタール－現代の連続性の程度について」(G. Bräuer und H. Broeg: On the degree of Neanderthal -modern continuity in the earliest Upper Palaeolithic crania from the Czech Republic: Evidence from non-metrical features, in: K. Omoto, P. V. Tobias (hg.): The Origins and Past of Modern-Humans-Towards Reconcilation, Singapore 1998, 106-125).
ブロイヤー，シュトリンガー「現代人の起源に関するモデル，分極化，展望」(G. Bräuer und C. B. Stringer: Models, polarization and perspectives on modern human origins, in: G. A. Clark und C. M. Willermet (hg.): Conceptual Issues in Modern Human Origins Research, New York 1997, 191-201).
ブロイヤー「ケニヤのイレレット＆東トルカナの頭蓋遺跡 ER-3884 に関する最初の報告」(G. Bräuer, R. E. Leakey und E. Mbua: A first report on the ER-3884 cranial remains from Ileret/ East Turkana, Kenya, in: G. Bräuer / F. H. Smith (hg.): Continuity or Replacement-Controversies in Homo sapiens evolution, Rotterdam 1992, 111-119).
ブロイヤー「中国・後期更新世の現代人頭蓋の形態学的類縁性」(G. Bräuer und K. Mimisson: Morphological affinities of late Pleistocene modern crania from China, in: Museo Arqueologico Regional (Alcalá de Henares) (hg.): Homenaje Emiliano

Aguirre, Madrid 2003, (im Druck)).
ブロイヤー「現代人——起源と拡張」(G. Bräuer und J. Reincke: Der moderne Mensch-Ursprung und Ausbreitung, in: Brockhaus (hg.): Vom Urknall zum Menschen, Leipzig/ Mannheim 1999, 623-671).
ブロイヤー，横山，ファルゲレス，ムブア「遡る現代人の起源」(G. Bräuer / Y. Yokoyama / C. Falgueres und E. Mbua: Modern human origins backdated, *Nature* 386 (1997), 337-338).
カン「人間進化における交替あるいは連続性のミトコンドリア的展望」(R. Cann: A mitochondrial perspective on replacement or continuity in human evolution, in: G. Bräuer / F. H. Smith (hg.): Continuity or Replacement-Controversies in Homo sapiens evolution, Rotterdam 1992, 65-73).
カン，ストーンキング「ミトコンドリアと人間進化」(R. L. Cann / M. Stoneking und A. C. Wilson: Mitchondrial DNA and human evolution, *Nature* 325 (1987): 32-36).
カヴァッリ－スフォルツァ「人間進化の過去10万年」(L. L. Cavalli-Sforza: The last 100,000 years of human evolution: the vantage points of genetics and archaeology, in: G. Giacobini (hg.): Hominidae, Milano 1989, 401-413).
カヴァッリ－スフォルツァ，カヴァッリ－スフォルツァ「差異ある平等」(L. L. Cavalli-Sforza und F. Cavalli-Sforza: Verschieden und doch gleich, München 1994).
チャーチル，スミス「ヨーロッパのオーリニャック文化の創造者」(S. E. Churchill und F. H. Smith: Makers of the Early Aurignacian of Europe. Yearbook Physical Anthropology 43 (2000), 61-115).
クラーク「交替それとも連続性——現代人の起源を進化の文脈に置きいれる」(G. A. Clark: Continuity or replacement? Putting modern human origins in an evolutionary context, in: H. Dibble / P. Mellars (hg.): The Middle Paleolithic: Adaptation, Behavior and Valiability, Philadelphia 1992, 183-205).
コナード「文化的革新のタイミングと現代人のヨーロッパ拡散」(N. J. Conard: The timing of cultural innovations and the dispersal of modern humans in Europe, Terra Nostra 2002/ 6, 82-94).
コナード，ボーラス「現代人出現の放射性炭素年代推定とヨーロッパにおける文化的革新のタイミング」(N. J. Conard und M. Bolus: Radiocarbon Dating the appearance of modern humans and timing of cultural innovations in Europe,: New results and new challenges: *Journal Human Evolution* (2003 im Druck)).
デカ，シュライバー，ジン，ユー，フェレル，チャクラボーティ「核多形性を利用した現代人の起源の追跡」(R. Deka / M. D. Schriver / L. Jin / L. M. Yu / R. E. Ferrell und R. Chakraborty: Tracing the origins of modern humans using nuclear microsatelllite polymorphisms, in: K. Omoto / P. V. Tobias (hg.): The Origins and Past

of Modern Humans-Towards Reconcilation Singapore 1998, 3-15）.
デリコ，ジルハオ，ジュリアン，バッファイヤー，ペレグリン「西ヨーロッパにおけるネアンデルタール人の文化変容」（F. D'Errico / J. Zilhao / M. Julien / D. Baffier / J. Pelegrin: Neanderthal acculturation in Western Europe? *Current Anthropology* 39 (1998), 1-44）.
ドゥアルテ，マウリキオ，ペッティト，ソウト，トリンカウス，ヴァン・デァ・プリヒト，ジルハオ「サブリーゴ・ド・ラガール・ヴェイヨ（ポルトガル）出土・初期旧石器上部期の人間骨格とイベリア半島における現代人の出現」（C. Duarte / J. Mauricio / P. B. Pettit / P. Souto / E. Trinkaus / H. Van der Plicht / J. Zilhao: The Upper Paleolithic skelton from the Abrigo do Lagar Velho (Portugal) and modern human emergence in Iberia, *Proceedings of the National Academy of Science* USA 96 (1999), 7604-7609）.
エトラー「アジアにおける人間進化の化石証拠」（D. A. Etler: The fossil evidence for human evolution in Asia, *Annual Review of Anthropology* 25 (1996), 275-301）.
フライヤー「ムラデッチの頭蓋変異体と旧石器時代・ムスティエ文化期と上部期ヒト科の関係」（D. W. Frayer: Cranial variation at Mladec and the relationship between Mousterian and Upper Paleolithic hominids, *Anthropos* (Brno) 23 (1986), 243-256）.
フライヤー「ヨーロッパ辺縁における進化」（D. W. Frayer: Evolution at the European edge: Neanderthal and Upper Paleolithic relationships, *Préhistoire Européenne*, 2 (1992), 9-69）.
フライヤー，ウォルポフ，ソーン，スミス，ポープ「現代人の起源の諸理論——古生物学のテスト」（D. W. Frayer / M. H. Wolpoff / A. G. Thorne / F. H. Smith / G. Pope: Theories of modern human origins: the paleontlogical test, American Anthropologist 95 (1993), 14-50）.
ギボンズ「現代人の祖先をアフリカ系移住者へとたどる」（A. Gibbons: Modern men trace ancestry to African migrants, Science 292 (2001), 1051-1052）.
グローブス「オーストララシアにおける現代人の起源の問題にたいする地域的アプローチ」（A regional approach to the problem of the origin of modern humans in Australasia, in: P. A. Mellers / C.B. Stringer (hg.): The Human Revolution, Edinburgh 1989, 274-285）.
グリューン，ブリンク，スプーナー，テイラー，ストリンガー，フランシスクス，マレイ「フローリスバート・ヒト科の直接的年代推定」（R. Gruen / J. S. Brink / N. A. Spooner / L. Taylor / C. B. Stringer / R. G. Franciscus / A. S. Murray: Direct dating of Florisbad hominid, *Nature* 382 (1996), 500-501）.
ハブグッド「オーストラリアにおける解剖学的現代人の起源」（P. J. Habgood: The origins of anatomically modern humans in Australia, in: P. A. Mellers / C. B. Stringer (hg.): The Human Revolution, Edinburgh 1989, 245-273）.

ハブグッド「東アジアにおける解剖学的現代人の起源」(P. J. Habgood: The origin of anatomically modern humans in east Asia, in: G. Bräuer / F. H. Smith (hg.): Continuity or Replacement——Controversies in Homo sapiens evolution, Rotterdam 1992, 273-288).

ハーン『シュヴァーベン山地の氷河期装身具』(J. Hahn: Eiszeitschmuck auf der Schwaebischen Alb, Ulm 1992).

ハウェルズ『頭蓋骨事典』(W. W. Howells: Who's who in skulls, Peabody Museum of Archaelogy and Ethnology, Harvard University, Cambridge/ Mass. 1995).

ユブラン，ルイス，ララ，フォンテューニュ，ライス「西ヨーロッパにおける旧石器時代定住過程の年代推定と含意」(J. J. Hublin / C. B. Ruiz / P. M. Lara / M. Fontugne / J. L. Reyss: The Mousterian site of Zafarrya, (Andalucia, Spain): dating and implications on the palaeolithic peopling processes of Western Europe, Comptes Rendus de l'Academie des Sciences: Paris 321, ser. II a (1995), 931-937).

ヨルド，ワトキンス，バムスハッド，ディクソン，リッカー，ザイエルスタッド，バッツァー「人間の遺伝子多様性の配分——ミトコンドリア，常染色体，Y染色体の比較」(L. Jorde / W. Watkins / M. Bamshad / M. Dixon / C. Ricker / M. Seielstad / M. Batzer: The distribution of human genetic diversity: a comparison of mitochondrial autosomal, and Y-chromosome data, *American Journal Human Genetics* 66 (2000), 979-988).

カミンガ「周口店・上部洞窟の新解釈」(J. Kamminga: New interpretation of the Upper Cave, Zhoukoudian, in: T. Akazawa / K. Aoki und T. Kimura (hg.): The Evolution and Dispersal of Modern Humans in Asia, Tokyo 1992, 379-400).

キー，スー，リュ，ソン，チェン，リ，キ，マーズキ，デカ，アンダーヒル，ザイオ，シュライバー，レル，ウォラス，スペンサー・ウェルズ，シールスタッド，エフナー，ジュ，ジン，フアン，チャクラボーティ，チェン，ジン「東アジア・現代人のアフリカ起源」(Y. Ke / B. Su / X. Song / D. Lu / L. Chen / H. Li / C. Qi / S. Marzuki / R. Deka / P. Underhill / C. Xiano / M. Shriver / J. Lell / D. Wallace / R. Spencer Wells / M. Seielstad / P. Oefner / D. Zhu / J. Jin / W. Huang / R. Chakraboty / Z. Chen / L. Jin: African origin of modern humans in East Asia, *Science* 292 (2001), 1151-1153).

クライン『人間の生涯』(R. G. Klein: The Human Career, Second Edition, Chicaga 1999).

クライン『考古学と人間行動の進化』(R. G. Klein: Archeology and the evolution of human behaviour, *Evolutionary Anthropology* 9 (2000), 17-36).

クリングス，カペッリ，チェンチャー，ガイゼルト，マイヤー，フォン・ヘゼラー，グロスシュミット，ポスナート，パウノヴィッチ，ペーボ「ネアンデルタール人遺伝子多様性の考察」(M. Krings / C. Capelli / F. Tschentscher / H. Geisert / S. Meyer / A. von Haeseler / K. Grossschmidt / G. Possnert / M. Paunovic / S.

Paabo: A view of Neanderthal genetic diversity, *Nature Genetics* 26 (2000), 144-146).
クネヒト「後期旧石器時代の狩猟槍」(H. Knecht: Jagdspeere der juengeren Altsteinzeit, in: B. Streit (hg.): Evolution des Menschen, Heidelberg 1995, 160-165).
ラール「現代人の起源の多地域モデル——その形態学的基盤の再評価」(M. M. Lahr: The multiregionala model of modern human origins: A reassessment of its morphological basis, *Journal of Human Evolution* 26 (1994), 23-56).
マネガ「北タンザニア・オルドヴァイとラエトリ出土の地質年代学的な新しい結果」(P. C. Manega: New geochronological results from the Ndutu, Naisiusiu and Ngaloba Beds at Olduvai and Laetoli in Northern Tanzania: their significance for evolution of modern humans, Bellagio Conference, Italy 1995).
メラーズ「続・ネアンデルタール人問題」(P. Mellars: The Neanderthal problem continued, *Current Anthropology* 40 (1999), 341-364).
ナイ「現代人の起源の遺伝子的研究」(M. Nei: Genetic studies of the origin of modern humans, in: K. Omoto / P. V. Tobias (hg.): The origins and past of modern humans-towards reconciliation, Singapore 1998, 27-41).
オヴチニコフ，アンダース，ゲーターシュトレーム，ロマノヴァ，ハリトノフ，ライデン，グッドウィン「北コーカサス・ネアンデルタール人の分子的分析」(I. Ovchinnikov / G. Anders / A. Götherström / G. Romanova / V. Kharitonov / K. Liden / W. Goodwin: Molecular analysis of Neanderthal DNA from the northern Caucasus, *Nature* 404 (2000), 490-493).
ポープ「中国における現代人の起源にたいする証拠」(G. G. Pope : Craniofacial evidence for the origin of modern humans in China, *Yearbook Physical Anthropology* 35 (1992), 243-298).
スミス「現代人の起源における連続性の役割」(F. H. Smith: The role of continuity in modern human origins, in: G. Bräuer / F. H. Smith (hg.): Continuity or Replacement——Controversies in Homo sapiens evolution, Rotterdam 1992, 145-156).
スミス，ファルセッティ，シモンズ「境界——地中海の生物学的結合と後期更新世・人間進化のパターン」(F. H. Smith / A. B. Falsetti und T. Simmons: Circum——Mediterranean biological connections and the pattern of late Pleistocene human evolution, in: Ullrich, H. (hg.): Man and environment in the Palaeolithic, Liège 1995, 167-179).
スミス，トリンクハウス，ペッティット，カラヴァニッチ，パウノヴィッチ「後期更新世・ヒト科遺跡の直接的放射性炭素データ」(F. H. Smith / E. Trinkaus / P. B. Pettit / I. Karavanic / M. Paunovic: Direct radiocarbon dates for Vindija G1 and Velika Pecina Late Pleistocene hominid remains, Proceedings of the National Academy of Scienece USA 96 (1999), 12281-12286).
ストリンガー「現代人の起源とその地域的多様性」(C. B. Stringer: The origin of modern humans and their regional diversity, in: Recent Progress in the Studies of the

Origins of the Japanese, Interdisciplinary Study on the Origins of Japanese Peoples and Cultures News Letter 9 (1999), 3-5).
ストリンガー「現代人の起源――モデルの消滅」(C. B. Stringer: Modern human origins――Distinguishing the models, African Archaeological Review 18 (2001), 67-75).
ストリンガー，ブロイヤー「方法論――誤読とバイアス」(C. B. Stringer und G. Bräuer: Methods, misreading and bias, American Anthropologist 96 (1994), 416-424).
スヴォボダ，ヴァン・デア・プリヒト，クエルカ「モラヴィアとボヘミア・上部旧石器および中石器時代の人間の化石」(J. Svoboda / J. Van der Plicht / V. Kuelka: Upper Palaeolithic and Mesolithic human fossils from Moravia and Bohemia (Czech Republic): some new ^{14}C dates, *Antiquity* 76 (2002), 957-962).
スイッシャー，リンク，アントン，シュヴァルツ，カーティス，スプリーヨ，ヴィディアスモロ「ジャワの最新のホモ・エレクトゥス――東南アジアにおけるホモサピエンスとの潜在的同時代性」(C. C. Swisher / W. J. Rink / S. C. Anton / H. P. Schwarcz / G. H. Curtis / A. Suprijo / Widiasmoro: Latest Homo erectus of Java: Potential contemporaneity with Homo sapiens in Southeast Asia, *Science* 274 (1996), 1870-1874).
タッタースオール『人間になる――進化と人間の独自性』(I. Tattersall: Becoming human: Evolution and human uniqueness, New York 1998).
タッタースオール，シュヴァルツ「ヒト科とハイブリッド――人間進化におけるネアンデルタール人の位置」(I. Tattersall und J. H. Schwarz: Hominids and hybrids: The place of Neanderthals in human evolution, Proceedings of the National Academy of Scienece USA 96 (1999), 7117-7119).
ソーン，ウォルポフ「オーストララシア旧石器時代のヒト進化における地域的連続性」(A. G. Thorne und M. H. Wolpoff: Regional continuity in Australasian Pleistocene hominid evolution, American Journal Physical Anthropology 55 (1981), 337-349).
ソーン，ウォルポフ「人間の多地域的進化」(A. G. Thorne und M. H. Wolpoff: The Multiregional Evolution of humans, Scientific American 266 (1992), 28-33).
ソーン，グリューン，モーティマー，スプーナー，シンプソン，マカロック，テイラー，クルノ「オーストラリア最古の人間遺跡」(A. Thorne / R. Grün / G. Mortimer / N. A. Spooner / J. J. Simpson / M. McCulloch / L. Taylor / D. Curnoe: Australia's oldest human remains: age of the Lake Mungo 3 skelton, Journal of Human Evolution 36 (1999), 591-612).
ヴァイデンライヒ「シナントロプス・ペキネンシスの頭蓋――原始ヒト頭蓋の比較研究」(F. Weidenreich: The skull of Sinanthropus pekinensis: A comparative study on a primitive hominid skull, *Palaeontologia Sinica* 1943, n.s.D. 10).
ウィルソン，ストーンキング，カン，プラーガー，フェリス，ヴリシュニック，

ヒグチ「ミトコンドリア氏族と我々共通の母の時代」(A. C. Wilson / M. Stoneking / R. L. Cann / E. M. Prager / S. O. Ferris / L. A. Wrischnik / R. G. Higuchi: Mitochondrial Clans and the age of our common mother, in: F. Vogel / Sperling (hg.): Human Genetics. Proceedings of the 7th Intern. Cong. Hum. Gen. Berlin/ Heidelberg 1987, 158-164).
ウォルポフ，ソーン「イヴに反する事例」(M. H. Wolpoff und A. G. Thorne: The case against Eve, *New Scientist* 130 (1991), 37-41).
ウォルポフ，ウー，ソーン「現代ホモ・サピエンスの起源——東アジア・化石証拠におけるヒト進化の一般理論」(M. H. Wolpoff / X. Wu und A. G. Thorne: Modern Homo sapiens origins: A general theory of hominid evolution involving the fossil evidence from East Asia, in: F. H. Smith / F. Spencer (hg.): The origins of modern humans, New York 1984, 411-483)
ズブロフ「ネアンデルタール人絶滅の人口統計学的モデル化」(E. Zubrow: The demographic modelling of Neanderthal extinction, in: P. Mellars / C. Stringer (hg.): The Human Revolution, Edingburgh 1989, 212-231).

Ⅳ　ネットワーク化あるいは「諸関連——人間とその社会的構造」

アダモフスキ『バーチャル世界の駒』(N. Adamowskiy: Spielfiguren in virtuellen Welt, Frankfurt am Main/ New York 2000).
アクセルロッド『協働の進化』(R. Axelrod: Die Evolution der Kooperation, München 1991).
ブロッホ『世界という実験——問い，取り出しのカテゴリー，実践』(E. Bloch: Experimentum mundi. Frage, Kategorien des Herausbringens, Praxis. Ernst Bloch Gesamtausgabe Bd. 15, Frankfurt am Main 1975)〔小田智敏訳，法政大学出版局，1999〕.
カルヴァン『脳の言語——意識のなかで思考はどのようにして成立するのか』(W. H. Calvin: Die Sprache des Gehirns. Wie in unserem Bewusstsein Gedanken entstehen, Stuttgart 2000).
デヴィッドソン＆マロン『バーチャルな会社』(W. H. Davidson & Michael S. Malone: The Virtual Corporation, New York 1992).
ドイッチユ『世界認識の物理学——普遍的理解への途上にて』(D. Deutsch: Die Physik der Welterkenntnis. Auf dem Weg zum universellen Verstehen, Base./ Boston/ Berlin 1996, S. 136).
ダグラス『儀礼，タブー，身体的象徴表現——工業社会と種族文化における社会人類学的研究』(M. Douglas: Ritual, Tabu und Körpersymbolik. Sozialanthropologische Studien in Industriegesellschaft und Stammeskultur, Frankfurt am Main 1981, S.101-102).
デュル『セドナ——あるいは生への愛』(H. P. Duerr: SEDNA oder die Liebe zum

Leben, Frankfurt am Main 1984, S. 231)〔原研二訳，法政大学出版局，1992〕.
ダイソン『機械の王国におけるダーウィン』(G. B. Dyson: Darwin im Reich der Maschinen, Wien/ New York 2001).
ファスラー，ヘントシュレーガー，ヴィーナー『ウェブ・フィクション』(Fassler, Hentschlaeger, Wiener: Webfiction, Wien/ New York 2002).
ファスラー『具象表現——可視性のレパートリーによる航海』(M. Fassler: Bildlichkeit. Navigationen durch das Repertoire der Sichtbarkeit, Wien 2002).
ファスラー『サイバー近代——メディア進化，グローバル・ネットワーク，コミュニケーション技術』(Fassler: Cyber-Moderne. Medienevolution, grobale Netzwerke und die Künste der Kommunikation, Wien/ New York 1999).
ファスラー『ネットワーク——ネット構造，ネット文化，分配的社会性の現実入門』(Fassler: Netzwerke. Einfuehrung in Netzstrukturen, Netzkulturen und die Realitaet verteilter Gesellschaftlichkeit, München 2001).
フィドラー『メディア中毒』(R. Fidler: Mediamorphosis, London 1998).
フィードラー「レパートリーと遺伝子——人間の文化的・生物学的装置の転換」(L. Fiedler: Repertoires und Gene. Der Wandel kultureller und biologischer Ausstattung des Menschen, In: *Germania* 77/ 1999, S. 1-37).
フリードマン「ソフトウェアの意味理解——コンピューター・ゲームと対話的テキスト性」(T. Friedman: Making Sense of Software, Computergames and Interactive Textuality. In: Steven G. Jones (hg.): Cybersociety. Computer-mediated Communication and Community, London 1995, p. 73-89).
ギヴンズ「我々は人類史から何を学ぶことができるか」(David B. Givens: Was wir aus der Menschheitsgeschichte lernen können. In: Posner, Roland(hg.): Warnung an die kommende Zukunft, a.a.O., S. 98).
ホイジンガ『ホモ・ルーデンス——文化における遊び的要素の研究』(J. Huizinga: Homo ludens. a study of the play element in culture, Boston 1955)〔高橋英夫訳，中公文庫，1973〕.
ケリー『制御の終焉——経済，技術，社会における生物学的転換』(K. Kelly: Das Ende der Kontrolle. Die biologische Wende in Wirtschaft, Technik und Gesellschaft, Berlin 1997).
クリングス他『ネアンデルタール人DNA継起と現代人の起源』(M. Krings, u.a.: Neandertal DNA Sequences and the Origin of Modern Humans. In: *Cell* 90, S.19-30).
クッケンベルク『人間が創造者になった時——文化の基底』(M. Kuckenberg: Als der Mensch zum Schöpfer wurde. An den Wurzeln der Kultur, Stuttgart 2001).
レヴィ『集合的知性——サイバー空間の人間学』(P. Levy: Die kollektive Intelligenz. Eine Anthropologie des Cyberspace, Mannheim 1997).
ルーマン『大衆メディアの現実』(Niklas Luhmann: Die Realität der Massenmedien, Opladen 1996).

ルーマン『社会の技芸』(Luhmann: Kunst der Gesellschaft, Frankfurt am Main 1995).
プレスナー『人間の条件』(H. Plessner: Conditio Humana, Berlin 1960/1986).
リードル『複雑性の構造——認識と解釈の形態学』(Pupert Riedl: Strukturen der Komplexität. Eine Morphologie des Erkennens und Erklärens, Berlin/ Heidelberg/ New York 2000).
フォン・ノイマン，モルゲンシュテルン『ゲームの理論と経済行動』(J. von Neumann, O. Morgenstern: Spieltheorie und wirtschaftliches Verhalten, Würzburg 1967)〔銀林・橋本・宮本監訳，東京図書，1972〕.
フォン・ノイマン『自動機械の一般理論と論理学』(von Neumann: General and Logical Theory of Automata, New York 1948).

Ⅷ　人工知能とサイバースペースの時代における自我像と人間像

シュテファン・ベヒト「バーチャルな自我——シェリー・タークルはインターネットを，アイデンティティ発見の手段として賞賛する」(Stefan Becht: Das virtuelle Ich——Sherry Turkle preist das Internet als Mittel zur Identitaetsfindung, 1998. In: *Die Zeit*, Nr. 16, (CD-Rom-Recherche), o. S.).
クラウス・オイリッヒ「マルチ・メディア神話——新しい技術の権力について」(Claus Eurich: Mythos Multimedia——Über die Macht der neuen Techniku, München 1998).
ゲルト・カイザー，ディルク・マテヨスキ，ユッタ・フェドロヴィッツ「21世紀の文化と技術」(Gert Kaiser, Dirk Matejowski, Jutta Fedrowitz: Kultur und Technik im 21. Jahrhundert, Frankfurt am Main 1993).
オラフ・カルテンボルン，バルバラ・メットラー・フォン・マイボム「人間的尺度の喪失——情報社会における身体的なものの苦悶」(Olaf Kaltenborn, Barbara Mettler-von Meibom: Der Verlust des menschlichen Masses——Die Agonie des Leiblichen in der Informationsgesellschaft, 1996. In: *Das Parlament*, Nr. 33-34, 18).
オラフ・カルテンボルン『人工生命——第三文化の基礎』(Olaf Kaltenborn: Das Künstliche Leben——Die Grundlagen der Dritten Kultur, München 2001).
ハイナー・コイプ「社長室階用のお話——未来ある人格性のプロフィールを求めて」(Heiner Keupp: Erzählungen für die Chefetage——Auf der Suche nach dem zukuenfähigen Persönlichkeitsprofil, 1997. In: *Süddeutsche Zeitung*, Nr. 282, 13).
マニュエラ・ルートヴィヒ「マウス・クリックへの愛」(Manuela Ludwig: Liebe per Mausklick. In: *Der Tagesspiegel*, 19. Oktober 1998, 3).
バルバラ・メットラー・フォン・マイボム（編）「メディア社会における孤独」(Barbara Mettler-von Meibom (hg.): Einsamkeit in der Mediengesellschaft; Kommunikationsökologie, Bd. 1, hg. V. Claus Eurich und Barbara Mettler-von Meibom, Münster 1996).

シュテファン・ミュンクラー，アレクサンダー・レスラー『インターネット神話』（Stefan Münkler Alexander Roesler: Mythos Internet, Frankfurt am Main 1997）.
ナス，クリフォード他「コンピューターの人格性は人間的人格性たりうるか」（Nass / Cliford u. a. : Can computer personalities be human personalities? In: *International Journal of human Computer Studies*, Jg. 43, Heft 2, 223-239）.
ヴェルナー・ゼジンク『人間の知能と人工知能』（Werner Sesink: Menschliche und Künstliche Intelligenz——Der kleine Unterschied, Stuttgart 1993）.
ロブ・シールズ『インターネットの文化』（Rob Shields: Cultures of the Internet, London/ Thousand Oaks/ New York 1996）.
エアハルト・ティーテル「ミノタウルスは心の奥底で待ち伏せする」（Erhard Tietel: Im Inneren lauert der Minotaurus. In: *Informatik-Forum*, Bd. 6, Heft 2, Juni 1992）.
シェリー・タークル『理想の機械——コンピューター文化の成立』（Sherry Turkle: Die Wunschmaschine——Vom Entstehen der Computerkultur, Hamburg 1984）.
シェリー・タークル『ネットのなかの生活——インターネット時代のアイデンティティ』（Sherry Turkle: Leben im Netz; Identität in Zeiten den Internet, Hamburg 1998）.
パウル・ヴィリリオ『身体の征服——超人から過興奮の人間へ』（Paul Virilio: Die Eroberung des Körpers——vom Übermenschen zum überreizten Menschen, München/ Wien 1994）.
ベルンハルト・ヴァルデンフェルス（編）『エドムント・フッサール——現象の研究』（Bernhard Waldenfels (hg.): Edmun Husserl: Arbeit an den Phänomenen, Frankfurt am Main 1993）.

IX　人間の後には何が来るのか

グレゴリー・ベイトソン『こころのエコロジーへのステップ』（Gregory Bateson: Steps to an Ecology of Mind, London 1972）.
デイヴィッド・ボルター『書く空間』（David Bolter: Writing Space, New York 1992）.
ブラウワー『著作集』（L. E. J.Brouwer: Collected Works, Amsterdam 1975）.
サミュエル・バトラー『エレホン』（Samuel Butler: Erehwon（1872/1901）, London 1985）.
ロナルド・コーエン「利他主義——人間的，文化的，それとも？」（Ronald Cohen: Altruism: Human, Cultural, or What? In: *Journal of Social Issues*, Vol. 28 No. 3）.
アーノルト・ゲーレン『人間学的・社会心理学的研究』（Arnold Gehlen: Anthropologische und sozialpsychiologische Untersuchungen, Reinbeck 1986）.
ゴットハルト・ギュンター『操作可能な弁証法の研究』（Gotthart Günther:

Beiträge zu einer operationsfähigen Dialektik, Bd. I, Hamburg 1976).
フィリップ・ジョンソン－レアード『コンピューターとこころ』(Phillip N. Johnson-Laird: The Computer and the Mind, London 1988).
スタニスラフ・レム『21世紀の武器システム』(Stanislav Lem: Waffensystem des 21. Jahrhunderts, Frankfurt am Main 1968).
マーヴィン・ミンスキー『こころの社会』(Marvin Minsky: The Society of Mind, New York 1984).
ギュンター・シュタグーン『動物愛』(Günther Staguhn: Tierliebe, München 1996).
ライオネル・タイガー『快楽の追求』(Lionel Tiger: The Pursuit of Pleasure, New Braunswick 2000).
アラン・テューリング『情報サービス』(Alan Turing: Intelligence Service, Berlin 1987).
シェリー・タークル『スクリーン上の生』(Sherry Turkle: Life of the Screen, New York 1994).
ポール・ヴァレリ『全集』(Paul Valery: Oeuvres, Bd. II, Paris 1984).
ヴァレラ，トンプソン『認識の中間の道』(F. Varela & E. Thompson: Der Mittlere Weg der Erkenntnis, Bern 1992).
ヴァルター・ツィンマーリ，シュテファン・ヴォルフ『人工知能——哲学的諸問題』(Walther Ch. Zimmerli & Stefan Wolf (hg.): Künstliche Intelligenz——Philosophische Probleme, Stuttgart 1994)
ライマール・ツォンス『人間の時代』(Raimar Zons: Die Zeit des Menschen, Frankfurt 2001).